RAIMUND M. REICHHARDT

Gesellschaftliche Bedarfsanalyse

Volkswirtschaftliche Schriften

Herausgegeben von Prof. Dr. J. Broermann, Berlin

Heft 284

Gesellschaftliche Bedarfsanalyse

Ein Ansatz zur Ermittlung der Bürger-Präferenzen für öffentliche Güter

Von

Dipl.-Vw. Dr. Raimund M. Reichhardt

DUNCKER & HUMBLOT / BERLIN

Gedruckt 1979 bei Berliner Buchdruckerei Union GmbH., Berlin 61
Printed in Germany

ISBN 3 428 04381 2

Inhaltsverzeichnis

2. Teil

Die Konzeption der gesellschaftlichen Bedarfsanalyse 72

Einführung

I. Problemstellung und Begründung des Ansatzes

Beginnend im vorigen Jahrhundert, hat sich in der westlichen Welt im privaten Sektor — und hier vor allem wiederum im Konsumgüterbereich — eine Entwicklung vollzogen, die bisher einmalig ist. War es vor dieser Epoche gang und gäbe, sich die gewünschten Produkte nach individuellen Vorstellungen bei Handwerkern anfertigen zu lassen, so leitete die industrielle Revolution das Zeitalter des Massenkonsums ein. Güter und Dienstleistungen wurden in großen Mengen erzeugt und den Produzenten quasi „aus der Hand gerissen“. Eine derartige Situation bezeichnet man gemeinhin als Käufermarkt[1]. Die Initiativen gingen von den Käufern aus, was wiederum nur möglich sein kann, wenn die Bedürfnisse der Nachfrager zwar vorhanden und ihnen auch voll bewußt, aber noch weitgehend unbefriedigt sind.

Ein solcher Zustand konnte nicht von Dauer sein. Ist nämlich der Bedarf nahezu gesättigt, wobei man hier zwischen dem lebensnotwendigen Grundbedarf und dem Luxusbedarf noch weiter differenzieren müßte, wie dies z. B. Maslow[2] bei seiner Bedürfnishierarchie vollzieht, werden die Produzenten — bei Aufrechterhaltung ihrer Verkaufsstrategie — schließlich ihre Erzeugnisse nicht mehr im notwendigen Umfang absetzen können. Dabei tritt diese Erscheinung erfahrungsgemäß zunächst bei den Gütern auf, welche die Grundbedürfnisse befriedigen, um sich dann sukzessive gemäß der Bedürfnishierarchie fortzupflanzen.

Diese Situation versuchten die Produzenten dadurch zu überwinden, indem sie sich eingehend mit den Konsumenten befaßten und gezielte Aktivitäten entwickelten. So begannen die Unternehmer insbesondere in den Markt „hineinzuhorchen“, ihn „auszuleuchten“. Dabei wurde ihnen gewahr, daß die Menschen nicht einheitliche, sondern teilweise

---

[1] Vgl. Nieschlag R., Dichtl E., Hörschgen H., Marketing — Ein entscheidungstheoretischer Ansatz, 4. Aufl., Berlin 1971, S. 2 f.; dies., Marketing, 8. Aufl., Berlin 1975, S. 4 und S. 18; Merkle E., Marketing der öffentlichen Hand, in: Marketing Enzyklopädie, Bd. 2, S. 383; Geiger S., Heyn W., Lexikon Marketing und Marktforschung, 2. Aufl., Düsseldorf/Wien 1968, S. 131.

[2] Vgl. Maslow A., A Theory of Human Motivation, in: Psychological Review (1943), S. 370 ff. Auf Maslow's Ansatz gehen wir im Teil 2, Abschnitt D, Punkt III. Die Bedeutung der Modelle des Konsumentenverhaltens für die gesellschaftliche Bedarfsanalyse ein.

stark voneinander abweichende Bedürfnisse haben. Diese Erkenntnis versetzt sie in die Lage, den Konsumenten Produkte anzubieten, die ihnen „gleichsam auf den Leib geschneidert waren“[3]; wodurch die Konsumenten einen höheren Grad an Bedürfnisbefriedigung erreichten.

Ein derartiger Prozeß konnte natürlich nur eingeleitet und durchgehalten werden, weil es zum einen dem Unternehmer gelang, sich im entscheidenden Augenblick (im eben beschriebenen Sinne) umzustellen und zum anderen ein Instrumentarium sukzessive entwickelt wurde, das es gestattete, die notwendigen Informationen zu erarbeiten und in adäquate Strategien umzusetzen. Hinzu kam, daß der Marktsektor Erkenntnisse über den Menschen und dessen Handeln inkorporierte und für seine Zwecke nutzte. Damit hat sich zugleich die Situation von einem Käufer- zu einem Verkäufermarkt gewandelt, bei dem die Initiative nicht mehr vom Käufer, sondern weitgehend vom Verkäufer ausgeht — eine Kommunikationsmöglichkeit vom Konsumenten zum Produzenten wurde geschaffen.

In ähnlicher Weise scheint sich auch im öffentlichen Sektor die Entwicklung zu vollziehen bzw. bereits vollzogen zu haben. Auch hier geht es zunächst darum, daß der Staat Leistungen anbietet[4], durch welche die elementaren Bedürfnisse befriedigt werden: also etwa die Gewährung des inneren und äußeren Schutzes seiner Bürger, weiterhin die Erstellung von Straßen, Kanälen, Schienenwegen, Häfen und Flugplätzen (um Kommunikation und Transport zu ermöglichen) sowie das Angebot von Strom, Wasser, Gas, Kanalisation, Müllabfuhr u. ä. (damit Ver- und Entsorgung gesichert sind).

Jedoch befindet sich der Staat nach Befriedigung dieser Bedürfnisse — wobei der Rahmen der elementaren Bedürfnisse sowohl erweitert als auch eingeengt werden könnte — in einer ähnlichen Lage wie die privaten Produzenten in der Endphase des Massenmarktes. Zwar wird beim Staat das Existenzrisiko keine Rolle spielen, doch ist am Auftreten von Bürgerinitiativen zu erkennen, daß staatliches Angebot und individuelle Bedürfnisse nicht immer übereinstimmen. Um eine derartige Situation zu verhindern, hätte der Staat ebenfalls eine Umorientierung vornehmen und den Versuch starten müssen, die Präferenzen der Bür-

[3] Im Bereich der privaten Unternehmen wurde darauf aufbauend das Konzept der Marktsegmentierung entwickelt; vgl. hierzu z. B. Dichtl E., Ansatzpunkte zur Messung der Bedürfnisbefriedigung. Ein Problemaufriß, in: Die Unternehmung, Schweizerische Zeitschrift für Betriebswirtschaft, Nr. 4, 28. Jg. (1975), S. 1 ff.

[4] Wir verstehen bis auf weiteres unter öffentlichen Gütern, öffentlichen Leistungen, öffentlichem und staatlichem Angebot u. ä. alle Produkte und Dienstleistungen, die vom Staat oder in dessen Auftrag angeboten werden.

ger offenzulegen. Mit diesem Wissen wären zumindest die Voraussetzungen geschaffen, um die angebotenen Güter und die Bedürfnisse zur Deckung zu bringen.

Der Staat steht allerdings, im Gegensatz zum privaten Sektor, vor einem weiteren Problem: die Bürger geben im öffentlichen Sektor ihre Bedürfnisse nicht preis bzw. versuchen sie zu verschleiern.

Den Grund dieses Verhaltens sieht die Finanzwissenschaft[5] in der Furcht der Bürger, bei wahrheitsgetreuer Angabe, in Höhe der geäußerten Wertschätzung zur Finanzierung des betreffenden Gutes herangezogen zu werden. Im Falle der Antwortverweigerung können sie aber eventuell das öffentliche Gut ohne direkte Gegenleistung konsumieren, da sie nicht — wie im privaten Sektor über den Preis — im Staatssektor vom Konsum des öffentlichen Gutes auszuschließen sind bzw. ausgeschlossen werden sollen. Ob dieses free-rider-Verhalten nun tatsächlich zutrifft, und was gegebenenfalls zu seiner Lösung unternommen werden kann, wird ein Zentralbereich unserer theoretischen Analyse sein.

Feststeht, daß dem Staat bzw. den verantwortlichen Politikern und Verwaltungsleuten außer den turnusmäßig stattfindenden Wahlen — bei denen es zumeist um andere Fragen als das Angebot an öffentlichen Gütern und Diensten geht — kein weiteres Instrumentarium gegenwärtig zur Verfügung steht[6], das ihnen Informationen über die Meinungen der Wähler, geschweige denn über die Wünsche spezifischer Bürgergruppen liefern würde[7].

---

[5] Vgl. insb. Samuelson P. A., The Pure Theory of Public Expenditure, in: The Review of Economics and Statistics, Vol. 36 (1954), S. 388 f.; ders., Diagrammatic Exposition of a Theory of Public Expenditures, ebenda, Vol. 37 (1955), S. 350 ff.; ders., Aspects of Public Expenditure Theories, ebenda, Vol. 40 (1958), S. 334 und 336; Head J. G., Public Goods and Public Policy, in: Public Finance, Vol. 17 (1962), S. 208; Musgrave R. A., Finanztheorie, 2. Aufl., Tübingen 1969, S. 8 f.; Musgrave R. A., Musgrave P. B., Kullmer L., Die öffentlichen Finanzen in Theorie und Praxis, Bd. 1, Tübingen 1975, S. 6, 7, 62 f. und S. 70 ff.

[6] Presse, eigene Erfahrungen, Gespräche mit Bürgern und die Wünsche von Bürgerinitiativen dürften zwar zum einen grobe Anhaltspunkte über die Bedürfnisse der Bürger liefern, doch gehen damit zum anderen erhebliche Verzerrungen des Bürgerwillens einher.

[7] Der Politiker hat wohl die Möglichkeit, Informationen an Millionen von Menschen heranzutragen, doch ist es umgekehrt unmöglich, daß sich eine Million Menschen an einen Mann mit einer Million Einzelproblemen wendet. Bei einer derartigen Größenordnung ist eine politische Gemeinde nicht mehr in der Lage, an den einzelnen Politiker heranzutreten. Auf dieses Problem hat schon Aristoteles hingewiesen, als er forderte, daß eine politische Gemeinde nicht größer sein dürfe, als sie ein Mann ansprechen kann. Er nannte hierfür die Zahl von 10 000 Personen. Vgl. dazu Deutsch K., Space and Behavior, in: Ekistics, No. 191, Vol. 32, S. 299.

Unter dem Eindruck dieser Schwierigkeiten und dem Bild, das die politische Praxis ansonsten bietet (zumeist stehen überaus komplizierte Detailfragen zur Entscheidung an), könnte jemand versucht sein, überhaupt die Notwendigkeit, Bedürfnisse der Bürger nach öffentlichen Leistungen aufzudecken, in Frage zu stellen.

Wer ein derartiges Ansinnen nicht akzeptiert, der sollte sich zunächst einmal vergegenwärtigen, daß ein Großteil der Güter und Dienstleistungen, welche in unserem Lande angeboten und konsumiert werden, die öffentliche Hand selbst erstellt oder in ihrem Auftrage produzieren läßt. Der Anteil des Staates am Volkseinkommen liegt derzeit bei nahezu 50 %.

Wird nun der Konsumentensouveränität im Staatssektor keine allzu große Bedeutung beigemessen, was zur Zeit ja tatsächlich (mangels Wissen) weitgehend der Fall ist, so wäre damit einmal — und zwar im Marktsektor — die Berücksichtigung der Bedürfnisse (zumindest potentiell) gewährleistet, im Staatssektor hingegen wird der gleiche Bürger als unmündiges Glied der Gesellschaft behandelt. Wenn allerdings unsere Staatsform Mitwirkung und Mitbestimmung der Bürger bedeuten soll, dann muß auch das öffentliche Güterangebot einbezogen werden.

Die Integration des Bürgers in die Planungen des Staates bietet aber darüberhinaus sicherlich die Möglichkeit, den Staatsbürger aus seiner politischen Inaktivität herauszulösen und stärker mit seinem Staatswesen in Verbindung, in unmittelbaren und spürbaren Kontakt kommen zu lassen. Die Annonymität, welche doch weitgehend zwischen dem Bürger auf der einen Seite und den im Staate Verantwortlichen auf der anderen Seite getreten ist, könnte durch die Beteiligung des Bürgers durchbrochen werden. Er würde sich dann vielleicht wieder eher als lebendiger und bedeutungsvoller Teil der Gesellschaft verstehen — im Gegensatz zu heute. Die Möglichkeit, mitreden und eventuell mitentscheiden zu können, die Aussicht, die Dinge u. U. in seinem Sinne zu beeinflussen, hebt mit Sicherheit das Selbstwertgefühl jedes einzelnen und vermindert die Staatsverdrossenheit, welche angesichts der Ohnmacht des Individuums immer stärker um sich zu greifen droht[8].

Das Bewußtsein eines jeden Bürgers, daß seine Wünsche und Vorstellungen gehört werden, daß sie in die Überlegungen der Planungs-

---

[8] Tenbruck bemerkt zu diesem Problemkreis, daß eine Gesellschaft sich nur dann in der Zeit zu erhalten vermag, wenn die gegebenen Handlungsregelungen auf die regelmäßige Befriedigung gewisser Bedürfnisse eingestellt sind. Vgl. Tenbruck F. H., Zu einer Theorie der Planung, in: Wissenschaft und Praxis, Festschrift zum zwanzigjährigen Bestehen des Westdeutschen Verlages 1967, Köln/Opladen 1967, S. 124.

und Ausführungsinstanzen Eingang finden, und daß die Bürger zudem darüber informiert werden, warum ihre Präferenzen nicht oder nicht in der gewünschten Form zu realisieren sind, verschafft dem Staat sowohl regsame und interessierte als auch nicht von vornherein frustierte Bürger. Öffentliche Bedürfnisse würden somit eine feed-back-Struktur zwischen Entscheidenden und Betroffenen schaffen. Auch dies ist ein Beitrag zur Lebensqualität.

Damit deuteten wir bereits eine weitere Chance für den Staat im Falle eruierter Präferenzen an: die Beeinflussungs- und Korrekturmöglichkeiten individueller Bedürfnisse. Sind die Bedürfnisse bekannt und entsprechen sie nicht den Vorstellungen der politisch Verantwortlichen, kann auf bekannte Bedürfnisse leichter eingewirkt werden als auf vermutete. Da nun aber auch die Träger der Bedürfnisse und deren Beweggründe offenliegen, könnte erstens mit den betroffenen Bürgern gesprochen werden, und der Dialog wäre zweitens so zu gestalten, daß er vor allem an den Stellen ansetzt, die eine für den Bürger einsichtige und von ihm akzeptierte Korrektur seiner Wünsche wahrscheinlich werden ließen. Die Staatsbürger sind damit ohne größere Mißtöne — aufgrund ihrer persönlichen Einsicht — in eine gewünschte, dem gesellschaftlichen Wohl dienende Richtung zu lenken und zu leiten. Denn eine moderne Gesellschaft ist kein sich selbst regulierendes System, sondern sie muß auch durch eine aktive Politik in eine erstrebenswerte Zukunft gesteuert werden.

Darüberhinaus dürfte auch die Bereitschaft zur Akzeptierung etablierter Grundformen der pluralistisch-parlamentarischen Demokratie steigen, werden an sie doch neue Effizienz- und Effektivitätserwartungen geknüpft. Sie verlieren dadurch aber auch ihre sakrosankte Selbstwertqualität, da sie daraufhin in Frage gestellt werden (müssen), inwieweit sie im Hinblick auf die Sicherung und Erhöhung der Bedürfnisbefriedigung operabel sind.

Eng damit zusammen hängt ein weiteres Problem, welches ebenfalls über offengelegte Bedürfnisse einer Lösung zugeführt werden könnte. Das angesprochene Problem besteht darin, daß heute weitgehend (wiederum mangels Wissen) eine Fixierung von Bedürfnissollwerten vorherrscht, von denen man annimmt, daß sie den subjektiven Vorstellungen der Menschen entsprechen[9]. Die offenkundige Schwäche dieser Ansätze besteht darin, daß sie allesamt der Gefahr ausgesetzt sind, sich auf Werte, Bedürfnisse, Sollvorstellungen von sozialen Minderheiten

[9] Reaktionen wie Bürgerproteste, Demonstrationen, Besetzungen und Bürgerinitiativen beweisen, daß dem nicht so ist. Vgl. dazu z. B. Kodolitsch P. v., Gemeindeverwaltungen und Bürgerinitiativen, in: Archiv für Kommunalwissenschaften, Bd. 2, 14. Jg. (1975), S. 264 ff.

(von wissenschaftlichen, politischen und administrativen Planungs- und Entscheidungseliten nämlich) zu stützen und somit an den Präferenzen der Bevölkerungsmehrheit vorbeizielen[10]. Eine Ermittlung der Bedürfnisse würde diese mit den elitären Vorstellungen konfrontieren, wodurch eine Lösung auf dem Wege des Dialogs — wie oben angedeutet — wahrscheinlich würde.

Neben diesen mehr staatsphilosophischen und moralischen Vorzügen, würden eruierte Präferenzen vor allem auch ökonomische Vorteile bringen.

So zeigt sich etwa in immer stärkeren Maße, daß zahlreiche private Güter nur dann zu nutzen sind, wenn der Staat gleichzeitig Güter anbietet, die erst die Nutzung privater Leistungen ermöglichen. Am deutlichsten tritt diese komplementäre Beziehung im Verkehrsbereich zutage, wo Straßen, Kanäle, Flughäfen, Rad-, Wander- und Spazierwege angelegt werden müssen, um eine Nutzung entsprechender privater Güter zuzulassen. Klaffen nun die Nutzungsmöglichkeiten auseinander — werden zwar die Bedürfnisse im privaten Bereich berücksichtigt, nicht jedoch der Komplementärbedarf im öffentlichen Sektor — entzieht sich in den meisten Fällen das private Gut dem Ge- bzw. Verbrauch.

Soll weiterhin bei der privaten Wirtschaft ebenso wie bei der öffentlichen Hand der Anspruch ernstgenommen werden, die gegenwärtigen und künftigen Wünsche der Konsumenten in erster Linie zur Richtschnur des Handelns zu machen, ist eine Eruierung der Bedürfnisse unumgänglich[11]. Vermutungen über die Bedürfnisse, egal, ob sie nun von Politikern oder Experten angestellt werden, treffen, wie zahlreiche Beispiele zeigen, die Präferenzen der beteiligten Bürger nur ungenügend. Derartige Abweichungen treten etwa in eklatanter Weise im Wohnungsbau oder der Planung von Verkehrswegen auf[12]. In einer Zeit zunehmender Ressourcenknappheit würde uns die Kenntnis der Bedürfnisse in die Lage versetzen, bedürfnisorientiert anzubieten. Das würde nun seinerseits bedeuten, daß der Einsatz von Produktionsfaktoren gezielter und weniger verschwenderisch zu gestalten wäre, was wiederum zur

---

[10] Vgl. Klages H., Politische Planung: Ziele, Methoden und Zwänge aus verwaltungswissenschaftlicher Sicht, in: Rosenstiel L. v., Molt W., (Hg.), Bedarfsdeckung oder Bedürfnissteuerung, Manuskript, Augsburg 1976, S. 22.

[11] Hondrich bemerkt hierzu, daß man die Bedürfnisse der Menschen in einer Gesellschaft kennen muß, um politisches Handeln gezielt darauf einstellen zu können. Daraus leitet sich die Aufgabe der empirischen Analyse menschlicher Bedürfnisse und die Begründung eines derartigen Ansatzes ab. Vgl. Hondrich K. O., Bedürfnisorientierungen und soziale Konflikte. Zur theoretischen Begründung eines Forschungsprogrammes, in: Zeitschrift für Soziologie, 2. Jg. (1973), S. 267.

[12] Vgl. hierzu: Willeke R., Plädoyer für eine bedarfs- und nachfrageorientierte Verkehrswegeplanung, in: Straßenbau (1974), S. 32 ff.

Einsparung von knappen Mitteln führte, woraus schließlich weitere Bedürfnisbefriedigungsmöglichkeiten erwachsen könnten. Ein höheres Niveau gesellschaftlicher Bedürfnisbefriedigung bei gleichbleibendem oder gar reduziertem Input wäre realisierbar. Damit würde die gesellschaftliche Transformationskurve nach außen verschoben und die Wohlfahrt insgesamt erhöht, und eventuell sogar das optimale Güterbündel auf dieser Transformationskurve bestimmbar.

Bekannte Bedürfnisse würden schließlich die Chance bieten, von der gegenwärtigen Quantitätsbezogenheit abzugehen und stärker die Qualität bestimmter Leistungen in den Mittelpunkt zu rücken. Es ist nicht nur entscheidend, daß ein Gut angeboten wird, sondern auch Form, Ausstattung, Lage, Angebotsbedingungen etc. sind mindestens von gleich großer Bedeutung. Dem von Galbraith[13] angeprangerten Übergewicht des privaten gegenüber dem öffentlichen Sektor wäre bei Kenntnis der qualitativen Komponenten der Bedürfnisse wirksam zu begegnen, und damit ein realisierbares Maximum an Bedürfnisbefriedigung zu erwarten.

Doch nach dem Motto „wo viel Licht — ist auch viel Schatten", würden diesen Möglichkeiten auch erhebliche Nachteile gegenüberstehen, wovon wir nur die zwei — nach unserer Meinung — bedeutendsten anführen möchten.

Zum einen würde durch bekannte Präferenzen die vollständige Manipulation und die totale Machtergreifung einer Person oder einer Gruppe erleichtert — die Negierung des tatsächlichen Bürgerwillens und die Verfolgung egoistischer Ziele wäre nicht ausgeschlossen. Um dies zu vermeiden, bedarf es einer starken parlamentarischen Kontrolle und eines ausgeprägten demokratischen Bewußtseins. Zum anderen wäre denkbar, daß eruierte Bedürfnisse, verbunden mit dem Zwang, sie zu befriedigen, zu einer beträchtlichen Steigerung des Staatsanteils und damit zur Gefährdung unseres Marktsystems führten. Die Erziehung der Bürger zu einem komplexeren Denken wäre somit zusätzlich erforderlich.

Wägt man Vor- und Nachteile gegeneinander ab und berücksichtigt man zudem, daß mögliche auftretende Schwierigkeiten zu bewältigen sind, so dürften die Vorzüge ermittelter Präferenzen den Ausschlag geben.

Geht man auch im Staatssektor von der Zielsetzung aus, Wünsche, Bedürfnisse und Präferenzen bezüglich öffentlicher Güter in möglichst

[13] Vgl. Galbraith J. K., Gesellschaft im Überfluß, München/Zürich 1970, S. 238 ff.

umfassender Weise zu erfüllen[14], so wird es für den Staat unabdingbar, eben diese Wünsche, Bedürfnisse, Präferenzen und dergl., ihre Kausalität und Dynamik sowie ihre Träger in Erfahrung zu bringen. Unbedingte Voraussetzung hierfür ist jedoch, dem Staatsbürger eine, dem Konsumenten in der Privatwirtschaft vergleichbare Stellung und Mitsprache beim Prozeß des staatlichen Güterangebotes einzuräumen; wobei wir das Ziel nicht in einer bestimmten Ausgabenhöhe, sondern im Grad der Zufriedenheit von Benutzern bzw. Nachfragern[15] sehen müssen.

Die Erkundung der Präferenzen, das erkannten wir eben schon bei den diskutierten Möglichkeiten offengelegter Bedürfnisse, darf sich nicht in der bloßen Aufdeckung der Bedürfnisse erschöpfen, sondern muß vor allem auch das Zustandekommen und die Entwicklung dieser Bedürfnisse (Kausalitätsproblematik und Dynamik) sowie die Frage, wer nun eigentlich die Bedürfnisträger sind, einschließen. Damit wollen wir einerseits zum besseren Verständnis der Bedürfnisse selbst und der Handlungen der Bedürfnisträger beitragen. Andererseits sind wir der Ansicht, dadurch die erarbeiteten Erkenntnisse leichter zu verallgemeinern, auf andere Bereiche des staatlichen Angebotes übertragen und eventuell die Entwicklung der Bedürfnisse vorhersagen zu können.

Berücksichtigt man nun zusätzlich die Tatsache, daß auch im Staatssektor ein Angebot an Gütern vorliegt, welches vom Bürger genutzt oder — gegebenenfalls — auch ausgeschlagen werden kann, mögen verhaltensverursachende und -lenkende Faktoren sowohl in den Eigenschaften der angebotenen staatlichen Leistungen als auch im Individuum und dessen Umwelt begründet sein. Eine Analyse des Zustandekommens und der Explikation von Bedürfnissen muß daher den gesamten Bedingungsrahmen einer simultanen Analyse unterwerfen.

Durch diese Ausführungen dürfte aber auch offenkundig geworden sein, daß unser Bedürfnisbegriff weit umfassender angelegt ist, als das bisher von der Nationalökonomie zu diesem Zweck verwendete rein pretiale Konzept der willingness-to-pay, welches natürlich auch bei unserer Vorstellung vom menschlichen Bedürfnis eine Rolle spielen muß. Auf diesen Aspekt gehen wir an späterer Stelle[16] noch ausführlich ein, weshalb wir es hier mit diesem Hinweis bewenden lassen wollen.

---

[14] Damit ist andererseits das Angebot eines öffentlichen Gutes nur dann berechtigt, wenn es den Bedürfnissen der Individuen dient, da nur diese den Nutzen eines Gutes empfinden, bewerten und in ihre Bedürfnisstrukturen einordnen können. Vgl. hierzu Hanusch H., Theorie des öffentlichen Gutes. Allokative und distributive Aspekte, Göttingen 1972, S. 48.

[15] Wir deuten damit an, daß Benutzer und Nachfrager nicht immer identisch sein müssen.

[16] Vgl. hierzu Teil 2, Abschnitt A. Ursprünge, Entwicklung und Aufgaben.

Aber selbst wenn es uns gelingt, einen Weg aufzuzeigen, um die Bedürfnisse zu erkunden, die Bestimmungsfaktoren wiederzugeben und die Träger der Bedürfnisse zu bestimmen, stehen wir vor einem weiteren Problem. Dies besteht darin, daß wir individuelle Bedürfnisse eruieren, der Staat aber nicht in der Lage ist — im Gegensatz zur Privatwirtschaft — jedem Bürger sein Gut anzubieten. Wir müssen daher ein Verfahren finden, welches uns gestattet, individuelle Bedürfnisse zumindest zu Gruppen-Bedürfnissen zusammenzufassen; d. h. das Aggregationsproblem ist zu lösen. Damit beantworten wir zugleich die Frage nach der Größe der Benutzer- bzw. Nachfragerschaft eines öffentlichen Gutes.

Hauptanliegen der vorliegenden Arbeit wird es somit sein, einen Ansatz zu finden, welcher in der Lage sein könnte, die Bedürfnisse nach öffentlichen Gütern offenzulegen und diese individuellen Vorstellungen in kollektive überzuführen.

Naheliegend ist es dabei zunächst, bisher entwickelte Theorien und Modelle im Bereich der Volkswirtschaft, der Betriebswirtschaft, der Politischen Ökonomie und der Soziologie unter diesem Aspekt einer Überprüfung zu unterziehen. Diese Überprüfung, darauf können wir jetzt schon verweisen, wird aber — mit Ausnahme des Marketing-Ansatzes als geistiger Grundhaltung — zu keinen zufriedestellenden Ergebnissen führen, weshalb wir die Diskussion dieser Ansätze eher zur Einordnung und unter Umständen teilweisen Ergänzung unseres Vorschlages sowie insbesondere als Überblick über den Stand dieser Forschungsrichtung ansehen. Den Schwerpunkt unserer Arbeit bildet deshalb ein Ansatz, den wir mit gesellschaftlicher Bedarfsanalyse umschreiben, welcher von uns entwickelt wird, und die angesprochenen Probleme ihrer möglichst vollkommenen Lösung zuführen sollte. Er baut auf den Methoden der empirischen Sozialforschung auf und versucht Erkenntnisse der Soziologie, der Psychologie, der Politologie und vor allem auch des Marketing zu nutzen; wobei wir bei der Entwicklung des Konzeptes schwergewichtig die Rahmen- und Einsatzbedingungen, die Grenzen und die Verwendungsmöglichkeiten zu behandeln und zu klären haben.

Aus unseren bisherigen Ausführungen kann nun andererseits auch nicht geschlossen werden, daß die Lösung des Problems, nämlich die Präferenzen im öffentlichen Sektor offenzulegen und zu erklären, einfach darin liegt, das Instrumentarium, welches in der Privatwirtschaft zu eben dieser Problemlösung angewandt wird und bereits zu hoher Perfektion entwickelt wurde, unbesehen in der Staatswirtschaft zum Einsatz zu bringen. Dagegen sprechen die gravierenden Unterschiede zwischen öffentlichem und privaten Sektor.

Eine Prüfung, inwieweit das im Marktsektor so erfolgreiche Instrumentarium auch im staatlichen Bereich zur Erkundung von Meinungen und deren Kausalität und Dynamik geeignet ist, wird somit unumgänglich sein.

II. Abgrenzung des Arbeitsgebietes und generelle Lösungsansätze

Anliegen dieser Arbeit ist, wie schon mehrfach angedeutet, einen Ansatz zu entwickeln, welcher die Möglichkeit bietet, Präferenzen und Vorstellungen der Bürger bezüglich öffentlicher Leistungen in Erfahrung zu bringen. Der nächste Schritt, der hier jedoch nicht mehr vollzogen wird, wäre die Gestaltung der öffentlichen Leistungen, der Distribution und der Werbung für öffentliche Leistungen, aufbauend auf den Vorstellungen der Bürger.

Wir sehen dabei den Bürger ausschließlich in seiner Funktion als Konsumenten öffentlicher Güter und nicht in einer — eventuellen — unternehmerischen Tätigkeit. Der gesamte Unternehmenssektor wird somit aus unserer Betrachtung ausgeschlossen — wir beschränken uns lediglich auf staatliche Endprodukte, die allerdings materieller oder immaterieller Art sein können.

Zudem wird von uns auch nicht die Einnahmenseite des Staates berücksichtigt, da diese zwar die Bedürfnisbefriedigung begrenzt, selbst aber nicht direkt zur Befriedigung von Bedürfnissen beiträgt.

Weiterhin legen wir die gesellschaftlichen und rechtlichen Verhältnisse der Bundesrepublik Deutschland — eines demokratischen Staates also — zu Grunde. Dies ist auch schon deshalb unbedingt notwendig, da wir uns eng an die individualistische Staatstheorie anlehnen, nach der der Bürger selbst die Staatstätigkeit bestimmen soll. Damit wird aber auch ersichtlich, daß unser Anliegen weiter reicht, als nur ein Instrumentarium anzubieten, nämlich den Bürgern höchst mögliche Wohlfahrt zu vermitteln[17], was im Falle optimaler Bedürfnisbefriedigung gewährleistet wäre.

Doch sollen andererseits eruierte Bedürfnisse für den Staat auch keine unbedingt bindenden Daten darstellen, sondern er soll durchaus im Rahmen eines geeigneten Prozesses bei der gesellschaftlichen Bedarfsanalyse die Möglichkeit erhalten, seine Vorstellungen geltend zu machen; womit wir bewußt in unser individualistisch ausgerichtetes Konzept organstaatliche Aspekte aufnehmen.

---

[17] Im Gegensatz dazu steht, wie wir alle wissen, die organstaatliche Theorie, gemäß welcher der Staat am besten weiß, was für die Gesellschaft und den einzelnen Bürger gut ist.

Unser Ansatz ist, darauf wollen wir ausdrücklich hinweisen, nicht der erste, der versucht, Erkenntnisse anderer Wissenschaften für Aufgaben des Staates nutzbar zu machen. So wird etwa seit einiger Zeit geprüft, ob nicht Theater, Museen, Bibliotheken, Parteien, Bahn, Post, kommunale Versorgungs- und Entsorgungsbetriebe, Verkehrsbetriebe, öffentliche Verwaltungen, ja selbst Kirchen, Gewerkschaften und Sportverbände nach Marketing-Gesichtspunkten zu organisieren und zu führen sind. In der Literatur hat sich dafür bereits der Begriff des „social marketing" eingebürgert[18].

Dieses Konzept stellt sich jedoch die Aufgabe, den Staatssektor, ausgehend von der mikroökonomischen Basis und betriebswirtschaftlichen Konzeptionen, in einzelne Leistungseinheiten aufzubrechen und mit dem herkömmlichen Instrumentarium des Marketing zu analysieren. Dabei wird zwangsläufig die spezifische Angebots-Nachfrage-Problematik öffentlicher Leistungen nicht oder nur ungenügend berücksichtigt.

Demgegenüber bewegen wir uns auf der makroökonomischen — insbesondere finanzwissenschaftlichen — Ebene und versuchen von dieser Warte aus, Marketing-Gedankengut zur Lösung der Probleme im staatlichen Sektor heranzuziehen. Wir müssen dabei jedoch, wie sich später zeigen wird, eine Disaggregation vornehmen, um möglichst optimale Einsatzbedingungen für unser Instrumentarium zu erhalten. In diesem finanzwissenschaftlich verstandenen Sinne ist allerdings unser Ansatz einer der ersten seiner Art. Wir gehen somit von der höchsten Aggre-

[18] Vgl. Kotler Ph., Marketing for Nonprofit Organisations, Englewood Cliffs (N. J.) 1975; ders., A Generic Concept of Marketing, in: Journal of Marketing, Vol. 36 (1972), S. 46 ff.; Kotler Ph., Levy S. J., Broadening the Concept of Marketing, in: Journal of Marketing, Vol. 33 (1969), S. 10 ff.; Kotler Ph., Zaltman G., Social Marketing: An Approach to Planned Social Change, in: Journal of Marketing, Vol. 35 (1971), S. 3 ff.; Lavidge R. J., The Growing Responsibilities of Marketing, in: Journal of Marketing, Vol. 34 (1970), S. 25 ff.; Lazer W., Marketing's Changing Social Relationship, in: Journal of Marketing, Vol. 38 (1974), S. 3 ff.; ders., Marketing in a Social Context, in: Der Markt, Bd. 9 (1971), S. 33 ff.; Luck D. J., Broadening the Concept of Marketing — Too Far, in: Juornal of Marketing, Vol. 33 (1969), S. 53 ff.; Merkle E., Social Marketing, in: Wirtschaftswissenschaftliches Studium, Heft 1 (Jan. 1976), S. 31 ff.

Unabhängig von diesen theoretischen Ansätzen wird in Deutschland vor allem im Verkehrsbereich und bei den Parteien versucht, Präferenzen der Bürger zu ermitteln. Vgl. z. B. Engelhardt J., Nahverkehrsgestaltung in Bayern auf der Grundlage einer neuen Richtlinie zur Verkehrsplanung, in: Bedarfsdeckung oder Bedürfnissteuerung, hrsg. v. Rosenstiel L. v., Molt W., Manuskript, Augsburg 1976, S. 53 ff.; Hölsken D., „Erhebungen im öffentlichen Nahverkehr". Methoden — Einsatzmöglichkeiten — Kosten, in: Stadt / Region / Land, Bd. 28 (1974), S. 1 ff.; Schaechterle K. H., Vorgehen und Probleme der Praxis einer integrierten Verkehrsplanung, in: Bedarfsdeckung oder Bedürfnissteuerung, hrsg. v. Rosenstiel L. v., Molt, W., Manuskript, Augsburg 1976, S. 86 ff.

gationsstufe aus und versuchen, diese gegebenenfalls zu untergliedern; wohingegen das social-marketing-Konzept nur jeweils das einzelne Produkt bzw. die Produktionseinheit im öffentlichen Sektor sieht, und diese Produkte quasi mosaikartig, ohne Beachtung des Gesamtzusammenhanges — bezogen auf das Leistungsangebot des Staates —, nach den herkömmlichen Marketinggesichtspunkten zu analysieren versucht.

Der Verfasser ist sich andererseits darüber im klaren, daß eine optimale Lösung nur in der Theorie zu erzielen ist. Praktisch ist eine Optimallösung, etwa im Sinne der Wohlfahrtstheorie, angesichts der Dynamik im sozialen Bereich sowie der bestehenden und zukünftig zu erwartenden Unvollkommenheiten, die vor allem in der mangelnden Voraussicht zukünftiger Ereignisse und Entwicklungen begründet sind, unmöglich[19]. Folglich muß man sich mit einer Suboptimierung und als ausreichend anzusehenden Sicherheitsgraden zufrieden geben. In diesem Sinne soll im weiteren Verlauf auch der Terminus Optimierung bzw. Maximierung Verwendung finden.

Schließlich, das sei noch betont, führen wir in dieser Arbeit weder eine empirische Untersuchung noch eine praktische Erprobung der Methodik durch, sondern es geht lediglich um die problemorientierte Darstellung des zur Informationsbeschaffung geeigneten Instrumentariums.

Gehen wir nun, um den Gliederungspunkt Abgrenzung damit abzurunden, noch auf die grundlegenden Ansätze ein, die nach unserer Meinung bei der Eruierung von Bedürfnissen im öffentlichen Sektor in Erwägung zu ziehen sind.

Es bieten sich drei[20] generelle Lösungswege an. Den ersten sehen wir in den Substitutions- bzw. Komplementaritätsbeziehungen zwischen privaten und öffentlichen Leistungen[21]. Danach könnte von den Motiven, Einstellungen und Präferenzen, die gegenüber privatwirtschaftlich er-

---

[19] Vgl. hierzu auch Hanusch H., Theorie des öffentlichen Gutes ..., S. 35 sowie die Fußnoten 66 und 67.

[20] Eventuell wäre im Gebührenprinzip eine vierte Lösung zu sehen. Gebühren bieten bei bestimmten Gütern die Möglichkeit, durch Nichtbeanspruchung oder stärkere Nutzung Präferenzen offenzulegen. Bei zahlreichen Gütern des öffentlichen Sektors ist es aber nicht möglich, Gebühren zu erheben, da man nicht weiß, wer wann und warum bestimmte Leistungen beansprucht. Vgl. dazu näher Münch K. N., Kollektive Güter und Gebühren. Elemente einer Gebührentheorie für Kollektivgüter, Göttingen 1976, insb. S. 161.

[21] Vgl. dazu z. B. Beckert P., Wünsche der Bürger, oder Forderungen der Politiker?, in: Frankfurter Allgemeine Zeitung vom 7. Febr. 1975; Maslove A. M., Public Sector Decision Making and the Technology of Consumption, in: Public Choice, Vol. 27 (1976), S. 59 ff., insb. S. 60 f.; Hanusch H., Verteilung öffentlicher Leistungen. Eine Studie zur personalen Inzidenz, Göttingen 1976, insb. S. 90 ff.; Bradford D. F., Hildebrandt G. G., Observable Preferences for Public Goods, in: Journal of Public Economics, Vol. 7 (1977), S. 111 ff.

zeugten und angebotenen Produkten gehegt werden, auf die Nachfrage nach öffentlichen Leistungen geschlossen werden, vorausgesetzt, daß genügend starke Substitutions- bzw. Komplementaritätsbeziehungen bestehen. So vielversprechend dieser Ansatz auch ist, so schwierig dürfte dessen Realisierung sein. Zudem besteht noch das Problem, daß nur bei sehr wenigen staatlichen Leistungen und privaten Gütern und Dienstleistungen derartige Beziehungen eindeutig feststellbar sind, was in erster Linie für den Verkehrssektor (Zulassungszahlen privater Kraftfahrzeuge und Nachfrage nach entsprechender Infrastruktur) und die innere Sicherheit (Verbrechensquote und Nachfrage nach Schutz vor Verbrechen) zutrifft.

Dazu kommt noch, daß nur unter Hinzuziehung von Hypothesen und zusätzlichen Annahmen auch tatsächlich Aussagen zu erhalten sind. Damit nimmt aber der Einfluß störender und verzerrender Faktoren zu, was mitunter zu gefährlichen Ergebnissen führen kann, weil sie den tatsächlichen Gegebenheiten zuwiderlaufen. Schließlich muß auch der Faktor Zeit in der Weise berücksichtigt werden, als derartige Komplementaritäts- und Substitutionsbeziehungen einer ständig wirksamen Dynamik unterworfen sind, die ebenfalls in der Vergangenheit oder Gegenwart festgestellte Beziehungen in der Zukunft aufheben oder umgestalten könnte.

Somit wird ersichtlich, daß die Komplementaritäts- und Substitutionsbeziehungen zwischen privaten und öffentlichen Leistungen nicht als genereller Lösungsansatz gelten können, wohl aber damit in Einzelbereichen des staatlichen Leistungsangebotes nützliche Aussagen über die Bedürfnisse der Bürger und den Befriedigungsgrad zu treffen sind.

Die Substitution von öffentlichen durch private Güter dürfte allerdings als Lösungsmöglichkeit grundsätzlich ausscheiden, da das Individuum immer das öffentliche Gut vorziehen wird, weil es dies ja scheinbar unentgeltlich nutzen kann[22]. Werden für öffentliche Leistungen Gebühren erhoben, so verfolgt man damit nicht die Maximierung der Einnahmen, sondern höchstens die Deckung der Kosten. Damit erweist sich das öffentliche ebenfalls wiederum günstiger als das private Angebot, vor allem dann, wenn die Gebühren — aus sozialen Erwägungen — nicht einmal die Kostendeckung zum Ziele haben. Für das private Gut muß der Bürger jeweils den vollen Preis bezahlen, will er es nutzen. Konsequent weitergedacht, führt diese Überlegung zur Unmöglichkeit privater Produktion eines Substitutionsgutes, wenn der Staat Anbieter der alternativen Leistung ist. Substitution erweist sich damit in keiner

---

[22] Die Aufspaltung in direkte und indirekte Preise (Steuern) dürfte zudem mit Sicherheit das Differenzierungsvermögen des einzelnen Bürgers übersteigen.

Weise als Lösung des Präferenzproblems, womit nur die Komplementaritätsbeziehung als begrenzter Ansatz zur Eruierung von Bedürfnissen nach öffentlichen Gütern verbleibt.

Der zweite Weg besteht darin, daß man, nach dem Vorbild der Parlamentswahlen, Referenden bezüglich öffentlicher Probleme abhält. Dem Bürger würde also in einer Volksbefragung die Möglichkeit gegeben, über ein bestimmtes Thema mit ja oder nein zu entscheiden. Eine solche Themenstellung könnte etwa lauten: „Sind Sie für oder gegen eine atomare Aufrüstung der Bundesrepublik Deutschland?"

Derartige Referenden werden vor allem von amerikanischen Autoren vorgeschlagen[23] und haben auch schon in begrenztem Umfange, vor allem auf bundesstaatlicher Ebene[24], Anwendung gefunden. Verfassungsrechtlich sind solche Befragungen in der schweizerischen und bayerischen Verfassung verankert[25]. Gegen eine Anwendung dieses Instrumentariums lassen sich eine Reihe von Punkten vorbringen, die wir aber im Teil I bei den von der Finanzwissenschaft entwickelten Wahlverfahren anführen wollen.

Es verbleibt somit noch der dritte Lösungsweg, den wir als gesellschaftliche Bedarfsanalyse bezeichnen und welcher — instrumental ge-

---

[23] Lipset S. M., The Wavering Polls, in: The Public Interest, Vol. 11, No. 43 (1976), S. 70 ff.; Levy M., Voting on California's Tax and Expenditure Limitation Initiative, in: National Tax Journal, Vol. 28 (1975), S. 426 ff.; Ludwin W. G., Voting Methods: A Simulation, in: Public Choice, Vol. 25 (1976), S. 19 ff.; Comanor W. S., The Medium Voter Rule and the Theory of Political Choice, in: Journal of Public Economics, No. 6 (1976), S. 169 ff.; Maslove A. M., Public Sector Decision Making and the Technology of Consumption, S. 59 ff.; Barkume A. J., Identification of Preference for Election Outcomes from Aggregate Voting Data, in: Public Choice, Vol. 27 (1976), S. 41 ff.; Settle R. F., Abrams B. A., The Determinants of Voter Participation: A more General Model, in: Public Choice, Vol. 27 (1976), S. 81 ff.; Abrams B. A., A Modest Proposal for Election Reform, in: Public Choice, Vol. 28 (1976), S. 37 ff.; Bernholz P., Prisoner's Dilemma, Logrolling and Cyclical Group Preferences, in: Social Science Quarterly (1977), Art. 5; Topham N., Consumer Mobility and the Distribution of Local Public Goods, in: Public Finance, Vol. 32 (1977), S. 254 ff.; Riker W. H., Ordeshook P. C., A Theory of the Calculus of Voting, in: The American Political Science Review, No. 1, Vol. 62 (März 1968), S. 25 ff.

[24] Levy M., Voting on California's Tax and Expenditure Limitation Initiative, S. 426 ff.; Barkume A. J., Identification of Preference for Election Outcomes from Aggregate Voting Data, S. 42 ff. (wo er sich mit Referenden über die Vermögensteuer als Quelle der Finanzierung für Schulen beschäftigt); Wolfinger R. E., Greenstein F. J., The Repeal of Fair Housing in California: An Analysis of Referendum Voting, in: The American Political Science Review, Vol. 62 (1968), S. 753 ff.; Romer T., Majority Voting On Tax Parameters, in: Journal of Political Economics, Vol. 7 (1971), S. 127 ff.

[25] Siehe z. B.: Bayern, Verfassung des Freistaates Bayern mit Stand vom Febr. 1976, Art. 74.

sehen — die Methoden der empirischen Sozialforschung benutzt. Diesen Ansatz wollen wir im Rahmen der vorliegenden Arbeit schwergewichtig behandeln, da er nach unserer Meinung im staatlichen Bereich die größten Erfolgsaussichten hat. Dabei gilt es, in dieser Arbeit zu untersuchen, inwieweit die bekannten Methoden der empirischen Sozialforschung angewendet werden können und welche Einsatzvoraussetzungen und Anwendungsbedingungen vorliegen müssen, damit dieses Instrumentarium zur Lösung staatlicher Probleme und Fragestellungen, in unserem Fall der Erkundung von Präferenzen der Bürger nach öffentlichen Leistungen, erfolgreich eingesetzt werden kann.

III. Darstellung und Erläuterung der Vorgehensweise

Die vorliegende Arbeit gliedert sich insgesamt in drei Hauptteile.

Teil 1 beschäftigt sich mit dem Bürger als Nachfrager in der bisher vorliegenden Literatur; wobei wir solche Ansätze untersuchen, die sich explizit oder implizit der Eruierung von individuellen Präferenzen widmen. Diese Konzepte werden ausschließlich unter dieser Aufgabenstellung auf ihre Tauglichkeit hin überprüft und sollen andererseits die Einordnung und unter Umständen methodische und materielle Ergänzung unseres Ansatzes ermöglichen, den wir schließlich zur Problemlösung vorstellen.

Wir diskutieren zunächst wohlfahrts- und wahltheoretische Modelle, welche den Bürger primär in seiner Funktion als Konsumenten öffentlicher Leistungen sehen. Sodann stellen wir einen Forschungsbereich vor, den wir Determinantenanalyse nennen, unter welchem wir aber ein ganzes Bündel von Verfahren subsumieren, die allesamt Bedürfnisse auf indirektem Wege erfassen wollen. Ähnliches gilt für das Konzept der „Sozialen Indikatoren", dem wir uns anschließend zuwenden, womit wir zugleich den engeren volkswirtschaftlich-finanzwissenschaftlichen Bereich verlassen. Im Anschluß daran gehen wir auf die Politische Ökonomie ein, welche den Bürger nicht mehr vorrangig in seiner Eigenschaft als Nachfrager nach öffentlichen Leistungen, sondern als Wähler behandelt. Unter diesen Ansätzen greifen wir die Downs'sche Analyse heraus, da diese sowohl einen hohen Bekanntheitsgrad als auch breite Zustimmung erlangt hat.

Den Abschluß von Teil 1 bildet schließlich die Diskussion des Marketing-Konzepts als Inbegriff der Bürgerorientierung, womit wir vollends das Terrain der Volkswirtschaft verlassen. In der geistigen Haltung, die mit Marketing umschrieben wird, sehen wir idealiter die grundlegende Voraussetzung für Aktivitäten sowohl im privaten als auch im öffentlichen Sektor und somit auch für unseren Ansatz der gesellschaftlichen Bedarfsanalyse. Dafür ist natürlich eine Interpretation von Marketing notwendig, die auch im Staatssektor Gültigkeit besitzen könnte.

Der Teil 2 wird ausgefüllt durch die Diskussion der gesellschaftlichen Bedarfsanalyse. Wir beginnen mit einer knappen Erörterung von Entwicklungen in der Finanzwissenschaft und bisheriger Einsatzbereiche der empirischen Sozialforschung, welche das Instrumentarium für unseren Ansatz liefern soll, um dessen prinzipielle Eignung zur Problemlösung aufzuzeigen. Im Anschluß daran definieren wir nochmals — nun aber mit stärkerem Bezug auf die Psychologie — die konkrete Aufgabenstellung der gesellschaftlichen Bedarfsanalyse, wo insbesondere gezeigt wird, daß unser Bedürfnisbegriff wesentlich weiter gefaßt ist als das bisherige Konzept der willingness-to-pay. Im folgenden Abschnitt versuchen wir sodann die Instrumente aus dem Bereich der empirischen Sozialforschung herauszuarbeiten, welche zur Erkundung von Bedürfnissen in Betracht kommen könnten.

Mit der Festlegung der Erhebungsmethoden ist aber unsere Aufgabe noch lange nicht gelöst, was darauf zurückzuführen ist, daß echte Bedürfnisse nur aus der Situation heraus zu bestimmen und zu erklären sind. Wir müssen daher den Erhebungsrahmen breiter anlegen und insbesondere die verhaltensverursachenden und -lenkenden Wesensmerkmale der Bürger (geographische, soziodemographische, psychologische und soziologische Faktoren) auf der einen Seite und die Mittel zur Bedürfnisbefriedigung in ihren wahrgenommenen Eigenschaften auf der anderen Seite einbeziehen, um eine ausreichende kausal und dynamisch angelegte Interpretation der Bedürfnisse zu gewährleisten. Bezogen auf die Produktseite erweisen sich dabei die Einstellungen der Bürger gegenüber Befriedigungsmitteln von überragender Bedeutung, welche jedoch nur zu erfassen sind, wenn die Angebotspalette des Staates bis hinab zur konkreten Einzelleistung aufgegliedert wird. Bei den Eigenschaften der Bürger sind zudem die geographischen und die soziodemographischen Merkmale für unsere Aufgabe nützlich, da diese die Grundlage für die Abgrenzung und Beschreibung von Nutzergruppen bilden können. Weil mit diesen Eigenschaften sowohl ein beträchtlicher Erhebungsaufwand als auch erhebliche Interpretationsschwierigkeiten beim Herausfiltern von Bedürfnissen verbunden sind, examinieren wir zahlreiche Modelle des Nachfrageverhaltens. Sie sollen uns einerseits die Auswahl der zu erhebenden Faktoren erleichtern und andererseits die erhobenen Daten in einen Wirkungs- und Erklärungszusammenhang bringen.

Da nun aber für den Planer und Anbieter im öffentlichen Sektor individuelle Präferenzen nur dann entsprechende Bedeutung haben, wenn sie zu Gruppen-Bedürfnissen zusammenfaßbar sind, sollte schließlich auch die gesellschaftliche Bedarfsanalyse in der Lage sein, die Aggregation individueller Bedürfnisse unter Ausschluß von Meritorisierung der ganzen Bevölkerung oder einzelner Minoritäten zu gewährleisten. Zum anderen müßte ein derartiges Verfahren auch dem Staat Möglichkeiten einräumen, seine Meinung geltend zu machen; womit zum Ausdruck kommt, daß erkundete Präferenzen individueller oder kollektiver Art keinesfalls als Datum zu betrachten sind. So verstanden stellt dieser Prozeß auch eine methodische Voraussetzung dafür dar, die Auskunftsbereitschaft der Bürger aufrechtzuerhalten.

Anschließend setzen wir uns mit Problemen und Restriktionen auseinander, die mit dem Einsatz der gesellschaftlichen Bedarfsanalyse verbunden sind; wobei wir jeweils zugleich bemüht sind, Lösungswege aufzuzeigen. Wir widmen uns im Rahmen dieses Abschnittes der Frage, ob im Staatssektor überhaupt individuelle Bedürfnisse vorliegen. Aufbauend auf den Erkenntnissen aus dieser Erörterung ist es uns in einem Exkurs sogar möglich, den Versuch zu unternehmen, eine bedürfnisorientierte Theorie des öffentlichen Gutes in ihren Grundzügen zu skizzieren. Weitere Grenzen einer gesellschaftlichen Bedarfsanalyse sehen wir in der Dynamik von Bedürfnissen, der free-rider-Haltung der Staatsbürger gegenüber dem öffentlichen Angebot, der Unkenntnis von Bedürfnismitteln seitens der Bürger und dem unbewußten Konsum öffentlicher Leistungen, dem übergroßen Interpretationsspielraum bei der Bestimmung von Bedürfnissen und der Geheimhaltung in manchen Bereichen des Staates.

Den Abschluß von Teil 2 bilden Überlegungen dahingehend, wo und unter welchen Bedingungen — bei Beachtung der gefundenen Restriktionen — die gesellschaftliche Bedarfsanalyse im Staatssektor prinzipiell zur Anwendung gebracht werden könnte.

Im Teil 3 behandeln wir ausgewählte methodische Probleme einer gesellschaftlichen Bedarfsanalyse. Dabei gehen wir zunächst auf Ansätze ein, welche die Erfassung der Grundgesamtheit aktueller und/oder potentieller Nutzer einer öffentlichen Leistung zulassen könnten. Da es zudem sehr zeitaufwendig und kostspielig wäre, alle in Frage kommenden Bürger in die Erhebung einzubeziehen, wenden wir uns im Anschluß daran Stichprobenverfahren zu. Hier untersuchen wir vor allem, unter welchen Voraussetzungen wir Ergebnisse erhalten, welche die gleiche Güte wie diejenigen einer Totalerhebung erreichen.

Kernstück einer gesellschaftlichen Bedarfsanalyse ist ohne Zweifel der Fragebogen, dem der dann nachfolgende Abschnitt gewidmet ist. Hier wird insbesondere diskutiert, welche materiellen Teile ein derartiger Fragebogen umfassen müßte, und welche konkrete Frageform anzuwenden wäre.

Den Teil 3 beenden wir schließlich mit methodischen Verbesserungsvorschlägen zum vorgestellten Ansatz, um dadurch eventuell Aussagekraft und Informationsgehalt der erhobenen Daten spürbar zu steigern. Hierfür sehen wir in erster Linie Verfahren wie die Faktoren- und die Diskriminanzanalyse als geeignet an.

Erster Teil

Die Leistung traditioneller Lösungsansätze zur Ermittlung individueller Präferenzen

Das Problem, daß Bürger ihre Präferenzen nach öffentlichen Gütern nicht freiwillig offenlegen, ist eine der seit längerer Zeit diskutierten Fragestellungen in der modernen Finanzwissenschaft. Viele Ökonomen und Nichtökonomen haben sich zu verschiedenen Zeiten, aus unterschiedlichen Anlässen, Mittel und Wege erdacht, diese Aufgabe zu lösen oder doch zumindest Lösungsmöglichkeiten aufzuzeigen.

Diese Ansätze dürfen wir bei einer ausgewogenen Beurteilung dieses Forschungszweiges nicht unberücksichtigt lassen[1]. Wir wollen deshalb einen kurzen Überblick über diejenigen Modelle geben, denen nach unserer Meinung bei der Erforschung von Präferenzen die größte Bedeutung zukommt. Dieser dogmengeschichtliche Abriß erfolgt in erster Linie aufgrund zweier Überlegungen:

(1) Er soll das bisher schon untersuchte Arbeitsfeld und Problemspektrum aufzeigen, um die wissenschaftliche Einordnung der vorliegenden Arbeit zu ermöglichen; und

(2) er soll eine Beurteilung dieser Versuche in ihrer Eignung, Bedürfnisse zu erkunden, gestatten, um hieraus eventuell für unser Konzept der gesellschaftlichen Bedarfsanalyse wertvolle Erkenntnisse zu gewinnen.

Wir beginnen unsere Ausführungen mit der Diskussion fiinanzwissenschaftlicher Theorien, worauf dann polit-ökonomische und soziologische Modelle folgen. Abschließend gehen wir auf Versuche der Betriebswirtschaftslehre ein.

---

[1] Von grundlegender Notwendigkeit wäre es zudem auf den philosophischen Hintergrund, welcher der Finanzwissenschaft zugrundeliegt, einzugehen. Sowohl Vertreter der individualistischen Schule als auch Vertreter der kollektivistischen Richtung müßten auf jeden Fall zu Wort kommen. Mitunter sollten auch einige Vertreter der Scholastik und des Humanismus in ihren Meinungen aufgeführt werden. Doch soll die vorliegende Arbeit in erster Linie ökonomisch und finanzwissenschaftlich ausgerichtet sein, weshalb wir es trotz aller Bedenken, mit diesem Hinweis bewenden lassen.

Bei jedem vorgestellten Ansatz betonen wir die Nachfragerseite oder die Angebotsseite als Reflex der Nachfrage. Daran schließt sich jeweils die kritische Bewertung des diskutierten Ansatzes unter dem Aspekt der erfolgreichen Eruierung und Berücksichtigung individueller Bedürfnisse an.

Wir setzen uns zunächst mit Theorien auseinander, bei denen der Bürger als unmittelbarer Nachfrager nach öffentlichen Gütern gesehen wird. Daran anschließend gehen wir auf ein Bündel von Verfahren ein, welche wir unter dem Oberbegriff Determinantenanalyse[2] zusammenfassen. Diese versuchen die Nachfrage nach öffentlichen Leistungen auf der einen Seite durch Kenngrößen zu erfassen, um damit auf der anderen Seite das Angebot erklären und bestimmen zu können. Diese Kenngrößen verkörpern Merkmale der nachfragenden Bevölkerung, über welche der Zugang zur Nachfrage — und damit zu den Bedürfnissen — geschaffen werden soll.

In ähnlicher Weise ist der Ansatz der „Sozialen Indikatoren“ aufgebaut, dem wir uns nach der Behandlung der Determinantenanalyse zuwenden. Bei ihm stehen unmittelbar die Bedürfnisse der Bürger bzw. deren bisher erreichte Bedürfnisbefriedigung im Mittelpunkt.

Im Rahmen der Theorie der Politischen Ökonomie, welche wir sodann diskutieren, tritt der Bürger nicht mehr als Konsument, sondern in seiner Rolle als Wähler auf.

Am Ende unserer Ausführungen erörtern wir einen Denkansatz, welcher den Bürger nur in seiner Rolle als Konsumenten privater Leistungen berücksichtigt. Wir gehen dabei vor allem der Frage nach, ob und in welchem Umfange die damit verbundene Geisteshaltung auf den Staat zu übertragen ist.

A. Wohlfahrts- und wahltheoretische Modelle

Die meisten finanzwissenschaftlichen Theorien stellen auf die Bestimmung der Höhe des Budgets ab und behandeln weitere Fragen und Probleme — unter anderem auch die Präferenzen der Bürger — als diesem Problem untergeordnet. Dies ist wiederum nicht verwunderlich, wenn man berücksichtigt, daß das Budget ja der monetäre Niederschlag von Umfang und Struktur des öffentlichen Güterangebotes ist, das seinerseits die individuellen Bedürfnisse befriedigen soll.

---

[2] Eine Begriffsbestimmung erfolgt im entsprechenden Abschnitt, vgl. Teil 1, Abschnitt A, Gliederungspunkt I. Die Determinantenanalyse — ein Versuch, ein auf die Bedürfnisse abgestimmtes Angebot an öffentlichen Gütern zu bestimmen.

Generell lassen sich bei der Bestimmung des optimalen Budgets bzw. des gewünschten Staatsanteils zwei Forschungsrichtungen unterscheiden.

Die erste Forschungsrichtung, die als der empirisch-statistische Ansatz bezeichnet werden kann, ist eng mit dem Namen Adolf Wagner[3] und dem nach ihm benannten Wagner'schen Gesetz verbunden.

Wir gehen jedoch in dieser Arbeit schwergewichtig auf die zweite Richtung ein, welche sich mit wohlfahrtstheoretischen Überlegungen auseinandersetzt. Im Mittelpunkt steht hierbei die Ermittlung und Befriedigung individueller Bedürfnisse.

Wird in der Finanzwissenschaft der Problembereich Präferenzen in Angriff genommen, so geht man zumeist von einem Modell aus, bei welchem es um das bedürfnisgerechte Angebot zweier Güter[4] geht. Dabei bedient man sich graphisch der Transformationskurve und einer Schar von individuellen oder kollektiven Indifferenzkurven.

Die optimale Produktion beider Güter ist im Tangentialpunkt der Produktionsmöglichkeitskurve mit der höchstmöglich zu erreichbaren Indifferenzkurve gegeben[5].

Für den (die) nachfragenden Konsumenten gelten folgende Annahmen:

(1) Der Nachfrager verhält sich rational und strebt Nutzenmaximierung bei vollkommener Information an;

(2) die Nutzenmaximierung erfolgt auf der Grundlage der Nachfragefunktion, bei welcher die nachgefragte Menge eines Gutes durch dessen Preis und das Einkommen des Konsumenten bestimmt wird.

Für unser Problem bietet dieses Modell jedoch so gut wie keine Anhaltspunkte, da hier nur private Güter betrachtet werden, bei denen die Eruierung der Präferenzen nicht als Problem angesehen wird[6].

---

[3] Vgl. Wagner A., Grundlegung der politischen Ökonomie, I. Teil, 3. Aufl., Leipzig 1893; wir kommen auf diesen Ansatz nochmals bei der Determinantenanalyse zu sprechen.

[4] Dabei steht häufig die Allokation der Ressourcen im Vordergrund.

[5] Dieses Modell, das zumeist als kardinaler Nutzenansatz bezeichnet wird, ist in jedem finanzwissenschaftlichen Lehrbuch vorzufinden. Vgl. z. B. Zimmermann H., Henke K.-D., Finanzwissenschaft. Einführung in die Lehre von der öffentlichen Finanzwirtschaft, München 1975, S. 53 f.; Musgrave R. A., Finanztheorie, S. 124 f.; Wittmann W., Einführung in die Finanzwissenschaft, I. Teil: Die öffentlichen Ausgaben, Stuttgart 1970, S. 26 f.; Musgrave R. A., Musgrave P. B., Kullmer L., Die öffentlichen Finanzen ..., S. 79 ff. und S. 132 f.

Ein Modell, das sich sowohl mit dem öffentlichem Angebot als auch explizit mit der Ermittlung von Bedürfnissen auseinandersetzt, hat Lindahl[7] entwickelt. Der neoklassische Ansatz Lindahl's ist eines der grundlegenden Modelle in der Nutzentheorie und darf deshalb in einem dogmenhistorischen Überblick auf keinen Fall fehlen. Zudem ist es Ausgangspunkt für einige weitere Ansätze, die wir im Verlauf dieses Überblickes noch kennenlernen.

Lindahl geht bei seiner Theorie von drei verschiedenen Zielen aus. Das erste Ziel beinhaltet die Erstellung einer gerechten Ausgangsverteilung von Einkommen und Vermögen. Das zweite Ziel besagt, daß auf der Basis dieser Ausgangsverteilung, die Ausgaben für jedes öffentliche Gut soweit auszudehnen sind, bis der Grenznutzen aus diesem Gut gleich den Steuern wird, die das Individuum dafür zu bezahlen hat. Die Ausgaben sollen also jeweils bis zu dem Punkt ausgedehnt werden, bei dem der Nutzen jedes Individuums maximiert — die optimale Bedürfnisbefriedigung erreicht wird. Das dritte Ziel besteht schließlich darin, Veränderungen im Wahlmechanismus[8] und der Steuergesetzgebung zu empfehlen, die eine weitestgehende Annäherung an das Ideal ermöglichen. Alle mit diesen Zielen zusammenhängenden Entscheidungen sind interdependent und müssen daher zusammen getroffen werden.

Lindahl sieht nun die Lösung — in Analogie zur Preisbildung im Markte — in einem Wettbewerbsprozeß; wobei er vereinfachend die Gesellschaft in zwei Gruppen bzw. zwei Individuen A und B einteilt.

Im Verlauf dieses Prozesses sollen in gegenseitigen Verhandlungen die Höhe des öffentlichen Angebotes fixiert und die jeweils zu tragenden Kostenanteile bestimmt werden. Damit, so die Meinung Lindahls, werden die Präferenzen beider Gruppen offengelegt.

Die Lösung dieses Problems können wir der abgebildeten Graphik entnehmen.

---

[6] Auch wenn eine Kombination zwischen einem privaten und einem öffentlichen Gut erfolgt, ergeben sich für die Ermittlung der Präferenzen keine weiteren Aussagen, da auf dieses Problem bei der gewählten Abstraktionsstufe nicht eingegangen wird.

[7] Vgl. Lindahl E., Die Gerechtigkeit der Besteuerung, Lund 1919, insbes. S. 85 ff. Im Anschluß an Lindahl haben sich mit diesem Modell nahezu alle namhaften Finanzwissenschaftler auseinandergesetzt. Vgl. z. B. Musgrave R. A., Finanztheorie, S. 57 ff.; Samuelson P. A., The Pure Theory of Public Expenditure, S. 387 ff.; ders., Diagrammatic Exposition of a Theory of Public Expenditures, S. 350 ff.; Head J. G., Lindahl's Theory of the Budget, in: Finanzarchiv, N. F., Bd. 23 (1964), S. 421 ff.; ders., Public Goods and Public Welfare, Durham (N. C.) 1974, S. 114 ff.; Musgrave R. A., Musgrave P. B., Kullmer L., Die öffentlichen Finanzen . . ., S. 61.

[8] Lindahl war Schüler Wicksells, der vor allem die Wahlmechanismen als Lösungsansatz betonte. Auf diese Ansätze gehen wir im Verlauf dieses Abschnittes noch ein.

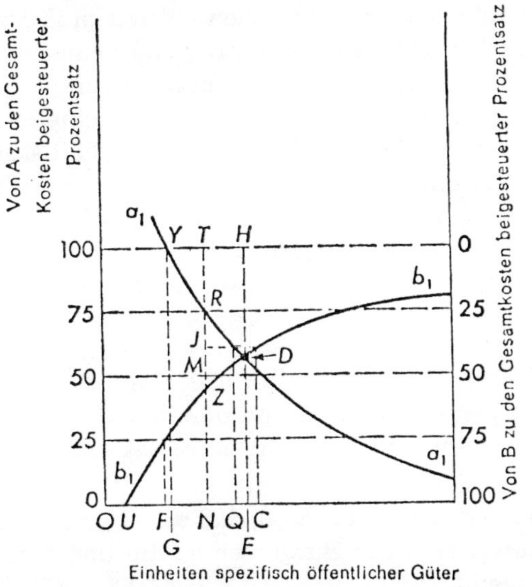

Quelle: Musgrave R. A., Finanztheorie, 2. Aufl., Tübingen 1969, S. 58.

Auf der Abszisse wird die Menge öffentlicher Güter abgetragen, auf der linken Ordinate der Prozentsatz an den Gesamtkosten, den *A* zu tragen hat und auf der rechten derjenige, welchen *B* aufbringen muß. *A* ist bereit, für die Ausbringung *OG* 100 % der Kosten zu tragen, also einen Beitrag zu leisten, bei dem seine Nachfragekurve $a_1 a_1$ die Angebotskurve schneidet. Bei jedem anderen Output ist er hingegen nur gewillt, einen geringeren Kostenanteil zu übernehmen. Die Kurve $b_1 b_1$ ist die Nachfragekurve für *B*. Sie kann als Nachfragekurve des *B* nach öffentlichen Leistungen angesehen werden; bzw. als Angebotskurve öffentlicher Leistungen für *A*.

Lindahl war nun der Meinung, daß *A* und *B* sich in Verhandlung auf eine Menge *OE* einigen, bei der $a_1 a_1$ und $b_1 b_1$ einander schneiden, und sich beide Kostenanteile zu 100 % ergänzen. Die zwei Parteien werden sich solange für größere Beträge entscheiden, bis *OE* erreicht ist[9]. Somit wird der Einnahmen-Ausgaben-Prozeß für die Befriedigung öffentlicher Bedürfnisse durch den Wettbewerbsprozeß determiniert, welcher dem ähnelt, der für den Marktsektor charakteristisch ist.

Gegen diesen Ansatz ist nun von Musgrave[10] der insbesondere für uns interessante Einwand vorgebracht worden, daß bei großer Anzahl der

[9] Im Punkt OE sind sowohl das Leistungsfähigkeits- als auch das Äquivalenzprinzip erfüllt.

[10] Vgl. Musgrave R. A., Finanztheorie, S. 63.

Beteiligten das Angebot an öffentlichen Gütern praktisch keine Änderung mehr erfährt, wenn sich der Beitrag eines einzelnen Bürgers verändert. Damit bricht aber auch die Voraussetzung einer freiwilligen Bedürfnisäußerung zusammen. Der Bürger gibt seine Präferenzen nicht mehr oder nur mehr verfälscht bekannt — er verhält sich als free-rider. Auch innerhalb der einzelnen Gruppe erscheint es fraglich, ob alle individuellen Präferenzen mit der Präferenzstruktur der jeweiligen Gruppe identisch sind. Herrscht keine Isomorphie ist schon auf dieser Ebene der Ansatz gescheitert, da eine Aggregation der Präferenzen durch ihn nicht geleistet wird.

Weiterhin bleiben altruistische Überlegungen, Beziehungen zwischen öffentlichen und privaten Gütern und der Einfluß der Parteien auf Bedürfnisformierung, -artikulation und -durchsetzung unberücksichtigt.

Somit kommen wir zu dem Schluß, daß es der Theorie Lindahl's nicht gelingt, die Präferenzen der Bürger endgültig und zweifelsfrei in Erfahrung zu bringen.

Trotzdem diente das Lindahl-Modell weiteren Ansätzen zur Ermittlung der Bedürfnisse als Ausgangspunkt. Bei diesen weiterentwickelten und weiterführenden Modellen sind insbesondere Samuelson[11] und Musgrave[12] zu nennen. Sie versuchen beide auf dem Wege eines Marginalansatzes die Allokation öffentlicher und privater Güter, ausgehend von individuellen Präferenzen, zu bestimmen, wobei für beide das sogenannte Pareto-Optimum Handlungsmaxime des Staates sein soll, nach dem der Zustand X einem Zustand Y vorzuziehen ist, wenn der Wechsel von X zu Y die Lage eines Konsumenten verbessert, ohne gleichzeitig alle anderen oder zumindest einen einzigen Konsumenten zu benachteiligen[13]. Beide Autoren berücksichtigen die Interdependenz privater und öffentlicher Güter (in ihrer Funktion als Konkurrenten um knappe Produktionsfaktoren), da das Problem nur unter Berücksichtigung der allgemeinen Gleichgewichtsbedingungen zu behandeln ist, womit ein gravierender Mangel des Lindahl-Ansatzes beseitigt wird.

Ansonsten bleiben sie bei den oben angeführten Annahmen der ökonomischen Nachfragetheorie.

---

[11] Vgl. Samuelson P. A., The Pure Theory of Public Expenditure, S. 387; ders., Diagrammatic Exposition of a Theory of Public Expenditures, S. 350 ff.; ders., Aspects of Public Expenditure Theories, S. 332 ff.

[12] Vgl. Musgrave R. A., Finanztheorie, S. 63 ff.; Musgrave R. A., Musgrave P. B., Kullmer L., Die öffentlichen Finanzen ..., S. 86 ff.

[13] Vgl. z. B. Musgrave R. A., Finanztheorie, S. 65.

Da Musgrave[14] aus didaktischen Gründen zunächst bekannte Präferenzen annimmt, Samuelson aber sowohl das Allokationsproblem als auch die Ermittlung der Bedürfnisse lösen will, konzentrieren wir uns auf die Vorgehensweise von Samuelson[15].

Die Individuen (1, 2 ... *i*, ... *s*) konsumieren sowohl private ($x_1 \ldots,$ x_n) als auch öffentliche Güter ($x_{n+1} \ldots x_{n+m}$), wobei die öffentlichen Güter von allen Konsumenten ohne Rivalität nachgefragt werden. Weiterhin nimmt er an, daß jedes Individuum „a consistent set of ordinal preferences with respect to his consumption of all goods ... (hat), which can be summarised by a regularly smooth and convex utility index $u^i = u^i(x_1^i \ldots, x_{n+m}^i)$" [16]. Schließlich geht er von einer regelmäßig konvexen Produktionsmöglichkeitskurve für beide Güterarten aus.

Aus den individuellen Indifferenzkurven leitet er eine Nutzengrenze ab, welche die denkbaren Pareto-optimalen Lösungen präsentiert. Zur Bestimmung des „attainable-bliss point" dieser Pareto-Lösungen braucht er jedoch eine soziale Wohlfahrtsfunktion[17]. Eine Lösung wäre nach Samuelson[18] dann zu erreichen, wenn a) „the production functions satisfy the neoclassical assumptions of constant returns to scale and generalized diminishing returns and b) so long as the individual's indifference contours have regular convexity and, we may add, c) so long as all goods are private." Der Einschluß öffentlicher Güter verhindert aber eine Finanzierung über den Preismechanismus des Marktes. Öffentliche Güter sind über Steuern zu finanzieren. Damit trotzdem eine optimale Lösung gefunden wird, müßte jede Person motiviert werden, ihre Bedürfnisse zu signalisieren. Doch hier kommt Samuelson[19] zu dem

---

[14] Vgl. Musgrave R. A., Finanztheorie, S. 64; Musgrave R. A., Musgrave P. B., Kullmer L., Die öffentlichen Finanzen ..., S. 86 f.

[15] Vgl. Samuelson P. A., The Pure Theory of Public Expenditure, S. 387 ff.; ders., Diagrammatic Exposition of a Theory of Public Expenditures, S. 350 ff.

[16] Siehe Samuelson P. A., The Pure Theory of Public Expenditure, S. 387.

[17] Zur Ableitung und Bestimmung einer sozialen Wohlfahrtsfunktion vgl. z. B. Baumol W. J., The Community Indifference Map: A Construction, in: Review of Economic Studies, Bd. 17 (1949/50), S. 189 ff.; Mishan E. J., A Survey of Welfare Economics 1939—1959, in: Economic Journal, Bd. 70 (1960), S. 197 ff.; Stolper W. F., A Method of Constructing Community Indifference Curves, in: Schweizerische Zeitschrift für Volkswirtschaft und Statistik, Bd. 86 (1950); Rose K., Theorie der Außenwirtschaft, 4. Aufl., München 1972, S. 317 ff.; Samuelson P. A., Social Indifference Curves, in: Quarterly Journal of Economics, Bd. 70 (1956), S. 11 ff.

Die jeweils eingeschlagene Vorgehensweise baut auf individuellen Indifferenzkurven auf und löst das Aggregationsproblem unter stringenten Annahmen, wobei zum Großteil das öffentliche Angebot außer acht bleibt.

[18] Siehe Samuelson P. A., The Pure Theory of Public Expenditure, S. 388.

[19] Vgl. Samuelson P. A., The Pure Theory of Public Expenditure, S. 388.

Ergebnis, daß es jetzt im Interesse jedes Individuums liegt, falsche Signale zu geben und so zu tun, als habe es ein geringeres Interesse an einem Kollektivgut. Der Bürger muß sich unter diesen Bedingungen als free-rider verhalten, darf also seine Präferenzen nicht offenlegen. „The solution ‚exists'; the problem is how to ‚find' it", bemerkt schließlich Samuelson[20].

Auch Musgrave[21] gelangt mit Hilfe ähnlicher Überlegungen zu der Ansicht, daß auf diesem Wege eine Offenlegung der Bedürfnisse nicht erfolgen kann.

Mit diesem Ergebnis des Präferenzenproblems konnte man sich verständlicherweise nicht zufrieden geben. So haben vor allem amerikanische Autoren[22] immer wieder den Versuch unternommen, mit dem schon bislang verwendeten Instrumentarium doch noch zum Erfolg zu kommen.

Sie wollen aus Komplementaritäts- und Substitutionsbeziehungen zwischen öffentlichen und privaten Gütern auf die Wertschätzung für öffentliche Güter und damit die Bedürfnisse nach staatlichen Leistungen schließen. Dabei unterläuft ihnen genau derselbe Fehler, den auch Samuelson und Musgrave begehen. Dieser Fehler besteht darin, daß bei öffentlichen Gütern zu wenig die Eigenschaft der Unteilbarkeit Berücksichtigung findet. Nehmen wir nämlich den extremen Fall an, daß ein öffentliches Gut (etwa Verteidigung) nur angeboten oder nicht angeboten werden kann, dann schrumpft die Angebots- und damit auch die Nachfragekurve auf einen Punkt zusammen. Das bedeutet aber wiederum, daß Substitutionsüberlegungen nicht mehr angestellt werden können, und damit auch die Möglichkeit, Wertschätzungen öffentlicher Güter über diesen Umweg in Erfahrung zu bringen, verbaut ist[23]. Hinzu kommt, wie schon an früherer Stelle ausgeführt[24] wurde, daß eine Substitution zwischen einem öffentlichen und einem privaten Gut immer eine Vernachlässigung des privaten Gutes mitsichbringt.

[20] Ebenda, S. 389.

[21] Vgl. Musgrave R. A., Musgrave P. B., Kullmer L., Die öffentlichen Finanzen . . ., S. 89 f.; Musgrave R. A., Finanztheorie, S. 64 ff.

[22] Vgl. Hori Hajime, Revealed Preferences for Public Goods, in: The American Economic Review, Vol. 65 (1975), S. 978 ff.; Dreze J. H., De la Vallee Poussin D., Symposium on Public Finance: A Tâtonnement Process For Public Goods, in: Review of Economic Studies, Vol. 38 (1971), S. 133 ff.; Bradford D. F., Hildebrandt Gregory G., Observable Preferences For Public Goods, S. 111 ff.

[23] Vgl. hierzu auch Münch Klaus N., Kollektive Güter und Gebühren, S. 67 ff., der insbes. auch auf diesen Mangel hinweist.

[24] Vgl. hierzu Gliederungspunkt II im Einführungsabschnitt.

Welche Chance die Komplementarität zwischen öffentlichen und privaten Gütern bietet, wurde ebenfalls schon an früherer Stelle angesprochen[25]. Aufgrund der eben gefundenen Erkenntnis, betreffend die Eigenschaft der Indifferenzkurven, dürften diese Instrumente kein praxisorientierter Weg zur Aufdeckung von Präferenzen weder über Substitutions- noch über Komplementaritätsbeziehungen sein.

Hinzu kommt noch, daß alle hier diskutierten Modelle einen homo oeconomicus unterstellen, der seine Entscheidungen nur an Preisen bzw. Kosten und Einkommen orientiert. Die Beachtung des Einflusses psychologischer und soziologischer Faktoren ist damit a priori ausgeschlossen.

Im Gegensatz zu Samuelson, der es mit seinem Ansatz und dessen Ergebnissen bewenden läßt, setzt Musgrave die Suche nach Modellen und Verfahren fort, die eine Ermittlung der Präferenzen im öffentlichen Sektor möglich erscheinen lassen. Einen besser geeigneten Ansatz sieht er vor allem in den Wahlverfahren, denen wir uns nun ebenfalls zuwenden wollen.

Auch diese Verfahren haben ebenso wie die bisher dargestellten Modelle zum Ziel, die Bürgerpräferenzen hinsichtlich öffentlicher Güter zu enthüllen, und mit Hilfe der ermittelten Präferenzen, aus all den möglichen Lösungen diejenige auszuwählen, welche die beste Bedürfnisbefriedigung verspricht[26].

Als geistiger Vater der Wahlverfahren — vor allem der Mehrheitswahl — darf wohl Knut Wicksell[27] angesehen werden. Wicksell ging zunächst von der uneingeschränkten Zustimmung[28] aus. Das bedeutet, daß alle bei der Wahl geäußerten Bedürfnisse Berücksichtigung finden müssen. Danach gilt dann schon ein Wahlvorschlag als endgültig abgelehnt, wenn sich ein einziger Wähler gegen ihn ausspricht, was in der Regel dann erfolgt, wenn die Ausgaben — und/oder die Steuererhöhung — seiner individuellen Präferenzstruktur zuwiderlaufen. Die abgewählte Finanzierungsalternative ist sodann durch eine andere zu ersetzen und

[25] Vgl. hierzu gleichfalls Gliederungspunkt II im Einführungsabschnitt.

[26] Bei den Wahlverfahren muß natürlich, wie bei jedem anderen Ansatz, vorausgesetzt werden, daß die Individuen Bedürfnisse gegenüber kollektiven Leistungen in irgendeiner Form verspüren und besitzen. Nur dann ist auch eine Aggregation ihrer Präferenzordnungen möglich, die zu einer sozialen Wohlfahrtsfunktion auf individueller Basis führt.

[27] Vgl. Wicksell K., Finanztheoretische Untersuchungen nebst Darstellung und Kritik des Steuerwesens Schwedens, Jena 1896.

[28] Der Ansatz Wicksells ist in besonders eingehender Form dargestellt bei Hedtkamp G., Lehrbuch der Finanzwissenschaft, Neuwied/Berlin 1968, S. 100 ff.; Musgrave R. A., Finanztheorie, S. 104 f.; Musgrave R. A., Musgrave, P. B., Kullmer L., Die öffentlichen Finanzen ..., S. 125 ff.

zur Abstimmung vorzulegen; diese Prozedur wird solange fortgesetzt, bis ein Vorschlag einstimmig angenommen wird. Ist das nicht möglich, gilt ein Projekt als endgültig abgelehnt. Damit ist sichergestellt, daß niemand eine Situation akzeptieren muß, die seinen Bedürfnissen nicht angemessen erscheint. Andererseits ist dieses Modell durch diesen Abstimmungsprozeß in der Lage, die Bedürfnisse eines jeden Wählers zu ermitteln, da jeder Wähler ein notwendiges Interesse daran haben muß, Programme nicht zu akzeptieren, die seinen Vorstellungen widersprechen.

Es ist jedoch auch einleuchtend, daß ein derartiges Verfahren in der Praxis keinen generellen Lösungsansatz verkörpern kann. Jedes Abweichen vom Axion der uneingeschränkten Zustimmung, darüber müssen wir uns im klaren sein, bedeutet allerdings zugleich eine Entfernung von der optimalen Befriedigung offengelegter Bedürfnisse und damit, wie wir noch sehen werden, von den Eruierungsmöglichkeiten selbst.

Auch Wicksell sah natürlich die geringe Praxisrelevanz dieses Verfahrens und setzte sich deshalb später für ein System der qualifizierten Mehrheit ein. Nach dieser Regel sollen zwar weiterhin alle Bedürfnisse aufgedeckt werden, befriedigt hingegen werden nur diejenigen der Mehrheit. Hierbei muß zunächst einmal die Größe der Minorität und zum anderen die Bestimmung des Gewichtes der einzelnen Stimmen festgelegt werden[29].

Das zweite Problem ist in einer Demokratie, die wir ja für alle unsere Ausführungen unterstellen, leicht gelöst, indem wir jeder Wählerstimme das gleiche Gewicht zuerkennen[30]. Auf die Bedürfnisse bezogen heißt das: Die Bedürfnisse von Person A werden gegenüber denjenigen der Person B als gleichgewichtig angesehen, diejenigen von A und B gegenüber den Bedürfnissen von Person C usw.

Bei der Größe der Minorität macht auch Wicksell keine konkreten Vorschläge. So spricht er davon, daß eine spezifische Kombination dann Gesetzeskraft erlangen soll, wenn sie die erforderliche Mehrheit, „vielleicht zu drei Vierteln, fünf Sechsteln oder sogar zu neun Zehnteln" erhält[31]. Es gilt z. B. eine Reduzierung der Steuerlast dann als beschlossen, wenn sich, spiegelbildlich gesehen, ein Viertel, ein Sechstel oder

---

[29] Vgl. Hedtkamp G., Lehrbuch der Finanzwissenschaft, S. 101; Musgrave R. A., Musgrave P. B., Kullmer L., Die öffentlichen Finanzen . . ., S. 127 f.

[30] Unter ökonomischen Gesichtspunkten mag dies nicht unproblematisch sein, da ja das ökonomische Gewicht, etwa gemessen am Einkommen und/ oder der Bildung, durchaus nicht gleich ist und andererseits bei politischen Entscheidungen mit Sicherheit in die Waagschale geworfen wird.

[31] Siehe Wicksell K., Finanztheoretische Untersuchungen . . ., S. 117.

ein Zehntel dafür ausspricht[32], die geäußerten Bedürfnsse der Mehrheit würden damit nicht berücksichtigt.

Bei dieser Art von Bedürfniseruierung müssen die Bedingungen, die Arrow[33] genannt hat, unbedingt erfüllt sein, da sonst keine eindeutige Bedürfnisstruktur (bei Aggregation der ermittelten Individualbedürfnisse) zu erhalten ist. Arrow nennt ingesamt fünf Axiome, die auf vier reduzierbar sind:

1. Die Wohlfahrtsfunktion muß die Gewähr dafür bieten, daß eine soziale Präferenzstruktur für drei gegebene Wahlalternativen abgeleitet werden kann, wobei es gleichgültig ist, wie die Individuen die drei Alternativen bewerten;

2. die soziale Rangfolge hat sich den Änderungen der individuellen Rangfolgen anzupassen. Die soziale Ordnung muß positiv oder zumindest nicht negativ mit Änderungen individueller Bedürfnisse korreliert sein;

3. durch die Elimination einer Wahlmöglichkeit darf die Reihenfolge der verbleibenden Vorschläge innerhalb der Wohlfahrtsfunktion nicht beinflußt werden; und

4. die Wähler müssen sich unter allen Alternativen frei entscheiden können.

Liegen nur zwei Vorschläge zur Abstimmung vor, wird man immer zu eindeutigen Aussagen über die Bedürfnisstruktur kommen. Aber schon bei drei Wahlmöglichkeiten sind nur dann eindeutige Ergebnisse zu erwarten, wenn die Präferenzstrukturen der Wähler transitiv sind und somit individuelles Rationalverhalten vorliegt. Im Falle einer intransitiven Reihenfolge spricht Arrow von einem „Wahlparadoxon“. Arrow behauptet sogar: „If there are at least three alternatives which the members of the society are free to order in any way, then every social welfare function satisfying condition 2 and 3 and yielding a social ordering in any way, then every social welfare function satisfying Axiom I (Konsistenz; Anm. d. Verf.) and Axiom II (odinale Präferenzskala; Anm. d. Verf.) must be either imposed or dictatorial[34, 35].“ Auf

---

[32] Darüber hinaus wäre natürlich zu bedenken, daß die Zahl der Wähler und die Zahl der Wahlberechtigten durchaus voneinander abweichen können.

[33] Vgl. Arrow K. J., Social Choice and Indicidual Values, New York 1951, S. 20; sowie die Zusammenfassung bei Musgrave R. A., Finanztheorie, S. 93; vgl. aber auch die ausführlichen Erläuterungen von Arrow K. J., Social Choice and Individual Values, 2. Aufl., New York, London, Sydney 1963, insbes. S. 22—33.

Beispiele anhand derer das Wahlparadoxon nachgewiesen werden soll, wollen wir nicht mehr eingehen[36].

Entscheidend für die Ermittlung der sozialen Präferenz mit Wahlverfahren ist auch die Abstimmungsfolge, anhand derer die Bedürfnisstruktur und damit der Wahlausgang beeinflußt werden kann, sobald man sich entschließt über die vorliegenden Alternativen paarweise abzustimmen[37]. Eng damit zusammen hängt auch die Tatsache, daß die Wähler Strategien in der Art anwenden können, als sie nicht gemäß ihrer wahren individuellen Bedürfnisse entscheiden, sondern andere Präferenzen vorgeben, um sich dadurch letzten Endes besser zu stellen[38]. Damit kann der Fall eintreten, daß zwar Präferenzen eruiert werden, diese aber nicht die wahren Bedürfnisse der Bürger wiedergeben.

Je mehr nun das Modell der Wirklichkeit angenähert wird, umso geringer wird die Zuverlässigkeit der gefundenen Ergebnisse — die Willkür nimmt zu. Wird nämlich nicht nur eine Ausgabenart, sondern jeweils ein Bündel von Leistungen angeboten, so dürfte es dem einzelnen Wähler von vornherein schwer fallen, wenn nicht gar unmöglich werden, die einzelnen Bündel eindeutig, auf seine Bedürfnisse bezogen, zu bewerten[39]. Die Verzerrung der Bedürfnisse kann somit auch unbewußt oder ungewollt erfolgen. Zudem werden bei den meisten der zu treffenden Entscheidungen an der bestehenden Wirtschafts-, Gesellschafts- und Sozialordnung nur marginale Veränderungen vorgenommen, die wieder von einem Großteil der Wählerschaft nicht wahrgenommen bzw. in ihrer Bedeutung nicht richtig eingeschätzt werden können. Bei unseren Wahlen geht es in der Regel um eine Entscheidung zwischen Perso-

---

[34] Die fünfte Bedingung, Ausschluß von Diktatur, ist, nach Meinung des Verfassers, bereits als Subbedingung in der unter 4. genannten Forderung enthalten.

[35] In jüngerer Zeit wurde allerdings immer wieder der Versuch unternommen, den Beweis dafür zu erbringen, daß weder im Falle einer endlich noch im Falle einer unendlich großen Wählerschaft Arrow's Paradoxon Gültigkeit besitzt. Vgl. dazu Fishburn P. C., Arrow's Impossibility Theorem: Concise Proof and Infinite Voters, in: Journal of Economic Theory, No. 2 (1970), S. 103 ff.; Hanssen B., The Existence of Group Preference Functions, in: Public Choice, Vol. 28 (1976), S. 89 ff.

[36] Vgl. dazu z. B. Musgrave R. A., Finanztheorie, S. 93 ff.; Musgrave R. A., Musgrave P. B., Kullmer L., Die öffentlichen Finanzen . . ., S. 128 ff.

[37] Vgl. dazu näher Hedtkamp G., Lehrbuch der Finanzwissenschaft, S. 112 f.; Musgrave R. A., Musgrave P. B., Kullmer L. Die öffentlichen Finanzen . . ., S. 128 f.

[38] Musgrave R. A., Finanztheorie, S. 107 ff.; Zimmermann H., Henke K.-D., Einführung in die Finanzwissenschaft, S. 63; Musgrave R. A., Musgrave P. B., Kullmer L., Die öffentlichen Finanzen . . ., S. 137 f.

[39] Vgl. Hedtkamp G., Lehrbuch der Finanzwissenschaft, S. 103; Zimmermann H., Henke K.-D., Einführung in die Finanzwissenschaft, S. 64; Musgrave R. A., Musgrave P. B., Kullmer L., Die öffentlichen Finanzen . . ., S. 128 f.

nen, die stellvertretend für ideologische Programme stehen, was an sich schon eine Informationsverkürzung darstellt.

Die Eruierung wahrer Bedürfnisse setzt schließlich vor allem die Informiertheit der einzelnen Wähler über die anstehenden Entscheidungen bezüglich der Ausgaben- und Einnahmenbündel sowie Interesse an den damit verbundenen Sachfragen voraus.

Werden alle angeführten Argumente gebührend berücksichtigt, so ist leicht einzusehen, daß die Mehrheitswahl weit davon entfernt bleibt, in optimaler Weise individuelle Bedürfnisse offenzulegen und ihrer Befriedigung zuzuführen. Dies ist, abgesehen von den erörterten theoretischen Einwänden, auch darauf zurückzuführen, daß die Meinung der jeweiligen Minorität in der Praxis unbeachtet bleibt; womit die Lösung nur in dem Sinne optimal sein kann, als sie von mehr Bürgern akzeptiert wird als jede andere.

Effizientere Wahlsysteme zur Ermittlung der auf kollektive Güter gerichteten Präferenzen von Bürgern wurden deshalb gesucht und auch gefunden. Es sind dies in erster Linie die Pluralitäts- und die Punktwahl[40].

Beschäftigen wir uns zunächst mit der Pluralitätswahl. Bei dieser Art von Wahl ist es durchaus denkbar, daß mehrere Vorschläge die gleiche Gesamtrangzahl erhalten. Dazu meint jedoch Musgrave[41], „wenn es keine Zufallsverteilung der Präferenzen gibt, enthalten die Kombinationen mit gleichen Ergebnissen tendenziell nur einen kleinen Teil der möglichen Alternativen, und obgleich zwischen ihnen eine willkürliche Entscheidung getroffen wird, ist der Schaden wahrscheinlich geringer, als er bei einer willkürlichen Mehrheitswahl wäre.“

Geht man weiter davon aus, daß nur derjenige Vorschlag mit der höchsten bzw. niedrigsten Punktzahl angenommen wird, so besteht durchaus die Möglichkeit, daß sich eine Alternative durchsetzt, der niemand den ersten Platz zuerkannt hat — die Intensität der Präferenzen wird somit nicht adäquat berücksichtigt. Andererseits erlangen aber auch Bedürfnisse, die mit anderen Wahlmöglichkeiten verbunden sind, welche jedoch nicht auf Platz eins kommen, keinerlei Bedeutung. In gleicher Weise kommen auch die Vorstellungen derjenigen Bürger nicht zum Tragen, welche sich nicht für die Mehrheitsalternative ausgesprochen haben.

---

[40] Die Vorgehensweise bei der Pluralitäts- und Punktwahl setzten wir als bekannt voraus; wir gehen deshalb nicht näher darauf ein. Vgl. dazu z. B. Musgrave R. A., Finanztheorie, S. 105 ff.; Musgrave R. A., Musgrave P. B., Kullmer L., Die öffentlichen Finanzen . . ., S. 127 f.

[41] Siehe Musgrave R. A., Finanztheorie, S. 105.

Bei der Pluralitätswahl wird die zunächst ordinale individuelle Präferenzordnung in eine kardinale kollektive Präferenzordnung übergeführt. Doch dürfte man hier in der Regel der Fiktion einer intensitätsmäßig kollektiven Rangordnung mit konstanten Intensitätsintervallen erliegen, da nur im Extremfall Alternative A von B genauso weit wie B von C entfernt ist — bezogen auf die Bedürfnisstruktur der Bürger.

Weiterhin müssen wir feststellen, daß die Pluralitätszahl ebenso wie die Mehrheitswahl strategieanfällig ist. Ein Wähler kann demnach unter Umständen besser fahren, wenn er bewußt eine nicht seinen Bedürfnissen entsprechende Rangordnung angibt.

Bedenklich erscheint auch die Tatsache, daß, außer den Präferenzen für die Mehrheitsalternative, alle anderen geäußerten Bedürfnisse unbeachtet bleiben, somit überhaupt nur ein Teil der Bedürfnisse (Mehrheitsalternative) berücksichtigt wird. Von dieser Alternative wird aber angenommen, daß sie die Bedürfnisse weiter Bevölkerungsteile widerspiegelt und am besten von allen Alternativen befriedigt. Dabei kann es sich aber möglicherweise um Zweit- und Dritt-Bestlösungen handeln, womit keinem Individuum volle Befriedigung zukäme und folglich könnte auch nicht von einer zweifelsfreien Offenlegung der Bedürfnisse gesprochen werden[42]. Darüberhinaus treffen auch auf die Pluralitätswahl, das mangelnde Differenzierungsvermögen der Bürger, unzureichendes Interesse und Information, Unmöglichkeit der praktischen Durchführung usw. zu — Argumente, welche wir bereits oben anführten.

Gehen wir nun noch auf die Punktwahl[43] ein. Vielleicht stellt sie eine realistische Alternative bei der Ermittlung von Präferenzen dar?

Im Gegensatz zur Mehrheits- und Pluralitätswahl wird bei der Punktwahl die Intensität der Wählerpräferenzen wiedergegeben, da jeder Wähler eine Gesamtpunktzahl erhält, die er entsprechend seinen individuellen Vorstellungen auf die Alternativen verteilen kann. Hinzu kommt als weiterer großer Vorteil der Punktwahl, daß auch die Minorität beachtet wird und die Gesamtentscheidung beeinflussen kann. Die Hypothese kommt dabei darin zum Ausdruck, daß bei jedem Wähler die Bedürfnisintensität durch das Punktverhältnis zum Ausdruck kommt, und daß die Nutzenquantität pro Punkt für alle Wähler identisch ist[44].

---

[42] Dieser Einwand trifft auch auf die Punktwahl zu.

[43] Vgl. zum Verfahren und Wesen der Punktwahl z. B. Musgrave R. A., Finanztheorie, S. 107 f.; Musgrave R. A., Musgrave P. B., Kullmer L., Die öffentlichen Finanzen . . ., S. 128.

Doch auch bei diesem Verfahren können Strategien, und damit die Verschleierung der individuellen Präferenzen, angewendet werden, womit auch diesem Modell die Möglichkeit genommen ist, Bedürfnisse nach öffentlichen Gütern zweifelsfrei aufzudecken. Im übrigen gelten die sonstigen beim Mehrheits- und Pluralitätswahlsystem angeführten Bedenken (Differenzierungsvermögen, praktische Durchführbarkeit, Interesse und Information usw.) analog für die Punktwahl.

Ein letzter gravierender Mangel all dieser Wahlsysteme besteht schließlich darin, daß der einzelne Wähler, nicht identifizierbar ist; es sei denn, man unternimmt zusätzlich sozialempirische Wähleranalysen. Deshalb weiß man aber erst recht nicht darüber Bescheid, auf Grund welcher Motive, welcher psychologischen und soziologischen Situation und mit welchem Informationsgrad sich welcher Wähler für welche Alternative entschieden hat[45]. Diese Kritik der Wahlsysteme ist identisch mit der Kritik an Volksbefragungen überhaupt, die wir ja als generellen Lösungsansatz ausgeschlossen haben; wobei wir, wie das auch allgemein gemacht wird, in den Referenden eine Möglichkeit sehen, das Volk zu einem Problem von grundsätzlichem Interesse zu befragen[46], während das Anliegen der vorgestellten Verfahren in der Erstellung eines Budgets gründet. Zudem sind die Wahlsysteme in weit stärkerem Maße auf die finanzwissenschaftlichen Probleme ausgerichtet, wohingegen Thematik und Anliegen der Referenden sehr allgemeiner, unter Umständen nicht einmal ökonomischer Art sein müssen. Man kann deshalb Volksbefragungen als Sammelbegriff und die vorgestellten wahltheoretischen Verfahren als spezifische Ansätze zur Lösung budgetärer Probleme verstehen. Deshalb wurden die Volksbefragungen von uns auch als genereller Lösungsansatz und nicht als spezifischer bezeichnet.

---

[44] Vgl. Musgrave R. A., Musgrave P. B., Kullmer L., Die öffentlichen Finanzen...,S. 128; Musgrave R. A., Finanztheorie, S. 107; Mackscheidt K., Zur Theorie des optimalen Budgets, Tübingen 1973, S. 207 ff.; Uns erscheint dies als sehr rigorose Annahme, die in der Realität wohl nicht erfüllt sein dürfte.

[45] In den jüngsten Veröffentlichungen — vor allem im Public Choice — sind Weiterentwicklungen dieses Grundverfahrens erkennbar. Diese bestehen einerseits darin, als zur Deutung der Wahlentscheidung der Bürger insbesondere demographische und ökonomische Faktoren zu Hilfe genommen und andererseits darin Nutzenerwägungen angestellt werden. Gleichzeitig hält auch die Regressionsanalyse als methodischer Ansatz Einzug in diesen Analysebereich. Vgl. dazu z. B. Barkume A. J., Identification of Preference for Election Outcomes from Aggregate Voting Data, S. 41 ff.; Settle R. F., Abrams B. A., The Determinants of Voter Participation: A More General Model, S. 81 ff.

[46] Nebenbei sei bemerkt, daß die moderne Statistik Methoden entwickelt hat, um aus der Befragung weniger Personen auf das ganze Meinungsspektrum schließen zu können.

Zusammenfassend zu den wahltheoretischen Verfahren darf man wohl behaupten, daß keiner dieser Vorschläge in der Lage ist, die wahren Bedürfnisse mit Sicherheit vollständig aufzudecken. Vor allem deswegen nicht, weil sie einen hohen Grad an Information, politischer Reife und Sachkenntnis der Wähler voraussetzen, der aber tatsächlich nicht vorhanden sein dürfte, und die Anwendung von Strategien nicht auszuschließen ist[47].

B. Indirekte Ansätze zur Ermittlung von Präferenzen im Staatssektor

Wir wenden uns nun Modellen und Verfahren zu, die auf indirektem Wege die Bedürfnisse in Erfahrung bringen bzw. aufzeigen wollen, daß eine Eruierung der Bedürfnisse im öffentlichen Sektor nicht möglich ist. Die Ansätze entstammen nur noch zum Teil dem engeren Bereich der Finanzwissenschaft, andere sind eher der Soziologie bzw. der Politischen Wissenschaft zuzurechnen. Doch eint sie alle das Bestreben, Bedürfnisse offenzulegen. Als bedeutungslos und irrelevant werden weitgehend die überkommenen Annahmen der ökonomischen Theorie erachtet. Sie orientieren sich, wenn überhaupt, dann nur noch rudimentär an den Vorstellungen objektiv rationalen Verhaltens aufgrund vollkommener Information und Nutzenmaximierung basierend auf Preisen (Steuern) und Einkommen. An die Seite oder gar an die Stelle ökonomischer Kriterien treten politische, soziologische oder psychologische Variablen, um das bisher stark begrenzte Blickfeld zu erweitern.

I. Die Determinantenanalyse — ein Versuch, ein auf die Bedürfnisse abgestimmtes Angebot an öffentlichen Leistungen zu bestimmen

Die Ansätze, welche wir unter dem Sammelbegriff Determinantenanalyse[1] zusammenfassen, werden vor allem von amerikanischen Autoren erstellt, wohingegen im europäischen und im deutschsprachigen Be-

---

[47] Oftmals werden auch geringe Wahlbeteiligungen und die hohen Kosten als wesentliche Kritikpunkte aufgeführt. Vgl. z. B. Abrams B. A., Settle R. F., A Modest Proposal for Election Reform, S. 37 f.; diese beiden Autoren schlagen als Verbesserung der Wahlverfahren Repräsentativ-Befragungen anstelle von allgemeinen Wahlen vor; Barkume A. J., Identification of Preference for Election Outcomes from Aggregate Voting Data, S. 41.

[1] Die Bezeichnung Determinantenanalyse ist bisher in der Literatur nicht üblich. Wir fassen darunter alle Ansätze zusammen, die sich bemühen, die Bedürfnisse der Bürger indirekt zu bestimmen und diesen ein entsprechendes Angebot gegenüberstellen. Das Angebot soll also von der Nachfrageseite her erklärt werden.

reich bisher nur wenige Versuche in dieser Richtung unternommen worden sind[2].

Wir gehen davon aus, daß diese Modelle bei uns noch nicht den Bekanntheitsgrad erreicht haben (wie das bei anderen der Fall ist), weshalb wir uns mit ihnen etwas ausführlicher auseinandersetzen wollen.

Diese Ansätze lehnen sich nicht mehr explizit, wie die vorher diskutierten, an das Leitbild des homo oeconomicus an. Ebenso rücken sie von den Kriterien des öffentlichen Gutes (Samuelson, Musgrave) ab, und wenden sich in erster Linie, dem öffentlichen Angebot auf lokaler Ebene (Müllabfuhr, Polizei, Feuerwehr, Schulen, Gesundheitsbereich, Wohlfahrtseinrichtungen u. ä.) zu.

Beim öffentlichen Angebot wird zumeist eine Relativierung pro Kopf der Bevölkerung, der Schüler usw. vorgenommen. Daneben wird die öffentliche Leistung auch zu geographischen Größen ins Verhältnis gesetzt, ebenso wie eine Unterteilung in verschiedene Regierungsebenen

[2] Wer sich mit diesen Forschungsansätzen näher beschäftigen möchte, sei verwiesen auf Fabricant S., The Trend of Government Activity in the United States since 1900, National Bureau of Economic Research, New York 1952, S. 112 ff.; Hirsch W. Z., Determinants of Public Education Expenditures, in: National Tax Journal, Vol. 13 (1960), S. 29 ff.; Hauser H., Meier A., Rössler M., Müller-Bodmer H., Die Bevölkerungs- und Wirtschaftsstruktur als Bestimmungsfaktor der öffentlichen Ausgaben — Querschnittsanalyse der Ausgaben der Schweizerischen Kantone und Gemeinden, in: Schweizerische Zeitschrift für Volkswirtschaft und Statistik, Bd. 111 (1975), S. 93 ff.; Hirsch W. Z., The Economics of State and Local Government, New York 1970, S. 172 ff.; Pryor F. L., Public Expenditure in Communist and Capitalist Nations, London 1968, S. 448 ff.; Ohls J. C., Wales T. J., Supply and Demand for State and Local Services, in: Review of Economics and Statistics, Vol. 54 (1972), S. 424 ff.; Adams R. F., On the Variation in the Consumption of Public Services, in: Review of Economics and Statistics, Vol. 47 (Nov. 1965) S. 400 ff.; Meier A., Die Determinanten der öffentlichen Ausgaben in der Schweiz, in: Schweizerische Zeitschrift für Volkswirtschaft und Statistik, Bd. 110 (1974), S. 447 ff.; Dye R. R., Politics, Economics and the Public: Policy Outcomes in The American States, Chicago 1966; Walzer N., Economics of Scale and Municipal Police Services: The Illinois Experience, in: Review of Economics and Statistics, Vol. 54 (1972), S. 431 ff.; Weicher J. C., The Allocation of Police Protection by Income Class, in: Review of Economics and Statistics, Vol. 53 (1971), S. 210 ff.; Booms B. H., Hu T.-W., Toward a positive Theory of State and Local Public Expenditures, in: Public Finance, Vol. 26 (3/1971), S. 419 ff.; Pommerehne W., Die Determinanten öffentlicher Ausgaben. — Ein einfaches politisch-ökonomisches Modell, in: Schweizerische Zeitschrift für Volkswirtschaft und Statistik, Bd. 110 (1974), S. 455 ff.; Bahl R. W., Saunders R. J., Determinants of Changes in State and Local Expenditures, in: National Tax Journal, Vol. 18 (3/1965), S. 50 ff.; Sachs S., Harris R., The Determinants of State and Local Government Expenditures and Intergovernmental Flow of Funds, in: National Tax Journal, Vol. 17 (3/1965), S. 75 ff.; Culyer A. J., Apppraising Government Expenditures on Health Services: The Problems of „Need" and „Output", Paper for the Congres de Nuremberg, 1971; Bowker A. H., Quality and Quantity in Higher Education, in: Journal of the American Statistical Association, Vol. 60, No. 309 (1965), S. 1 ff.; Kitchen H. M., A

manchmal als Ansatz gewählt wird[3]. Hin und wieder sind auch supranationale Ansätze in der Literatur zu finden.

Die jüngste Darstellungsform bedient sich für die jeweilige Ausgabenkategorie repräsentativer Indikatoren. Diese öffentlichen Leistungen (zumeist nur eine öffentliche Leistung) werden als abhängige Variable verstanden, welche man durch unabhängige Variablen zu erklären versucht, die ihrerseits ein möglichst gutes Bild von der (städtischen) Bevölkerung bieten sollen.

Als Untersuchungsmethode bedienen sich die Autoren der Regressionsanalyse, auf welche wir nicht eingehen wollen, da sie — zumindest in den Grundzügen — als bekannt vorausgesetzt wird.

Die abhängigen und die unabhängigen Variablen können sich dabei wiederum auf einen Zeitpunkt oder auf mehrere Beobachtungszeitpunkte beziehen. Meistens liegen jedoch Querschnittsanalysen vor, da es nur mit erheblichem Aufwand (oder überhaupt nicht) möglich ist, Zeitreihen für verschiedene Variablen aufzustellen.

Was hat nun dieser Forschungsansatz, so muß man sich fragen, mit der Ermittlung von Bedürfnissen zu tun?

Die Analytiker dieses Wissenschaftsbereiches gehen implizit davon aus, daß die Bürger Bedürfnisse nach Schutz vor Feuer, Raub, Mord, zur Erhaltung der Gesundheit, nach Bildung usw. haben, und diese Bedürfnisse vom öffentlichen Angebot befriedigt werden sollen.

Der nächste Schritt besteht nun darin, daß sie diese Bedürfnisse zu erfassen und zu quantifizieren suchen, was durch die unabhängigen Variablen geschehen soll. Diese Variablen sollen also die Bedürfnisse der Bürgerschaft indikativ erfassen und widerspiegeln. Da diese Größen

Statistical Estimation of an Operating Cost Function for Municipal Refuse Collection, in: Public Finance Quarterly, Vol. 4 (1976), S. 56 ff.; Hirsch W. Z., Expenditure Implications of Metropolitan Growth and Consolidation, in: Review of Economics and Statistics, Vol. 41 (1959), S. 232 ff.; Hirsch W. Z., The Economics of State and Local Government; Chester E., Some Social and Economic Determinants of Non-Military Public Spending, in: Public Finance, Vol. 32 (1977), S. 176 ff.; Akin J. S., Fields G. S., Neenan W. B., A Socioeconomic Explanation of Demand of Public Goods, in: Public Finance Quarterly, Vol. 1 (1973), S. 169 ff.; McDougall G. S., Hedonic Prices and the Demand for Local Public Goods, in: Public Finance, Vol. 21 (1976), S. 265 ff.; Wheaton W. C., Income and Urban Residence: An Analysis of Consumer Demand for Location, in: The American Economic Review, Vol. 67 (1977), S. 620 ff.

[3] Voraussetzung ist allerdings, die Operationalisierung des staatlichen bzw. kommunalen Leistungsangebotes: z. B. innere Sicherheit ausgedrückt durch die Zahl der Polizeikräfte, Schutz vor Krankheit und Betreuung im Krankheitsfalle durch die verfügbaren Krankenbetten, Ärzte, Krankenhäuser usw.

nur noch in einem indirekten Zusammenhang zu den individuellen Präferenzen stehen, welche zur Nachfrage führen, kann deshalb auch nur mehr von einer indirekten Aufdeckung der Bedürfnisstrukturen gesprochen werden.

Zur Ermittlung dieser Zusammenhänge werden vor allem ex-post-Analysen durchgeführt. Das ist ein Indiz dafür, daß dieser Forschungsansatz klären will, ob das Angebot tatsächlich den Erfordernissen der Bürger entspricht; bzw. statistisch ausgedrückt, ob sich die abhängige Variable durch die unabhängigen Variablen hinreichend erklären läßt, somit eine statistisch signifikante Beziehung vorliegt.

In diesem Sinne könnte nun schon das nach Wagner[4] benannte Gesetz als Determinantenanalyse interpretiert werden. Tatsächlich wird ja das Wachstum der Staatsausgaben durch das Wachstum des Volkseinkommens — einer Größe also, welche die Veränderungen und Ausweitung der Bedürfnisse in einer Gesellschaft widerspiegeln könnte — erklärt. Der öffentliche Sektor, als Teil dieser Gesellschaft, dürfte von dieser Bedürfnisdynamik mit Sicherheit nicht ausgenommen sein.

Der Beginn dieses analytischen Ansatzes wird aber tatsächlich erst in dem Werk von Fabricant[5] gesehen. Er erstellte in den Vereinigten Staaten, mit Hilfe von Daten des Jahres 1942, Regressionsansätze und fand heraus, daß die laufenden Ausgaben lokaler Körperschaften für die Aufgabenbereiche Schulwesen, Straßen, Soziale Wohlfahrt, Gesundheitswesen, Polizei, Feuerwehr und allgemeine Verwaltung gut durch die Strukturvariablen Bevölkerungsdichte, Verstädterungsgrad und durchschnittliches Pro-Kopf-Einkommen erklärt werden können.

Dieser Ansatz wurde natürlich im nachhinein immer wieder überprüft und zugleich weiter verfeinert. Wir möchten deshalb in aller Kürze noch einige typische Vertreter der jüngeren Zeit zu Wort kommen lassen.

Meier[6] untergliedert bei seinem Modell die Ausgaben in Allgemeine Verwaltung, Rechtspflege und Polizei, Landesverteidigung, Unterricht und Forschung, Gesundheitswesen, Hygiene der Umwelt, Soziale Wohlfahrt, Straßen sowie Volkswirtschaft und Kapitalkosten[7]. Diese abhän-

---

[4] Vgl. Wagner A., Grundlegung der politischen Ökonomie, ders., Das Gesetz der zunehmenden Staatstätigkeit, in: Recktenwald H. C., (Hg.), Finanztheorie, Köln/Berlin 1969, S. 241 ff.

[5] Vgl. Fabricant S., The Trend of Government Activity in the United States States since 1900, S. 112 ff.

[6] Vgl. Meier A., Die Determinanten der öffentlichen Ausgaben in der Schweiz, S. 446 f.

[7] Dabei verwendet er für jeden Bereich Pro-Kopf-Ausgaben; vgl. Meier A., S. 447 ff.

gigen Variablen setzt er anschließend zu den unabhängigen Variablen Wachstum des Volkseinkommens, Anteil der jeweiligen Ausgaben am Volkseinkommen des Vorjahres, Bevölkerungs- und Wirtschaftsstruktur sowie Wohlstandsniveau (durchschnittliches Pro-Kopf-Einkommen) in Beziehung. Durch diese Variablen — insbesondere die letzten drei — sollen die Bedürfnis- und Angebotsbedingungen erfaßt und in ihrer Bedeutung für die Angebotspolitik in das Modell einbezogen werden.

Eine höhere Stufe im Rahmen der Determinantenanalyse stellen Ansätze dar, welche die verschiedenen Ausgabenbereiche jeweils durch spezifische unabhängige Variablen erklären wollen. Man nimmt also implizit an, daß verschiedene Bedürfnisse vorliegen und diese auch nur durch spezifische Größen in ihrer Bedeutung aufgezeigt werden können.

Derartige Untersuchungen führen etwa Hirsch[8], Hauser Heinz u. a.[9], Adams[10] sowie Ohls und Wales[11] durch, um nur einige zu nennen. Diese Autoren verwenden zudem Persönlichkeitsvariablen und spezifische geographische Größen zur Erklärung des Wirkungszusammenhanges.

Die Studien gewinnen weiterhin an Aussagekraft, wenn sie die föderalistische Struktur berücksichtigen und sich auf eine hierarchische Ebene konzentrieren. Das ist bei den oben zitierten Autoren durchwegs der Fall.

Eine weitere Differenzierung der Vorgehensweise erfolgt dann, wird in Betracht gezogen, daß bei öffentlichen Leistungen sowohl eine Angebots- als auch eine Nachfrageproblematik besteht. Im allgemeinen erfolgt die Integration der Angebotsseite durch die Erstellung einer Produktionsfunktion. Der Staat wird also als Unternehmer gesehen, für den ebenfalls input-output-Relationen gelten.

Solche Modelle wurden vor allem von Hirsch[12], Ohls und Wales[13], Walzer[14], Weicher[15] sowie Burkhead und Miner[16], um wiederum nur einige zu nennen, erstellt. Dabei decken sie vom Feuerschutz bis zur Verwaltung Leistungsbereiche ab, die meist in der Zuständigkeit von Gemeinden liegen.

---

[8] Vgl. Hirsch W. Z., Determinants ..., S. 29 ff.; ders., Expenditure Implications ..., S. 232 ff.

[9] Vgl. Hauser H. u. a., S. 103 ff.

[10] Vgl. Adams R. F., On the Variations ..., S. 400 ff.

[11] Vgl. Ohls, J. C. und Wales, T. J., Supply and Demand ..., S. 424 ff.

[12] Vgl. Hirsch W. Z., Determinants ..., S. 29 ff.; ders., Expenditure Implications ...,S 232 ff.

[13] Vgl. Ohls J. C. und Wales T. J., Supply and Demand ..., S. 424 ff.

[14] Walzer N., Economics of Scale ..., S. 424 ff.

[15] Weicher J. C., The Allocation ..., S. 207 ff.

[16] Burkhead J., Miner J., Public Expenditure, 2. Aufl., Chicago 1973, S. 318 ff.

Während bei den genannten Autoren das Angebot vor allem unter produktionstechnischen Aspekten gesehen wird, steht etwa bei Dye[17] oder Hauser u. a.[18] der politische Prozeß im Mittelpunkt der Analyse. Letztere berücksichtigen bei der Angebotsfunktion Variablen, die den finanziellen Spielraum, die technischen Angebotsbedingungen (Bevölkerungszahl, Urbanisierungsgrad), aber vor allem auch Variablen der Entscheidungsstruktur erfassen und gebührend berücksichtigen sollen[19].

Weiterhin gehen Hauser u. a.[20] bei ihrer Analyse davon aus, daß öffentliche Ausgaben das Ergebnis eines politischen Auswahlprozesses über alternative Kaufkraftverwendungsmöglichkeiten sind, und zwar in der Aufgabenteilung individuelle versus kollektive Kaufkraftverwendung sowie innerhalb letzterer hinsichtlich der Verwendung für die einzelnen Angebotsbereiche. Ebenso wie die meisten anderen Autoren unterscheiden sie dabei im Rahmen ihrer Nachfragefunktion eine Reihe von Angebotsbereichen, auf die allgemeine und angebotsspezielle Faktoren Einfluß ausüben. Ein anderer Autor[21] verweist schließlich darauf, daß die Gesamtausgaben eines Bereiches nicht die geeignete abhängige Variable sind. Er vertritt vielmehr die Ansicht, daß die Ausgaben zu undifferenziert sind und deshalb die eigentliche Leistung in den einzelnen Bereichen nicht gut genug darstellen. Aus diesem Grund verwendet er Indikatoren für die verschiedenen Angebotsbereiche, von denen er annimmt, daß sie die Aktivitäten besser kennzeichnen. Ein Bereich, in dem dieser Ansatz vor allem benutzt wird, ist das Polizeiwesen. So nimmt Weicher[22] anstelle der Ausgaben im Polizeibereich den Indikator Zahl der Polizeibeamten / 1000 Einwohner als abhängige Variable, und führt mit ihm eine Regression durch. Als unabhängige Variablen fungieren dabei — ähnlich wie bei den anderen vorhergehenden Ansätzen — die Bevölkerung eines Polizeidistrikts, das Verhältnis der Einzelhandelsumsätze zur Bevölkerung, das durchschnittliche Familieneinkommen im Polizeibereich, sowie die Differenzen zwischen den Durchschnittseinkommen im Polizeidistrikt und den Durchschnittseinkommen der umliegenden Polizeidistrikte.

---

[17] Vgl. Dye R. R., Politics, Economics and the Public: Policy Outcomes in The American States.

[18] Hauser H., Meier A., Rössler M., Müller-Bodmer H., Versuch eines Angebots-Nachfrage-Erklärungsmodells der öffentlichen Ausgaben, in: Finanzarchiv, N. F., Bd. 32 (1973/74), S. 272 ff.

[19] Hauser H., Meier A., Rössler M., Müller-Bodmer H., Versuch eines Angebots-Nachfrage-Erklärungsmodells ..., S. 277.

[20] Vgl. dieselben, S. 277 ff.

[21] Weicher J. C., The Allocation of Police Protection by Income Class, S. 210 ff.

[22] Ebenda, S. 211.

Die vorgestellten Ansätze dürften genügen, um einen Überblick über die Determinantenanalyse zu vermitteln.

Als entscheidende Frage stellt sich uns nun, ob auf diesem Wege tatsächlich die Präferenzen in ihrer (quantitativen) Ausrichtung und Intensität zu ermitteln sind. Hierauf ist sicherlich nicht sogleich mit ja oder nein zu antworten. Der Erfolg dieser Untersuchungen, realiter auf indirektem Wege Bedürfnisse zu erfassen, hängt vielmehr wesentlich davon ab, ob die unabhängigen Größen tatsächlich die Bedürfnisse, ihre Intensität und die zu ihrer Befriedigung notwendigen Mittel aufdecken bzw. beschreiben. Wir müssen diese Größen also näher betrachten.

Bei verschiedenen Ansätzen sehen wir, daß als erklärende Variable vor allem das Pro-Kopf-Einkommen, die Bevölkerungszahl, die Bevölkerungsdichte, der Verstädterungsgrad, die Ausgaben im Marktsektor u. ä. herangezogen werden.

Wie Hirsch[23] selbst zugibt, ist man bei der Faktorenwahl in besonderem Maße auf Fingerspitzengefühl und Vermutungen angewiesen. Damit wird aber gleichzeitig unbewußt eingestanden, daß auf Erkenntnisse der Soziologie und der Psychologie bezüglich des menschlichen Handelns nicht zurückgegriffen wird. Gerade diese Wissenschaften verfügen über tiefere Einsicht in die Bestimmungsgründe und die Ursachen menschlichen Handelns, welche hier sicherlich eine wertvolle Ergänzung darstellen würden. Insbesondere kämen dann die Analytiker im Bereich der Determinantenanalyse zu der Einsicht, daß die von ihnen gewählten Faktoren einerseits einen teilweise zu hohen Aggregationsgrad und andererseits nur einen Ausschnitt aus der Vielzahl möglicher Bestimmungsgründe menschlichen Verhaltens erfassen.

Es wird vor allem übersehen, daß das Individuum ein integrierter Bestandteil seiner sozialen Umwelt — konfrontiert mit dem Angebot an Gütern — ist. Bei den bisherigen Ansätzen im Rahmen der Determinantenanalyse erfährt der einzelne Bürger eine Isolierung und Reduzierung seiner Persönlichkeit auf wenige Faktoren — womit eine unzulässige Informationsverkürzung einhergeht.

Die Psychologie und die Soziologie lehren zudem, daß den Mitteln zur Bedürfnisbefriedigung und vor allem deren Eigenschaften große Bedeutung als verhaltenslenkende Größen zukommt. Es genügt sicherlich nicht, nur die Ausgabenhöhe zu erfassen; sollte doch nicht eine bestimmte Ausgabenhöhe, sondern die Zufriedenheit der Bürger das konkrete Ziel in Staats- und Privatwirtschaft sein. Es wären also auf jeden

---

[23] Vgl. Hirsch W. Z., Determinants ..., S. 433, Fußnote 3.

Fall auch die Eigenschaften einer öffentlichen Leistung und deren Rückwirkungen auf die Bürger in die Modelle mit einzubeziehen. Derartige Rückwirkungen können aber wiederum nicht erfaßt werden, wenn der Nachfrager durch Größen wie Einkommenshöhe, Verstädterungsgrad und ähnliche Faktoren beschrieben wird. Diese Größen sind sicherlich auch von Bedeutung, bedürfen aber der zusätzlichen Unterstützung weiterer, insbesondere demographischer, soziologischer und psychologischer Variablen. Für sich betrachtet können die Faktoren (Einkommen u. ä.) dazu verführen, den Bedürfnissen und deren Ausgestaltung eine ganz andere Form zuzuerkennen, als sie in der Realität einnehmen.

Neben diesen grundsätzlichen Problemen wirft die verwendete Analysemethode Fragen auf, die zusätzlich eine Offenlegung der Präferenzen erschweren.

Die Regressionsanalyse kann nur historische Daten verarbeiten. In einem grundsätzlich dynamischen System — bewirkt durch Beschlüsse vieler kollektiver und individueller Entscheidungsträger — muß man aber davon ausgehen, daß sich Wirkungszusammenhänge verschieben und verursachende Variablen durch andere abgelöst werden.

Weiterhin wird die Regressionsanalyse mechanisch und unreflektiert benutzt. Das beginnt schon mit der Auswahl abhängiger und unabhängiger Variablen. Es werden nur jeweils solche ausgewählt, die einer Quantifizierung zugänglich sind. Qualitative Variablen werden ignoriert, obwohl, wie wir oben schon ausführten, diesen wahrscheinlich eine höhere Bedeutung zukommt[24]. Derartigen Quantifizierungsversuchen entziehen sich mit Sicherheit latent vorhandene Bedürfnisse, weil deren Wahrnehmungsschwelle noch nicht überschritten ist. Solche Bedürfnisse, tauchen sie dann plötzlich auf und setzen sie sich durch, können eventuell nur unter immensen Ausgabensteigerungen befriedigt werden. Frühere Prognosen haben dann jedoch keinen Realitätsbezug mehr.

Weiterer Erwähnung bedarf die zum Teil kritiklose Übernahme und Einteilung in abhängige und unabhängige Variablen. Wirkungsrichtungen und Kausalitäten werden von den wenigsten überprüft. So ist es nicht weiter verwunderlich, daß die unabhängige Variable die eigentliche verursachende Größe ist und umgekehrt. Derartige konzeptionelle

[24] Eine bestimmte physische Größe — etwa die Klassenstärke in Schulen — ist ein höchst zweideutiges Qualitätsmaß, geht es doch darum, eine bestimmte Ausbildungsqualität zu gewährleisten. Doch ist es durchaus vorstellbar, daß die Ausbildungsqualität bei Schülerzahlen von über 30 höher ist, als bei einigen Klassen, deren Stärke wesentlich darunterliegt. Problematisch, gerade an dieser — auch in Deutschland geführten Diskussion — ist, daß das eigentliche Ziel (Ausbildungsqualität) immer mehr in den Hintergrund tritt, und schließlich nur noch die Klassenstärke als einziges Ziel gesehen wird.

Mängel haben z. B. dazu geführt, daß man eine Variable zugleich mit ihren Komponenten in Form einer Regressionsgleichung verband und auch Ergebnisse ableitete[25].

Schließlich meinen einige Autoren[26] mit Durchschnitten arbeiten zu können, ohne zu erkennen, daß sich diese synthetische Durchschnittsperson in ihrem Verhalten beträchtlich von anderen Individuen unterscheiden kann. Im Extremfall mag dieses rechnerisch ermittelte Durchschnittsverhalten überhaupt nicht mit einem Individualverhalten zusammenfallen. Es werden dadurch tatsächliche Ausprägungen und Zusammenhänge verwischt; womit die Bedeutung einer derartigen Analyse von vornherein gering ist.

Alle vorgetragenen Einwände zur Determinantenanalyse lassen uns zu der Überzeugung gelangen, daß einerseits dem bedürfnisrelevanten Erklärungsgehalt unabhängiger Variablen und andererseits der sachlich-kausalen Beziehung zwischen erklärenden und abhängigen Variablen zu wenig Aufmerksamkeit gewidmet wird. Geht man aber über die Basisprobleme, nämlich die Bedürfnisse in ausreichender Weise darzustellen und andererseits zu prüfen, ob die Bedürfnisse für das zu analysierende Angebot überhaupt von Bedeutung sind, mit der geschilderten Leichtfertigkeit hinweg, kommen wir zwingend zu dem Schluß, daß durch diese Ansätze keine umfassende und lückenlose Ermittlung und Erklärung von Bedürfnissen möglich ist. Darüber können auch die mathematisch richtigen Ergebnisse der Regressionsanalyse und eine noch so ausgefeilte Technik nicht hinwegtäuschen.

II. Das Konzept der Sozialen Indikatoren

Der Ansatz der „Sozialen Indikatoren“ bzw. das „Social Indicator Movement“[27] nahm ihren Ausgang von den Vereinigten Staaten, um dann, vor allem über Frankreich und Großbritannien, schließlich auch die Bundesrepublik Deutschland zu erfassen.

---

[25] Vgl. z. B. Bahl R. W. und Saunders R. J., Determinants of Changes in State and Local Expenditures, S. 50 ff.; Sachs S. und Harris R., The Determinants of State and Local Government Expenditures and Intergovernmental Flow of Funds, S. 75.

[26] Vgl. z. B. Pommerehne W., Die Determinanten öffentlicher Ausgaben — Ein einfaches politisch-ökonomisches Modell, S. 455 ff.

[27] Eine umfangreiche Litratur-Übersicht über den Forschungsansatz der „Sozialen Indikatoren“ geben Zapf W., (Hg.), Soziale Indikatoren, Konzepte und Forschungsansätze, Bd. I, Frankfurt/New York 1972; ders., (Hg.), Soziale Indikatoren, Konzepte und Forschungsansätze, Bd. II, Frankfurt/New York 1974; ders., Zur Messung der Lebensqualität, in: Zeitschrift für Soziologie, 1. Jg. (1972), S. 353 ff.; ders., Soziale Indikatoren, in: Albrecht G., Daheim H., Sack F., (Hg.), Soziologie, René König zum 65. Geburtstag, Opladen 1973, S. 261 ff.;

Dieser Forschungsansatz sieht sich selbst in ein Problemfeld eingebettet, das durch die Begriffe „öffentliches Gut“, „öffentliche Armut“ und „Wohlstandsmessung“ aufgespannt wird. Die Bewegung der „Sozialen Indikatoren“ versteht sich dabei als einen Versuch, sozial relevante Bereiche zu erfassen, indikativ darzustellen sowie Auswirkungen von Alternativen auf verschiedene oder alle Bereiche festzustellen und zu quantifizieren.

Als konkretes Ziel bzw. Handlungsmaxime wird die Erfassung und Verbesserung der Lebensqualität eingeführt, wobei immer der einzelne Bürger oder Gruppen von Bürgern Bezugsobjekte sind[28]. Was jedoch im einzelnen unter Lebensqualität zu verstehen ist, konnte bislang nicht exakt festgelegt werden, und dementsprechend vielfältig sind auch die wiedergegebenen Erklärungsversuche. Dabei wird auf die Definition der UN immer wieder Bezug genommen.

Die UN erklärt Lebensniveau als „eine organisatorische Einheit, die sowohl materielle als auch nicht-materielle Aspekte des Daseins umfaßt. Es besteht im großen betrachtet ebenso aus einer Geisteshaltung wie aus dem Verbrauch materieller Güter und Dienste sowie aus der Teilnahme an den nicht-materiellen Aspekten der Kultur“[29]. Etwas konkreter und an unsere Problemsicht stärker angenähert ist die Definition von Specht[30], welcher Qualität des Lebens bzw. Lebensniveau definiert als „die Menge der relevanten Bedürfnisse, die Menge der relevanten Bedürfnisbefriedigungsmittel und die Beziehungen innerhalb und zwischen diesen beiden Mengen“[31].

Biervert B., Schaffartzik K.-H., Schmölders G., (Hg.), Konsum und Qualität des Lebens, Schriftenreihe des SPES-Projektes, Bd. 4, Opladen 1974; Gross B. M., Springer M., Developing Social Intelligence, in: Gross B. M., (Hg.), Social Intelligence for America's Future, Boston 1967, S. 3 ff.; Sheldon E. B., Freeman H. E., Notes on Social Indicators: Promises and Potential, in: Policy Sciences 1, S. 97 ff.; Ballerstedt E., Glatzer W., Sozialstatistiken und soziale Indikatoren für die Bundesrepublik, in: Zapf W., (Hg.), Soziale Indikatoren, Konzepte und Forschungsansätze, Bd. I, S. 34 ff.; Zapf W., Sozialberichterstattung und amtliche Statistik, in: Sonderdruck aus WiSta, Heft 8, 1974, S. 5 ff.; Specht G., Marketing-Management und Qualität des Lebens, Stuttgart 1974.

[28] Vgl. Zapf W., Soziale Indikatoren, S. 267; ders., Zur Messung der Lebensqualität, S. 369; Böckels L., Zu einer Theorie sozialer Indikatoren im Rahmen staatlicher Wirtschafts- und Finanzpolitik, in: Zapf W., (Hg.), Soziale Indikatoren, Konzepte und Forschungsansätze, Bd. II, S. 95; Hondrich K. O., Subjektive Indikatoren der Lebensqualität, in: Zapf W., (Hg.), Soziale Indikatoren, Konzepte und Forschungsansätze, Bd. II, S. 157 ff.

[29] Siehe U. N., Report on International Definition and Measurement of Standards and Levels of Living, New York 1954, S. 26.

[30] Siehe Specht G., Marketing-Management und Qualität des Lebens, S. 13. Er gibt in diesem Werk auch einen Überblick über zahlreiche Definitionen der Lebensqualität; vgl. insbes. S. 8 ff.

[31] Mit der Betonung von Bedürfnissen dürfte aber auch zugleich deutlich werden, daß die Vorstellungen, welche mit dem Konzept des homo oecono-

In diesem Lebensniveau, darin stimmen die Definitionen überein, sollen die Bedürfnisse der Bürger sowie die Befriedigungsmöglichkeiten zum Ausdruck kommen, womit der unmittelbare Zusammenhang mit unserem Anliegen ersichtlich wird.

Wie soll nun die Lebensqualität konkretisiert und erfaßt werden? Grundsätzlich lassen sich zwei Wege unterscheiden[32]: Der erste Weg wird in der Entwicklung des Konzeptes der „Sozialen Indikatoren" im engeren Sinne, der zweite in der Verbesserung der bestehenden Volkswirtschaftlichen Gesamtrechnung gesehen[33].

Auf die vielfältigen Vorschläge, die volkswirtschaftliche Gesamtrechnung zu verbessern bzw. auszubauen, wollen wir nicht eingehen, da bei diesem Ansatz die individuellen Bedürfnisse nur eine untergeordnete Rolle spielen[34].

Mit dem ersten Weg, dem Konzept der „Sozialen Indikatoren" oder der Sozialberichterstattung — wie Zapf[35] es bezeichnet — wollen wir uns im Verlauf dieses Abschnittes etwas näher beschäftigen[36], da hier den individuellen Bedürfnissen die eingangs genannte Zentralstellung eingeräumt wird.

Das Ziel Lebensqualität hat jedoch nur dann einen Sinn, wenn es in seinen Dimensionen erfaßt und operationalisiert wird. Zu diesem Zweck

---

micus (Rationalität, Nutzenmaximierung nach Maßgabe von Preisen und Einkommen) verbunden sind, bei diesem Ansatz keine Rolle mehr spielen.

[32] Eine dritte Alternative wäre die sogenannte Modernisierungsforschung, nämlich alternative Aggregate zu verwenden. Marsh hat diesen Entwicklungsindex konstruiert, der den Anteil der nicht in der Landwirtschaft Tätigen (gemessen an allen Beschäftigten) und den Gesamtverbrauch an Energie kombiniert. Die Absicht besteht nun darin, daß dieser Index den Differenzierungsgrad besser zum Ausdruck bringt als etwa das Sozialprodukt, vgl. Marsh R. M., Comparative Sociology, New York 1967.

[33] Vgl. Zapf W., Zur Messung der Lebensqualität, S. 358 und S. 361.

[34] Mit diesem Ansatz beschäftigen sich z. B. Juster F. T., On the Measurement of Economic and Social Performance, in: National Bureau of Economic Research, (Hg.), 50th Annual Report, New York 1970, S. 8 ff.; Holub H.-W., Zur Kritik des Bruttosozialprodukts als Wohlstandsindikator, in: WiSt, Heft 2, 1974, S. 60 ff.; ders., Eindimensionale und mehrdimensionale Indikatoren als gesellschaftliche Wohlfahrtsmaße, in: WiSt, Heft 3, 1974, S. 113 ff.; Hamer G., Volkswirtschaftliche Gesamtrechnung und Messung der Lebensqualität, in: Sonderdruck aus WiSta, Heft 8, 1974, S. 11 ff.

[35] Vgl. Zapf W., Zur Messung der Lebensqualität, S. 363; ders., Soziale Indikatoren, S. 271.

[36] Wir beschränken uns jedoch bei Darstellung und Kritik nur auf diejenigen Bereiche des Konzepts der „Sozialen Indikatoren", die mit unserem Problem, der Ermittlung von Präferenzen, zumindest in mittelbarem Zusammenhang stehen. Ansonsten verweisen wir auf die Literatur, die insbesondere eingangs des Abschnittes über die „Sozialen Indikatoren" unter Fußnote 27 genannt ist.

wird versucht, die für das Individuum und die Gesellschaft relevanten Bedürfnis- bzw. Lebensbereiche zunächst einmal aufzulisten. Bezug genommen wird in diesem Zusammenhang immer wieder auf die Übersicht der OECD[37], welche insgesamt acht Bereiche anführt:

1. Gesundheit,
2. Persönlichkeitsentwicklung und intellektuelle und kulturelle Entfaltung durch Lernen,
3. Arbeit und Qualität des Arbeitslebens,
4. Zeitbudget und Freizeit,
5. Verfügung über Güter und Dienstleistungen,
6. Physische Umwelt,
7. Persönliche Freiheitsrechte und Rechtswesen,
8. Qualität des Lebens in der Gemeinde.

Diese Bereiche weisen allerdings noch immer ein zu hohes Abstraktionsniveau auf und — bezogen auf die Präferenzen des Individuums — sind sie viel zu indirekt. Deshalb werden diese Bereiche nun ihrerseits wiederum in Unterbereiche und diese nochmals in Unterbereiche untergliedert, mit dem Zweck, operationale Komponenten zu erhalten, anhand derer das Bedürfnisspektrum des Individuums sozusagen „hautnahe“ abgebildet werden soll.

An dieser Stelle bricht jedoch die Analyse ab, und man scheint weitgehend der Meinung zu sein, daß die Bedürfnisse, wenn man nur genügend stark untergliedert, offen zutage treten und damit einer Messung der Bedürfnisbefriedigung nichts mehr im Wege steht.

Aber dies ist ein Trugschluß, denn bisher sind erst die Voraussetzungen erbracht, Präferenzen zu erfassen. Man müßte sich insbesondere darüber Klarheit verschaffen, welche Bedürfnisse bisher schon ausreichend befriedigt, welche überhaupt noch nicht befriedigt werden[38], welche Bedürfnisse einer Befriedigung nicht zugeführt und welche zusätzlichen Güter angeboten werden sollten. Dabei finden sich in dem

---

[37] Vgl. OECD, List of Social Concern, Paris 1973, S. 14 ff.; Dieser Arbeit gehen aber eine Reihe von Bemühungen auf diesem Gebiet voraus. Insbesondere sind hier zu nennen: U. N., Report on International Definition and Measurement ..., S. 26; Food and Agriculture Organisation, Essentials of Rural Welfare, New York 1949, S. 43 ff.; International Labour Organisation, The Worker's Standard of Living, Studies and Reports, Series B, No. 30, 1938, S. 101.

[38] Ein wenig qualifiziertes und unausgereiftes Verfahren läuft bei der Aufdeckung latenter Bedürfnisse Gefahr, daß hier erst Ansprüche geschaffen werden. Mit großer Wahrscheinlichkeit dürften dann derart künstlich erzeugte Versorgungslücken nur anhand ausgabeintensiver Programme zu schließen sein. Eine Ausweitung des Staatsanteils ist damit vorprogrammiert.

Sammelbecken „Soziale Indikatoren“[39] durchaus Verfahren, die dazu in der Lage wären.

So würden von den genannten Methoden — vgl. hierzu Fußnote 39 — die Betroffenen selber zu Wort kommen und nicht etwa, wie das sonst bei den „Sozialen Indikatoren[40]“ üblich ist, Wissenschaftler und sonstige Experten. Die Bürger können hier selbst über ihre Bedürfnisse und den Stand der Bedürfnisbefriedigung um Auskunft gebeten werden.

Im Rahmen des „Social Indicator Movement“ stellt allerdings der Bürger nur eine unter vielen Informationsquellen dar. Das Individuum ist somit in seinen Wünschen und Bedürfnissen beileibe nicht Zentral- und Bezugspunkt.

Andererseit fehlt bei solchen Befragungsansätzen auch weitgehend die theoretische und methodische Absicherung. Es mangelt insbesondere an der Beachtung und eventuellen Inkorporierung möglicher Reaktionsketten sowie dem Aufzeigen von Dependenzen, Interdependenzen[41] und Zielkonflikten (Bedürfnisverbund!) — was für den ganzen Ansatz zutrifft. Damit bleibt man — wenn man überhaupt bis zu diesem Punkt vordringt — bei einer Beschreibung individueller Bedürfnisse stehen — eine Erklärung entfällt. Eine solche wäre nur zu liefern, wenn man nicht nur Zufriedenheitsskalierungen vornimmt, sondern den Bedingungen dieser Zufriedenheit nachgehen würde. Diese mangelnde methodische Absicherung der Befragung kann kaum sicherstellen, daß die geäußerten Ansichten mit den tatsächlichen Präferenzen übereinstimmen; d. h. der Befragte kann aus Prestige, Scham oder aufgrund einer free-rider-Haltung bewußt falsche Auskünfte geben oder aber, hervorgerufen durch Verständnisprobleme, einfach falsch antworten. Aufgrund dieser unzureichenden Bedürfniseruierung fehlt diesem ganzen An-

---

[39] Der Begriff „Soziale Indikatoren“ wird oftmals für das theoretische Gesamtkonzept verwendet, worin die „Sozialen Indikatoren“ als methodischer Ansatz zwar die bedeutendste Rolle spielen, daneben aber auch noch andere, jedoch eng verwandte Konzepte enthalten sind, etwa der Ausbau der Umfrageforschung; Wissenssoziologie der gesamtgesellschaftlichen Datenproduktion und -verwendung; Individuelle Aspiration, Gruppeninteressen; Nationale Zielsetzungen; Soziale Indikatoren i. e. S.; Sozialberichte und Soziale Gesamtrechnung. Vgl. dazu näher Zapf W., Zur Messung der Lebensqualität, S. 363; ders., Soziale Indikatoren . . ., S. 265 f.

[40] Vgl. zur Umfrageforschung im Rahmen der „Sozialen Indikatoren“ z. B. Bunz A. R., Schacht K., Subjektive Indikatoren der Arbeitswelt — Eine Infas-Studie, in: Zapf W., (Hg.), Soziale Indikatoren, Konzepte und Forschungsansätze, Bd. II, S. 167 ff.; Zapf W., Zur Messung der Lebensqualität, S. 363 und 365.

[41] Die Beziehungen sind auf die Tatsache zurückzuführen, daß das Individuum in eine soziale und eine güterbezogene Umwelt integriert ist. Vgl. hierzu Specht G., Marketing-Management und Qualität des Lebens, S. 18 ff.

satz die wissenschaftliche Fundierung und Absicherung, um welche wir uns bei unserem Konzept bemühen wollen.

Ein weiterer gravierender Mangel besteht nach unserer Meinung darin, daß bei den Mitteln der Bedürfnisbefriedigung keine explizite Unterscheidung hinsichtlich deren Produzenten und Anbietern getroffen wird. Staatssektor und Marktbereich werden als Einheit angesehen, was sicherlich unter dem Aspekt der Bedürfnisse sowie deren Eruierung und deren Befriedigung nicht zu rechtfertigen ist.

Bei der Frage, was nun eigentlich „Soziale Indikatoren“[42] sind, stößt man in der Literatur wiederum auf zum Teil recht unterschiedliche Auffassungen, wovon wir nur diejenigen wiedergeben wollen, welche auf die Bedürfnisproblematik eingehen. Zapf[43] versteht unter Sozialen Indikatoren „Statistiken, die sich durch mehrere Eigenschaften von üblichen Statistiken unterscheiden: sie sollen Leistungen messen, nicht Aufwendungen (output-orientiert; Anm. d. Verf.); sie sollen sich im wesentlichen auf die Wohlfahrt des einzelnen beziehen, nicht auf die Aktivitäten von Behörden; sie sollen über Wandlungsprozesse informieren, d. h. in Form von Zeitreihen vorgelegt werden; sie sollen in einem theoretischen Kontext stehen; d. h. über die kausale Beziehung zum „Indikatum“[44] soll möglichst große Klarheit herrschen; sie sollen dort, wo die Angabe in Geldbeträgen nicht sinnvoll ist, in natürlichen Einheiten definiert werden: z. B. Proteinverbrauch als Maß der Ernährungsqualität, Emission von Sulphurdioxyd als Maß der Umweltverschmutzung, Testergebnisse als Maß der Qualität der Schulen.“

In der Studie „Toward A Social Report“[45] wird ein Sozialer Indikator als eine Statistik interpretiert, „die von direktem normativem Interesse

---

[42] Auf Probleme, die in Zusammenhang mit der Konstruktion „Sozialer Indikatoren“ stehen, wollen wir nicht eingehen, da sie mit unserem Problem, die Bedürfnisse nach öffentlichen Leistungen zu ermitteln, nur noch in sehr indirekter Weise zu tun haben. Vgl. dazu ausführlich Zapf W., Zur Messung der Lebensqualität, S. 368; Werner R., Methodische Ansätze zur Konstruktion sozialer Indikatoren, in: Zapf W., (Hg.), Soziale Indikatoren, Konzepte und Forschungsansätze, Bd. II, S. 192 ff.; OECD, List of Social Concern Common to Most OECD Countries, Paris 1973; U. N., Report on International Definition and Measurement of Standards and Levels of Living, S. 5 ff.

[43] Siehe Zapf W., Zur Messung der Lebensqualität, S. 367; ders., Sozialberichterstattung und amtliche Statistik, S. 1.

[44] Auf den oft gemachten Fehler, zwischen Indikator und Indikandum nicht zu trennen, weist Schmid G., Kritische Bemerkungen zur Indikatorbewegung, in: Zapf W., (Hg.), Soziale Indikatoren, Konzepte und Forschungsansätze, Bd. I, S. 243, hin.

[45] Siehe Department of Health, Education and Welfare, (Hg.), Toward a Social Report 1969, Washington 1967, S. 97. Dieses Werk wird auch zugleich als wichtigster Beitrag im Rahmen der Indikatorforschung in den USA — wenn nicht gar überhaupt — betrachtet.

ist, und die eine konzise, umfassende und ausgewogene Beurteilung der wichtigsten gesellschaftlichen Lebensbedingungen erlaubt. Es ist in jedem Fall ein direktes Wohlstandsmaß und sollte so interpretiert werden, daß dann, wenn es sich cet. par. in die ‚richtige' Richtung entwickelt, sich die Verhältnisse verbessert haben bzw. die Menschen sich besser stehen."

Die OECD[46] definiert einen Sozialen Indikator als eine Sozialstatistik, die Veränderungen in einem bestimmten sozialen Aufgabenbereich zu messen versucht. Dabei steht ebenfalls die output-Orientierung im Mittelpunkt.

Die konkrete Aufgabe — sie klang bei der Definition von Zapf schon an — die einem Sozialen Indikator oder einem System Sozialer Indikatoren zu stellen ist, besteht darin, ein soziales Berichtsystem zu erstellen, das den sozialen Status — die Lebensqualität — des Individuums bzw. (bei Summation über alle Individuen hinweg) der Gesamtgesellschaft lückenlos sowohl statisch als auch dynamisch widerspiegelt und zudem Ausgangspunkt für politische Aktivitäten sein soll[47]. Funktion eines Sozialen Indikators ist es somit, sowohl Informationen über das Ausmaß der Bedürfnisbefriedigung und der nicht befriedigten Bedürfnisse als auch Lösungsansätze aufzuzeigen. Ein Sozialer Indikator, wie er oben definiert wurde, kann aber diese Aufgaben, die alle wichtig und notwendig sind, nur bewältigen, wenn zuvor das Problem der Bedürfniseruierung zufriedenstellend gelöst ist.

Wir gelangen somit beim Ansatz der „Sozialen Indikatoren" zu dem Schluß, daß derartige Überlegungen und Anstrengungen sicherlich von großer Nützlichkeit sind. Solange allerdings die Bedürfnisse nicht besser ermittelt, nicht stärker auf den Verbund der Bedürfnisse geachtet und keine bessere methodische und theoretische Absicherung vorgenommen wird, fehlt der nötige Unterbau. Dieser Bereich ist nicht durch noch so gute Indikatoren zu ersetzen.

Hinzu kommt, daß in dieser Bewegung die Problematik des Staates und vor allem diejenige von Angebot und Nachfrage im öffentlichen

[46] Vgl. OECD DOC S I/3, Social Indicators: Preliminary Definition, 1971, zit. nach Zapf W., Zur Messung der Lebensqualität, S. 369; diese Definition basiert auf den Ausführungen der U. N., vgl. United Nations, Report on International Definition and Measurement of Standards and Levels of Living, S. 8.

[47] Vgl. Zapf W., Zur Messung der Lebensqualität, S. 358; ders., Soziale Indikatoren, S. 271; Betz G., Der Stand der Arbeiten der Bundesregierung auf dem Gebiet der Sozialen Indikatoren, in: Sonderdruck aus Wirtschaft und Statistik, Heft 8, 1974, S. 9; U. N., Report on International Definition and Measurement of Standards and Levels of Living, S. 9 f.

Sektor weitgehend unbeachtet bleibt. Damit ist zwar dieses Konzept umfassender als mancher andere Ansatz, es kann jedoch die spezifischen Probleme einer staatlichen Angebotspolitik nicht erfassen und somit auch nicht lösen[48].

III. Der Ansatz der Politischen Ökonomie

Im Gegensatz zu den bisher diskutierten Modellen, wird der Bürger bei der Politischen Ökonomie nicht mehr primär als Konsument staatlicher Leistungen, sondern vor allem in seiner Eigenschaft als Wähler gesehen. Der Nachfrageprozeß im politischen Bereich wird damit indirekter.

Aus der mittlerweile äußerst umfangreichen Literatur[49] über ökonomische Theorien und Modelle zur Analyse politischer Prozesse und Systeme können wir natürlich nicht jeden Ansatz aufgreifen und unter dem Aspekt der Ermittlung von Präferenzen diskutieren. Weil hier andererseits auch kein Überblick[50] über den Stand der Diskussion im Bereich der Politischen Ökonomie gegeben werden soll, halten wir dies auch nicht für angebracht.

---

[48] Zur allgemeinen Kritik am Konzept der Sozialen Indikatoren vgl. z. B. Kirsch G., Einige Bemerkungen zur Abbildung individueller Wohlfahrtslagen in sozialen Indikatoren, Arbeitspapier zum DFG-Symposium, Augsburg, Juni 1976; Schmid G., Kritische Bemerkungen zur Indikatorbewegung, in: Zapf W., (Hg.), Soziale Indikatoren, Konzepte und Forschungsansätze, Bd. I, S. 243 ff.; Wagener F., Ansätze zum „Messen" von Lebensbedingungen, in: Die Öffentliche Verwaltung, 31. Jg. (1978), S. 38 ff.; Dichtl E., Ansatzpunkte zur Messung der Bedürfnisbefriedigung. Ein Problemaufriß, S. 5 ff.; Offé C., Strukturprobleme des kapitalistischen Staates, Frankfurt 1972, S. 127 ff.; Biervert B., Methoden der Ergebniskontrolle bei der Durchführung staatlicher Transfermaßnahmen: Kritik und Verbesserungsvorschläge aus psychologischer und ökonomischer Sicht, in: Rosenstiel L. v., Molt W., (Hg.), Bedarfsdeckung oder Bedürfnissteuerung, Manuskript, Augsburg 1976, insbes. S. 229 ff.

[49] Einen Überblick über diese Literatur vermittelt Frey B. S., Die ökonomische Theorie der Politik oder die neue politische Ökonomie: Eine Übersicht, in: Zeitschrift für die gesamte Staatswissenschaft, Bd. 26 (1970/71).

[50] Ein einigermaßen umfassender Überblick müßte etwa die Ansätze von Schumpeter, Olson, Buchanan / Tullock, Dahl / Lindblohm, Dorfmann, Frey B. S., Downs A. und Harding F. O. berücksichtigen. Siehe hierzu Schumpeter J. A., Kapitalismus, Sozialismus und Demokratie, 2. Aufl., Bern 1950; Olson M., The Logic of Collective Action, Cambridge (Mass.) 1965, deutsch: Die Logik des kollektiven Handelns, Tübingen 1968; Buchanan J. M. und Tullock G., The Calculus of Consent. Logical Foundations of Constitutional Democracy, Ann Arbor 1962; Dahl R. und Lindblohm C., Politics, Economics, and Welfare, New York 1953; Dorfmann R., General Equilibrium with Public Goods, in: Margolis J., Guitton H., (Hg.), Public Economics, London/New York 1969, S. 247 ff.; Frey B. S., Models of Perfect Competition and Pure Democracy, in: Kyklos, Bd. 23 (1970), S. 736 ff.; ders., Die ökonomische Theorie der Politik ...; Downs A., An Economic Theory of Democracy, 2. Aufl., New York 1965, deutsch als „Ökonomische Theorie der Demokratie", hrsg. v. Wilden-

Wir wollen hier nur auf den Ansatz von Downs eingehen, da er einerseits zum Teil andere Ansätze inkorporiert, und andererseits sich explizit mit der Ermittlung und Formung von Präferenzen im öffentlichen Bereich auseinandersetzt. Womit natürlich nicht behauptet wird, daß diesen Aspekt andere Autoren vernachlässigen. Ein weiterer Grund für unser Vorgehen ist im hohen Bekanntheitsgrad dieses Ansatzes — auch außerhalb der Politischen Ökonomie — zu sehen. Schließlich finden die Downs'schen Überlegungen heute zum Großteil Anerkennung in Theorie und Praxis.

Im Modell von Downs wollen wir uns wiederum schwergewichtig mit zwei Bereichen auseinandersetzen, die direkt und indirekt mit der Eruierung der Bedürfnisse von Bürgern nach staatlichen Leistungen zu tun haben. Den einen Bereich sehen wir in der Ermittlung und Weitergabe der Bedürfnisse von Bürgern durch Mittler zwischen Volk und Regierung (Abgeordnete)[51]; beim anderen Bereich wird der Bürger selbst aktiv, indem er versucht, seinen Vorstellungen im politischen Bereich zum Durchbruch zu verhelfen[52].

Downs analysiert die Entscheidungsfindung unter zwei alternativen Prämissen: a) die Bürger handeln mit vollkommener Einsicht, wobei keine Informationskosten entstehen und b) die Bürger handeln ohne vollkommene Information, und die Informationen verursachen Kosten[53]. Downs wählt dabei Annahme a) nur als Vorspann, um dann die Realität des Falles b) prägnanter darstellen zu können.

Unvollkommene Information bedeutet nach Downs, daß

1. die Parteien nicht immer genau die Bedürfnisse der Bürger kennen;

2. die Bürger nicht immer genau wissen, was die Regierung oder die Opposition unternommen haben, unternehmen oder unternehmen sollten, um ihren Bedürfnissen zu dienen; und

3. die notwendigen Informationen zur Bewältigung beider Probleme Kosten verursachen[54].

---

mann R., Tübingen 1968 und Harding F. O., Politisches Modell zur Wirtschaftstheorie, Freiburg 1959. Dieses Werk beinhaltet die gleichen Aussagen wie der Ansatz von Downs und erschien etwa zur selben Zeit.

[51] Deshalb reihen wir diesen Ansatz auch unter die indirekten Versuche zur Ermittlung von Präferenzen ein.

[52] Auf eine explizite Darstellung des Modells wollen wir verzichten, da zu vermuten ist, daß zumindest seine Basisannahmen bekannt sind. Wir gehen somit ausschließlich auf die Bereiche ein, die für die Offenlegung der Präferenzen von Bedeutung sind.

[53] Vgl. Downs A., Eine ökonomische Theorie des politischen Handelns in einer Demokratie, in: Recktenwald H. C., (Hg.), Finanzpolitik, Köln / Berlin 1969, S. 52; ders., Ökonomische Theorie der Demokratie, S. 60 ff. und S. 75 ff.

Bei vollkommener Information folgt, daß die politische Präferenzstruktur des Staatsbürgers, welche Downs als unveränderlich annimmt, ihm eine eindeutige Wahlentscheidung ermöglicht[55], und damit eine vollständige Eruierung der Präferenzen eintritt[56].

Sobald allerdings die Annahme vollkommener Information aufgegeben wird, ist der Schluß von der Bedürfnisstruktur des Bürgers auf dessen Wahlentscheidung nicht mehr lückenlos. Wollen jedoch die Bürger eine eindeutige Präferenzskala aufstellen, brauchen sie weitere Informationen. Damit ermöglichen sie aber Wahlhelfern (persuader) die Überredungs- und Überzeugungstätigkeit. Diese sind wiederum an einer solchen Tätigkeit nur aus Eigennutz interessiert[57].

Darüberhinaus muß nach Downs, angesichts der unterschiedlichen politischen Bedeutung einzelner Personen (aufgrund divergierender Ressourcenausstattung etc.), berücksichtigt werden, daß den Bürgern ungleiches politisches Gewicht zukommt. Damit wäre — so Downs[58] — eine demokratische Regierung von vornherein als irrational zu bezeichnen, würde sie alle Wünsche der Bürger in gleicher Weise behandeln.

Nun kennt aber, wie schon angedeutet, auch die Regierung die Vorstellungen der Bürger nicht genau. Deshalb beauftragt die Regierung Vertreter, welche sowohl die Wünsche der Wähler erkunden, als auch die Wähler überzeugen müssen, in der gleichen Art wiederzuwählen[59].

Es besteht somit Unsicherheit auf beiden Seiten. Bei den Wählern darüber, welche Programme ihren Bedürfnissen entsprechen und bei Regierung und Opposition, ob ihre Programme den individuellen Bedürfnissen entgegenkommen.

Aus der Tatsache, daß die Regierung auf Mittler zwischen Volk und Regierung angewiesen ist, und die Bürger nach Informationen streben,

---

[54] Vgl. Downs A., Eine ökonomische Theorie ..., S. 54; ders., Ökonomische Theorie der Demokratie, S. 75 ff.; ders., An Economic Theory of Democracy, S. 79 ff.

[55] Vgl. Downs A., Eine ökonomische Theorie ..., S. 54; ders., Ökonomische Theorie der Demokratie, S. 35 f. und 44 ff.

[56] In diesem Falle müssen auch die Parteien vollkommene Informationen über die Wählerbedürfnisse haben. Sie werden daher ihre Programme danach ausrichten, was aber nichts anderes heißen kann, als daß die Programme von Regierung und Opposition identisch sind — der Stimmenwettbewerb erlischt.

[57] Vgl. Downs A., Eine ökonomische Theorie ..., S. 54; ders., Ökonomische Theorie der Demokratie, S. 80 ff.; ders., An Economic Theory of Democracy, S. 83.

[58] Vgl. Downs A., Eine ökonomische Theorie . . ., S. 54 f.; ders. Ökonomische Theorie der Demokratie, S. 86 ff., insbes. S. 91, S. 185 ff. und 230 f.

[59] Vgl. Downs A., Eine ökonomische Theorie ..., S. 55; ders., Ökonomische Theorie der Demokratie, S. 234 ff.

ergibt sich folgende Situation: Einerseits versuchen die Wahlhelfer die Regierung davon zu überzeugen, daß die Politik, die sie vertreten, und unmittelbar ihren Interessen dient, von einem großen Teil der Wähler gewünscht wird. Andererseits bemühen sie sich, den Bürgern einzureden, daß die entsprechenden politischen Maßnahmen tatsächlich erstrebenswert sind[60].

Diese Mittler sind damit nicht so sehr an der Ermittlung wie an der Manipulierung der individuellen Bedürfnisse interessiert.

Eine weitere zentrale Rolle spielen bei diesem Ansatz die Informationskosten. Die rational vertretbare Informationsmenge wird nach Downs durch folgendes Axiom bestimmt[61]: Eine Handlung ist immer dann rational, wenn der Grenzertrag größer als die Grenzkosten ist. Bei unvollkommener Information sind zwar weder die genauen Kosten noch die genauen Erträge bekannt, trotzdem können sich die Entscheidenden — nach Meinung von Downs — dieser Regel bedienen und mit erwarteten Kosten und Erträgen arbeiten.

In diesem Bereich der Downs'schen Theorie gehen die Aktivitäten vom Individuum aus, das den Versuch unternimmt, die politischen Programme seinen Bedürfnissen entsprechend zu gestalten. Der erste Schritt dazu besteht in der Sammlung von Informationen. Der Durchschnittsbürger benötigt Informationen für zwei politische Entscheidungen; nämlich zum einen, welche Partei er wählen, und zum anderen, auf welche politischen Maßnahmen er bei der Konzipierung des Regierungsprogrammes direkten Einfluß ausüben möchte[62].

Bei der ersten Frage kommt Downs zu dem Schluß, daß ein rational handelnder Bürger in einer Demokratie nicht wählt, er also seine Bedürfnisse nicht offenlegt, da der Ertrag aus der Stimmabgabe (Beeinflussung des Wahlausgangs entsprechend seinen individuellen Bedürfnissen) bei einer großen Anzahl von Wählern wesentlich geringer ist als die Kosten der Information (Ertrag geht mit zunehmender Wählerzahl gegen Null)[63]. Dieser Umstand, daß nämlich der Bürger weder Informationen einholt, noch seine Bedürfnisse mitteilt, führt zu einem Ersatz der Information durch die Ideologie[64] von seiten der Parteien.

---

[60] Vgl. Downs A., Eine ökonomische Theorie . . ., S. 55; ders., Ökonomische Theorie der Demokratie, S. 220 ff.

[61] Vgl. Downs A., Ökonomische Theorie der Demokratie, S. 202 und S. 234 ff.; ders., Eine ökonomische Theorie . . ., S. 58.

[62] Vgl. Downs A., Eine ökonomische Theorie . . ., S. 59; ders., Ökonomische Theorie der Demokratie, S. 255 ff.

[63] Vgl. Downs A., Eine ökonomische Theorie . . ., S. 59 f.; ders., Ökonomische Theorie der Demokratie, S. 255 ff.

Will ein Bürger beim zweiten Problem erfolgreich sein, muß er die Regierung davon überzeugen, daß seine vorgeschlagenen Maßnahmen schon von einer großen Anzahl Bürger gewünscht werden oder sie ihnen zugute kommen und damit nicht abgelehnt werden können — er wird zum Lobbyisten.

Möchte ein solcher Lobbyist diese Anforderungen in die Tat umsetzen, muß er über alle Wünsche der Bürger in denjenigen politischen Bereichen, die er beeinflussen will, sehr gut informiert sein. Er muß ein Programm, aufbauend auf diesen Bedürfnissen, entwerfen und jederzeit verfechten können[65].

Damit ist aber der Informationsbedarf eines Lobbyisten weit höher als der eines Wählers, der nur die angebotenen Alternativen abzuwägen braucht, aber durch seinen Wahlentscheid auch seine Präferenzen offenlegt[66]. Da es für den Lobbyisten unmöglich ist, sich über das gesamte politische Spektrum zu informieren, wird er sich auf ein bestimmtes Gebiet spezialisieren. Unter diesen Spezialisten werden nun wiederum nur wenige aktiv Druck — entsprechend der vertretenen Präferenzen — auf die Regierung ausüben. Ihre Einflußmöglichkeiten steigen damit; zum anderen sind, wie schon berichtet ihre Informationskosten sehr hoch. Über diese Lobbyisten wird somit immer nur ein Teil der Präferenzen offengelegt und übermittelt.

Als bedeutenderen Einflußbereich sieht nun Downs[67] die Quelle der Einkommensentstehung und weniger die Einkommensverwendung, wegen der Vielzahl der gekauften Güter, an. Damit ist eine Regierung gewöhnlich mehr auf die Produzenten- als auf die Konsumenteninteressen ausgerichtet, was wiederum dazu führt, daß Lobbyisten vor allem im Bereich der Einkommensentstehung tätig sind. Eine Eruierung von Bedürfnissen der Bürger ist auf diesem Wege somit nahezu gänzlich ausgeschlossen.

Fassen wir diese Erkenntnisse aus der vorgetragenen Theorie zusammen. Downs versucht die Wählerpräferenzen zum einen dadurch zu erfassen, indem er Mittler (Abgeordnete) zwischen Volk und Regierung

---

64 Vgl. dazu näher Widmaier H. P., Zur Theorie der Durchsetzbarkeit sozialer Bedürfnisse, in: Ferber C. v., Kaufmann F.-X., (Hg.), Kölner Zeitschrift für Soziologie und Sozialpsychologie. Soziologie und Sozialpolitik, Sonderheft 19/1977, S. 446 f.

65 Vgl. Downs A., Eine ökonomische Theorie . . ., S. 61 f.; ders., Ökonomische Theorie der Demokratie, S. 247 ff.

66 Sofern nicht auch hier, wie wir bei der Erörterung der Wahlsysteme sahen, Strategien angewandt werden.

67 Vgl. Downs A., Eine ökonomische Theorie . . ., S. 62; Ökonomische Theorie der Demokratie, S. 247 ff. insb. S. 249 f.

stellt, die die Wünsche der Bürger feststellen sollen. Das Eigennutz-Denken dieser Mittler führt jedoch dazu, daß diese versuchen, die Bürger auf ihre Interessen einzuschwören. Dazu kommt noch die selektive Information und die unterschiedliche Behandlung der Wählerinteressen sowohl durch die Mittler als auch die Parteien selbst. Die originären individuellen Bürgerpräferenzen dürften somit nur eruiert — und damit in den Programmen berücksichtigt werden — wenn die Bedürfnisse der Bürger und diejenigen der Mittler von vornherein identisch sind. Die unterschiedliche Bedeutung, die den jeweiligen Bedürfnissen (ökonomische und politische Macht) zukommen muß, möchte eine Partei an der Macht bleiben oder an die Macht kommen, läßt aber selbst daran Zweifel aufkommen.

Will zum anderen der Bürger selbst versuchen, seine Präferenzen bekannt zu geben und durchzusetzen, so wird er in den meisten Fällen durch die hohen Kosten der Information abgehalten. In größerem Umfange gelingt das nur den Interessenvertretern der Erzeugerseite, denen deshalb auch die Parteien mehr Aufmerksamkeit schenken als den unorganisierten Bedürfnissen der Konsumenten. Damit werden zwar Präferenzen von sich aus offengelegt, jedoch nicht diejenigen der breiten Volks- und Wählerschichten.

Gegenüber der Vorstellung, daß die Bürger, entsprechend ihren individuellen Bedürfnissen, über Ausgabe- und Einnahmeprogramme abstimmen und damit im Wahlentscheid ihre Präferenzen indirekt äußern, kann man die bei den wahltheoretischen Ansätzen vorgebrachten Argumente anführen.

Wir kommen somit zu dem Schluß, daß nur unter sehr glücklichen Umständen die Eruierung und Befriedigung originärer und echter Bürgerpräferenzen im Modell von Downs gewährleistet ist, woraus jedoch für die Erklärung der politischen Realität nur geringer Nutzen erwachsen dürfte.

Downs will damit eher aufzeigen, daß eine Ermittlung der Bedürfnisse im öffentlichen Sektor nicht möglich ist, als ein Instrumentarium zu diesem Zweck anzubieten.

C. Marketing als Inbegriff der Bürgerorientierung – eine Handlungsmaxime für Markt und Staat?

Marketing bedeutet, wörtlich übersetzt, eigentlich soviel wie Vermarktung. Will man jedoch das Wesen von Marketing erfassen, kann man mit dieser Erkenntnis noch nicht viel anfangen, weshalb wir auf vorliegende Definitionen eingehen wollen.

In den ältesten Auslegungen ist Marketing der „Inbegriff jener Funktionen und Institutionen, die damit befaßt sind, Produkte und sonstige Leistungen vom Erzeuger über die verschiedenen Stufen des Handels zu geleiten und sie den Verwendern bzw. Verbrauchern zuzuführen“[1]. Marketing war demnach vor allem an den Güterarten orientiert; deshalb wird dieser Ansatz auch als Commodity Approach bezeichnet[2].

Bei den jüngeren Ansätzen stehen die Institutionen im Mittelpunkt, die zur Durchführung des Marketing- Prozesses notwendig sind. Dementsprechend wird auch vom Institutional Approach gesprochen[3].

Der dritte und jüngste Ansatz wendet sich den Funktionen zu, die zu erfüllen sind. Er wird daher mit Functional Approach umschrieben[4].

Verständlicherweise orientieren sich alle modernen Definitionen an dieser dritten Erklärung. Weiterhin ist ihnen allen auch eine Denkweise gemein, die sich an den Wünschen und Bedürfnissen der Abnehmer bzw. Verwender ausrichtet. Der Primat liegt nicht mehr beim Produzenten, er wird heute dem Konsumenten eingeräumt[5], was für unseren bedürfnisorientierten Ansatz von großer Bedeutung ist.

Nachdem uns nun die generellen Entwicklungsrichtungen des Marketing bekannt sind, wollen wir im folgenden auf einige charakteristische Definitionen eingehen, um darauf aufbauend eine Definition für Marketing in der Staatswirtschaft abzuleiten.

Für Tietz[6] ist Marketing „die Erschließung und Schaffung von Märkten im Rahmen und mit Hilfe einer absatzorientierten Führungskonzeption, die auch als Marketingphilosophie bezeichnet wird. Während früher ein Produkt in den technischen Abteilungen entwickelt und unter tech-

---

[1] Siehe Nieschlag R., Dichtl E., Hörschgen H., Marketing, 6. Aufl., Berlin 1972, S. 30.

[2] Vgl. Kotler Ph., Marketing-Management, Analyse, Planung und Kontrolle, 2. Aufl., Stuttgart 1974, S. 11; Beckman T. N., Davidson W. R., Talarzyk W. W., Marketing, 9. Aufl., New York 1973, S. 15.

[3] Vgl. Beckman T. N., Davidson W. R., Talarzyk W. W., Marketing, S. 15; Kotler Ph., Marketing-Management, S. 11.

[4] Vgl. Kotler Ph., Marketing-Management, S. 11; Beckman T. N., Davidson W. R., Talarzyk W. W., Marketing, S. 16.

[5] Aus diesem Grunde wird dieser Ansatz auch mit „Human Concept of Marketing“ umschrieben. Vgl. z. B. Specht G., Marketing-Management ..., S. 109 ff.; Raffée (vgl. Raffée H., Perspektiven des nicht-kommerziellen Marketing, in: Schmalenbachs Zeitschrift für betriebswirtschaftliche Forschung, Bd. 28 (1976), S. 63) spricht in diesem Zusammenhang von einer ethisch-normativen Marketingkonzeption — im Gegensatz zu einer technischen Marketing-Version — im Rahmen derer eine optimale Bedürfnisbefriedigung der Konsumenten einen Wert an sich darstellt.

[6] Siehe Tietz B., Die Grundlagen des Marketing, Bd. 2, Die Marketing-Politik I, München 1975, S. 16.

nischen Aspekten gestaltet und dann produziert wurde, erfolgt die absatzorientierte Produktion erst nach der Analyse der Märkte und Absatzpotentiale. Beckman, Davidson und Talarzyk[7] sehen im Marketing „the process in society by which the demand structure for economic goods and services is anticipated or enlarged and satisfied through the conception, promotion, exchange, and physical distribution of such goods and services."

Kotler[8] unterscheidet zudem zwischen Marketing, Marketing-Management und Marketing-Konzeption — denn es gilt zwischen dem Marketing als reiner Theorie und der Marketing-Praxis als der Theorie des Handelns zu differenzieren. Da uns seine Definition als das am besten strukturierte und umfassendste Konzept erscheint, wollen wir uns damit etwas näher befassen.

Nach Kotler[9] umfaßt Marketing „jene menschlichen Aktivitäten, die darauf abzielen, Austauschprozesse zu erleichtern und durchzuführen." Er betont also, daß Marketing eine menschliche Tätigkeit sei, welche die Erleichterung und Durchführung von Austauschprozessen zum Ziel hat. Unter Austauschprozessen versteht er sowohl Transaktionen als auch Austauschbeziehungen. Während erstere einen einmaligen Charakter haben, zeichnen sich letztere durch ihre Dauerhaftigkeit aus[10]. Weiterhin vermeidet es Kotler[11] darüber Aussagen zu machen, was ausgetauscht wird und wessen Standpunkt die Definition einnimmt.

Marketing-Management schließt nach Kotler[12] „die Analyse, Planung, Durchführung und Kontrolle von Programmen (ein), die darauf ausgerichtet sind, erwünschte Austauschbeziehungen mit bestimmten Zielgruppen zum Zweck des eigenen oder beiderseitigen Vorteils herbeizuführen".

Zur Verwirklichung effizienter Ergebnisse beschäftigt er sich vornehmlich mit der Anpassung und Koordination folgender Elemente: Produkt, Preis, Absatzförderungsmaßnahmen und räumliche Verteilung.

Kotler betont, daß es sich hierbei um einen Führungs-Prozeß mit neutralem moralischen Inhalt handelt, der sowohl vom Käufer als auch vom Verkäufer praktiziert werden kann. Bei den Austauschbeziehungen wird es sich in den meisten Fällen um den Austausch von Gütern

---

[7] Siehe Beckman T. N., Davidson W. R., Talarzyk W. W., Marketing, S. 4.
[8] Vgl. Kotler Ph., Marketing-Management, S. 11 ff.
[9] Siehe Kotler Ph., Marketing-Management, S. 12.
[10] Ders., Marketing-Management, S. 12.
[11] Ebenda, S. 12.
[12] Siehe Kotler Ph., Marketing-Management, S. 13.

und Diensten handeln, doch, so vermerkt Kotler[13], sind auch psychologische Austauschprozesse, die mit Organisationen, Personen und Ideen zu tun haben, durch die Definition mit abgedeckt.

Die Marketing-Konzeption geht von den tatsächlichen und den potentiellen Kunden aus. Sie zielt in erster Linie darauf, die Bedürfnisse der Kunden zu ermitteln und in angemessener Weise zu befriedigen; wobei sie diese Aufgabe durch ein koordiniertes Marketing-Programm zu erreichen sucht[14].

In diesem Aspekt von Kotlers Marketing-Konzept kommt die Kundenorientierung des Marketing und damit das Bemühen, die Bedürfnisse der Kunden zu eruieren und angemessen zu befriedigen, zum Ausdruck.

Wie bei den Ausführungen Kotlers nun deutlich zu sehen ist, wird Marketing nicht mehr nur als eine Geisteshaltung verstanden, die auf Güter und Dienstleistungen materieller Art abstellt. Marketing bezieht sich vielmehr, und das wird vor allem in den jüngsten Veröffentlichungen[15] offenbar, auf jede Art von Austauschprozessen zwischen sozialen Einheiten, sofern zwischen Angebot und Nachfrage unterschieden werden kann. Doch sollte man Marketing nicht derart unkontrolliert ausufern lassen, daß quasi jede individuelle oder soziale Aktivität mit Marketing zu umschreiben wäre.

Dieser Ansicht ist auch Tietz[16], wenn er meint, daß sich Marketing als allgemeine Heilslehre „in Anbetracht des ständig größer werdenden Problems, Menschen hier und heute und mit Blick auf die Zukunft mit Waren und Diensten als Grundlage der Lebensqualität auszustatten, nicht generell bewähren“ dürfte.

Bei nüchterner Betrachtung des Ansatzes von Kotler[17] und dessen Fortentwicklungen sehen wir durchaus Möglichkeiten, ihn zumindest in

13 Vgl. Kotler Ph., Marketing-Management, S. 13 f.

14 Vgl. dazu Kotler Ph., Marketing-Management, S. 17 ff.

15 Vgl. Lazer W., Marketing's Changing Social Relationship, S. 3 ff.; ders., Marketing in a Social Context, S. 3 ff.; Kotler Ph., Zaltman G., Social Marketing: An Approach to Planned Social Change, S. 3 ff.; Kotler Ph., A Generic Concept of Marketing, S. 48 ff.; Feldman L. R., Societal Adaptation: A New Challenge for Marketing, in: Journal of Marketing, Vol. 35 (1971), S. 54 ff.; Kotler Ph., Levy S. I., Demarketing, Yes, Demarketing, in: Harvard Business Review, Vol. 49 (1971), S. 71 ff.; Zaltman G., Kotler Ph., Kaufmann J., (Hg.), Creating Social Change, New York 1972; Lazer W., Kelly E. J., (Hg.), Social Marketing, Homewood (Ill.) 1973; Specht G., Marketing für öffentliche Güter, in: Tietz B., (Hg.), Handwörterbuch der Absatzwirtschaft, Stuttgart 1974, Sp. 1565 ff.; ders., Marketing-Management und Qualität des Lebens; Raffée H., Perspektiven des nicht-kommerziellen Marketing, S. 61 ff.

16 Siehe Tietz B., Die Grundlagen des Marketing, Bd. 2, Die Marketing-Politik I, S. 19.

seinen Grundlagen, auch im Staatssektor zur Anwendung zu bringen. Würde man Marketing allerdings alleine auf Angebot und Nachfrage von Gütern und Dienstleistungen materieller Art beziehen, wie das bei älteren Erklärungen der Fall ist, wäre eine Integration in den Staatssektor wohl weit schwieriger.

Da aber darüber hinaus auch immaterielle Angebots- und Nachfragebeziehungen durch Marketing — insbesondere bei Kotler — abgedeckt werden, besteht darin grundsätzlich die Möglichkeit, Austauschprozesse zwischen dem Bürger und den jeweiligen staatlichen Institutionen und Funktionen nach Marketing-Gesichtspunkten zu gestalten.

Unbedingte Voraussetzung ist jedoch, daß dem Staatsbürger eine, dem Konsumenten vergleichbare Stellung, beim Prozeß des staatlichen Güterangebotes eingeräumt wird. Es ist insbesondere die Forderung zu erheben, daß sich das staatliche Güterangebot an den Wünschen, Bedürfnissen und Vorstellungen der Bürger zu orientieren hat, die in Erfahrung zu bringen sind.

Daneben sollten bei den zu treffenden Entscheidungen im Staatssektor, ebenso wie dies bereits im Marktsektor geschieht[18], die Erfordernisse der Umwelt, seien sie nun sozialer, kultureller, ökonomischer oder politischer Natur, mit einbezogen werden.

Diese Bürger- und Umwelt-Orientierung genügt für sich genommen allerdings noch nicht, sondern sie sollte durch die Öffentlichkeitsarbeit und geeignete Distributionsmaßnahmen unterstützt werden.

Die Öffentlichkeitsarbeit sollte einerseits den Bekanntheitsgrad erhöhen und die Verwendungsmöglichkeiten einer öffentlichen Leistung offenlegen und andererseits die Benutzerrate öffentlicher Einrichtungen steigern. Im Rahmen der Distributionspolitik ist dafür zu sorgen, daß auf möglichst einfache, mit geringen Kosten verbundene Weise die entsprechende öffentliche Leistung zu nutzen ist.

Versucht man nun, unter Berücksichtigung der aufgeführten Aspekte, eine Definition des Marketing für die Staatswirtschaft zu finden, so können wir darunter alle diejenigen Aktivitäten des Staates subsumieren, die darauf abzielen,

(a) die Bedürfnisse der Bürger in Erfahrung zu bringen,

---

[17] Vgl. etwa Kotler Ph., Zaltman G., Social Markting: An Approach to Planned Social Change, S. 3 ff.; Lazer W., Marketing's Changing Social Relationship, S. 3 ff. Siehe auch die Literaturangaben zum Aspekt des Social Marketing im Einführungsabschnitt.

[18] Im privatwirtschaftlichen Marketing hat sich hierfür der Terminus Ökosystem eingebürgert. Vgl. Kotler Ph., Marketing-Management, S. 53 f.

(b) das Angebot auf diese eruierten Bedürfnisse auszurichten,

(c) dieses Angebot durch die Kommunikationsmittel bekannt zu machen und

(d) über adäquate Distributionskanaäle an die Bürger „heranzutragen“[19].

Welche Bedeutung könnte nun einem derart definierten Konzept bei der gesellschaftlichen Bedarfsanalyse zukommen?

Folgt man obiger Definition, so verliert Marketing seine spezifisch privatwirtschaftliche Ausrichtung und kann in verstärktem Maße als Denk- und Problemlösungsansatz im öffentlichen Sektor herangezogen werden. Wir wollen Marketing in unserer Analyse vor allem als Kooperations- und Kommunikations-System verstehen, in dem Sinne als es zwischen Entscheidenden und Betroffenen grundsätzlich eine Verbindung herzustellen vermag. Der Staat versucht die Bedürfnisse der Bürger aufzudecken, um sie befriedigen zu können — Marketing wird zum notwendigen Hintergrund, auf welchem eine gesellschaftliche Bedarfsanalyse durchgeführt werden kann.

In diesem Zusammenhang sehen wir im Marketing das ideelle Konzept, das Human Concept of Marketing bzw. den ethisch-normativen Ansatz[20], im Rahmen dessen, unter Ausschaltung intervenierender Dritter,

(a) Bedürfnisse und ihre Determinanten offengelegt und dann anschließend artikuliert werden können, und

(b) eine Kommunikationsstruktur zwischen Entscheidenden und Betroffenen installiert werden könnte, wobei Marketing allerdings darauf verzichten müßte, sich als Auftraggeber einer dieser beiden Seiten zu verstehen[21].

---

[19] Vgl. dazu auch Merkle E., Marketing der öffentlichen Hand, in: Marketing Enzyklopädie, Bd. 2, S. 373, der bei seinen Überlegungen einen ähnlichen Weg einschlägt.

[20] Uns interessiert nicht, daß Marketing zwar einerseits Informationen über Bedürfnisse und deren Befriedigung liefern kann, andererseits allerdings auch als Legitimations- und Manipulationstechnik verwendet werden könnte bzw. verwendet wird.

Vgl. dazu z. B. Biervert B., Fischer-Winkelmann W.-F., Rock R., Grundlagen der Verbraucherpolitik, Hamburg 1977, insb. S. 89 ff., deren Kritik am Marketing allerdings ziemlich einseitig gehalten ist.

[21] Vgl. dazu auch Novy K., Zinn K. G., Marketing und Bedarfsforschung in der Nicht-Marktökonomik, in: Fischer-Winkelmann W.-F., Rock R., (Hg.), Marketing und Gesellschaft, Wiesbaden 1977, insbesondere S. 230 ff. Sie nehmen gegenüber Marketing und deren Verwendung im Staatssektor eine ähnliche geistige Grundhaltung wie wir ein.

Dabei dürfte die eine Funktion ohne gleichzeitige Erfüllung der anderen Funktion nicht zu realisieren sein.

Ob dieses System und die damit verbundene geistige Grundhaltung nun tatsächlich auch im Staatssektor zur Anwendung gebracht werden kann, hängt grundsätzlich neben dem Problem, Wege zur Bedürfnisermittlung aufzuzeigen, vom Vorhandensein von Strukturen im Bereich der Nachfrage ab, die zumindest einen Analogie-Schluß zwischen dem öffentlichen und dem privaten Sektor zulassen. Denn wir müssen uns immer vor Augen halten, daß Angebots- oder Produktionsentscheidungen im Staatssektor jeweils Entscheidungen auf kollektiver Ebene sind, und daraus Aufgaben erwachsen könnten, die dem Marketing im oben verstandenen Sinne fremd sind.

Mit diesem Konzept eines Marketing für die Staatswirtschaft scheint uns die Ausgangsposition dafür geschaffen, einen Lösungsweg aus der „Sackgasse“ zu weisen, in welche die Ansätze zur Präferenz-Eruierung bei öffentlichen Gütern — insbesondere diejenigen aus dem Bereich der Finanzwissenschaft — geführt haben. Marketing ist zwar kein Ansatz, welcher sich ausschließlich der Ermittlung von Bedürfnissen verschrieben hat, diese Aufgabe ist vielmehr ein notwendiger Bestandteil der Gesamtkonzeption, welche an der Bedürfnisbefriedigung der Konsumenten ausgerichtet ist. Diese Orientierung macht aber das Marketing gerade für unsere Analyse so wertvoll, da ohne sie eine gesellschaftliche Bedarfsanalyse — zumindest längerfristig — zum Scheitern verurteilt wäre: Ist Bedürfnis-Eruierung nicht mit Bedürfnisbefriedigung verbunden, verschwindet das Vertrauen in die Aufrichtigkeit staatlichen Handelns.

Marketing, so wie es von uns definiert wurde, stellt den ideologischen Hintergrund der gesellschaftlichen Bedarfsanalyse dar und wird identisch mit der individualistischen Staatsauffassung.

D. Zusammenfassung und Ausblick

Wir haben eine ganze Reihe von Ansätzen geprüft, die alle — explizit oder implizit — das Ziel verfolgen, die Präferenzen der Bürger zu ermitteln. Obwohl diese Modelle dem wirtschafts- und sozialwissenschaftlichen Bereich entstammten, war zu konstatieren, daß große Abweichungen im Hinblick auf die Ausgangslage, die verfolgten Ziele und das Anspruchsniveau bestehen. So wollen etwa die vorgestellten utilitaristischen Ansätze die Wohlfahrt des gesamten Volkes maximieren, während das Marketing lediglich darauf abstellt, eine möglichst hohe Bedürfnisbefriedigung in einzelnen Güter- und Dienstleistungsbereichen des Marktsektors zu gewährleisten.

Ebenso unterschiedlich wie die einzelnen Verfahren und Ansätze selbst, ist auch deren erfolgreiche Umsetzung in der Praxis. Die Modelle von Samuelson, Musgrave, Lindahl, aber auch die wahltheoretischen Ansätze arbeiten das Problem der Ermittlung und Aggregation von individuellen Bedürfnissen in aller Schärfe heraus; doch zu dessen Lösung tragen sie nur wenig bei. Diese Modelle sind damit zwar brillante theoretische Darstellungen, einen Wert für den politischen Alltag stellen sie nicht dar.

Die Ansätze der politischen Ökonomie zeigen zwar das Netz auf, in dem politische und gesellschaftliche Kräfte wirken und stellen damit Ermittlung und Befriedigung individueller Bedürfnisse in einem neuen Licht dar, doch auch damit gelangen ihre Schöpfer mit Sicherheit nicht zur Eruierung originärer individueller Bedürfnisse. Das zeigt sich besonders deutlich, wenn im Spiel der politischen Kräfte die informellen Beziehungen zwischen Bürger und Politiker, die Mitwirkungsmöglichkeiten der Bürger in den Parteien und die Rückkoppelungsprozesse zwischen der staatlichen Leistungserstellung und den Interessen der Bürger berücksichtigt werden.

Die Verfahren und Ansätze, die wir unter der Überschrift „Soziale Indikatoren“ behandelten, nehmen sich gegenüber den anderen Ansätzen geradezu handwerklich aus. Aber gerade dieser handwerkliche Charakter, das Ansetzen am einzelnen Bürger in einer praxisorientierten Sicht, läßt diese Verfahren wiederum erfolgversprechender erscheinen.

Der Erkenntnisfortschritt im Bereich der „Sozialen Indikatoren“ und auch der Determinantenanalyse ist vor allem darin zu sehen, daß sie die (staatlichen) Aktivitäten nicht auf der höchsten Aggregationsstufe behandeln. Vielmehr nehmen sie eine Disaggregation vor und versuchen Leistungen in differenzierter Weise zu erfassen und über die Bedürfnisse der Bürger zu bewerten.

Neben den dargestellten Ansätzen müßten weiterhin noch eine Reihe von Verfahren und Modellen genannt werden, die ebenfalls diesem Problemkreis zuzuordnen sind. Dies gilt in erster Linie für die Nutzen-Kosten-Analyse[22] und die Benutzeranalyse[23].

---

[22] Als Überblick zum Problemfeld der Nutzen-Kosten-Analyse mögen folgende Literaturstellen dienen: Mishan E. J., Cost-Benefit-Analysis. An Informal Introduction, London 1971; Prest A. R. und Turvey R., Cost-Benefit-Analysis. A Survey, in: Economic Journal, Bd. 75 (1965), S. 683 ff.; wiederabgedruckt in: Recktenwald H. C., (Hg.), Nutzen-Kosten-Analyse und Programmbudget. Grundlagen staatlicher Entscheidung und Planung, Tübingen 1970, S. 103 ff.; McKean R. N., Public Spending, New York 1968; Stohler J., Zur Methode und Technik der Cost-Benefit-Analyse, in: Kyklos, Bd. 20 (1967),

Vor allem die Benutzeranalyse möchte ermitteln, von wem und zum Teil auch warum die einzelnen Leistungen angenommen werden. Für die Erfassung der gesamten Benutzerschaft sind derartige Untersuchungen natürlich auch im staatlichen Bereich unerläßlich. Andererseits ist gerade die Erkundung des Nutzwertes, des Images einer Leistung, der Kausalität von Nutzung bzw. Ablehnung eines Gutes sowie der Dynamik von Bedürfnissen ebenso wichtig.

Damit wird deutlich, daß diese Verfahren als Grundlage und methodischer Ausgangspunkt einerseits sowie als nützliche Ergänzungen andererseits für unseren Ansatz durchaus fallweise von Bedeutung sein können.

Wir wollen jedoch, wie schon mehrfach betont, prüfen, ob und unter welchen Einsatzbedingungen und generellen Voraussetzungen die Verfahren der empirischen Sozialforschung im Staatssektor die Bürgerpräferenzen bezüglich öffentlicher Leistungen offenlegen oder zumindest dazu beitragen können. Auf die Erkenntnisse aus den vorgestellten An-

---

S. 218 ff.; Dorfman R., (Hg.), Measuring Benefits of Government Investments, Washington 1963; Recktenwald H. C., (Hg.), Nutzen-Kosten-Analyse und Programmbudget. Grundlage staatlicher Entscheidung und Planung, Tübingen 1970; Feldstein M. S., Net Social Benefit Calculation and the Public Investment Decisions, in: Oxford Economic Papers, Bd. 16 (1964), S. 243 ff.; ders., Opportunity Cost Calculation in Cost-Benefit-Analysis, in: Public Finance, Bd. 19 (1964), S. 117 ff.; Marglin St. A., The Opportunity Costs of Public Investment, in: Quarterly Journal of Economics, Bd. 77 (1963), S. 274 ff.; Eckstein O., A Survey of the Theory of Public Expenditure Criteria, in: Buchanan J. M., (Hg.), Public Finances, Needs, Sources, and Utilization, Princeton 1961, S. 439 ff.; Andel N., Nutzen-Kosten-Analyse, in: Handbuch der Finanzwissenschaft, 3. Aufl., S. 475 ff.

[23] Vgl. Schmitz-Scherzer R. und Bischoff H.-W., Benutzeranalysen von Freizeitanlagen — Probleme und Ergebnisse, Bonn 1972; Thomae H., Beziehungen zwischen Freizeitverhalten, sozialen Faktoren und Persönlichkeitsstruktur. Erste Ergebnisse einer Erhebung bei Kindern der deutschen Längsschnitt-Untersuchungen, in: Psychologische Rundschau, 11/1960, S. 151 ff.; Marplan Forschungsgesellschaft für Markt und Verbrauch m. b. H., euro-data 75, Bd. I: Verbrauch und Verbraucher in der BRD, Opladen 1975; DIVO-INMAR GmbH, Der Westdeutsche Markt in Zahlen, 5. Aufl., Frankfurt 1974; EMNID-Institut, Freizeit im Ruhrgebiet, Untersuchung über das Freizeitverhalten und die Freizeitbedürfnisse der Bevölkerung, Tabellenband, Bielefeld und Essen 1970; dass., Freizeit im Ruhrgebiet, Untersuchung über das Freizeitverhalten und die Freizeitbedürfnisse der Bevölkerung, Textband, Bielefeld und Essen 1971; Bayerisches Staatsministerium für Landesentwicklung und Umweltfragen, Freizeitverhalten — Ergebnisse und Forschungen über das Freizeitverhalten München 1973; Duckert W., Städtische Nutzflächen und ihre Benutzer in der Stadtstruktur, Diss., Berlin 1966; Ganser K., Prognosen für Naherholungsplanung, in: Archiv für Kommunalwissenschaften, 14. Jg. (1975), Bd. II, S. 240 ff.; Marquardt K., Die Bedarfsermittlung für eine offengelegte Planung von öffentlichen innerstädtischen Erholungseinrichtungen für überwiegend im Freien stattfindende Erholungsformen, Diss., Berlin 1973.

Viele der angeführten Arbeiten verfolgen meistens ein größeres Spektrum als die Freizeitforschung, doch bildet diese den Schwerpunkt.

sätzen greifen wir, wo immer dies möglich ist, zurück. Damit wird von uns eine integrative Position eingenommen, die sich an Problemlagen des einzelnen Individuums orientiert und die Ermittlung der Bürgerpräferenzen mit einem zeitgemäßen Instrumentarium, im Rahmen einer demokratischen Grundordnung, zu lösen versucht.

Als grundlegend für unsere weitere Arbeit sehen wir allerdings die Einstellung des Anbieters gegenüber dem Bürger und Konsumenten an, die mit Marketing umschrieben wird. Dieses Konzept, das dem Bürger mit seinen Präferenzen im privaten Sektor eine Schlüsselfunktion einräumt, bietet auch für den staatlichen Bereich Möglichkeiten, dem Bürger — als Nachfrager öffentlicher Leistungen — die gleiche zentrale Stellung wie im Marktsektor zuzugestehen. Darin sehen wir die geistige Voraussetzung für unsere theoretischen und praktischen Ausführungen. Das Konzept des Marketing selbst verwenden wir als überbauendes Kommunikations- und Kooperationssystem zwischen Entscheidenden und Betroffenen, in dessen Rahmen die Bedürfniseruierung und -artikulation sowie der informative Prozeß zwischen Anbieter und Nachfrager ablaufen kann.

Ob sich dieser Denkansatz allerdings in diesem Zusamemnhang für den Staatssektor als nutzbringend erweist, hängt davon ab, ob es gelingt, Bedürfnisse nach öffentlichen Gütern sowie deren Kausalität und Dynamik transparent zu machen.

Zweiter Teil

Die Konzeption der gesellschaftlichen Bedarfsanalyse

Wir wenden uns nun der gesellschaftlichen Bedarfsanalyse zu, einem Ansatz, der hier von uns entwickelt wird und der den Zentralbereich unserer Ausführungen zur Eruierung von Präferenzen bildet. Nach einigen anfänglichen Bemerkungen zu den Ursprüngen und der Entwicklung von Analysen zur Bedürfnisforschung beschäftigen wir uns mit den Aufgaben einer gesellschaftlichen Bedarfsanalyse, in deren Zentrum natürlich die Erkundung von Bedürfnissen steht, die wir sodann auch formal und materiell näher bestimmen. Im Anschluß daran versuchen wir, die Methoden einer gesellschaftlichen Bedarfsanalyse zu ermitteln. Sie rekrutieren sich aus dem Bereich der empirischen Sozialforschung.

Eine kritische Reflexion des gewählten Instrumentariums führt zu der Erkenntnis, daß es allein mit der Festlegung von Erhebungsinstrumenten nicht getan ist. Vielmehr muß jeweils die konkrete Situation Berücksichtigung finden, welche durch die Bedürfnisträger einerseits und die Mittel zur Bedürfnisbefriedigung andererseits bestimmt wird; wobei insbesondere die Wesensmerkmale der Bürger und die Eigenschaften der öffentlichen Leistungen von entscheidender Bedeutung sind.

Ein hoher Grad an Sicherheit bei der Ermittlung von Präferenzen und zugleich eine erhebliche Vereinfachung der gesamten Analyse wäre dann erreicht, könnten wir diesem Konzept ein Rahmenmodell zugrundelegen. In diesem Sinne erfolgt nachfolgend eine Überprüfung bisher bekannter Modelle des Konsumentenverhaltens, bei welchen aus dem Verhalten auf die Bedürfnisse geschlossen wird.

Was nützen allerdings dem Staat individuelle Präferenzen, kann er doch nicht jedem Bürger sein „maßgeschneidertes" Gut anbieten? Eine gesellschaftliche Bedarfsanalyse muß deshalb, soll sie letztendlich erfolgreich sein, zumindest eine gruppenmäßige Aggregierung der Bedürfnisse zustandebringen. Hier bietet sich sodann auch die Gelegenheit, Vorstellungen des Staates einzubringen, ohne jedoch eine Meritorisierung der Bürgerschaft oder einzelner Gruppen zu bewirken.

Daran schließt sich eine Erörterung von Grenzen der vorgestellten gesellschaftlichen Bedarfsanalyse an, deren Ergebnisse nachfolgend im wesentlichen die Einsatzmöglichkeiten dieses Konzeptes im öffentlichen Sektor determinieren. Die Diskussion der Einsatzmöglichkeiten stellt zugleich den Abschluß von Teil 2 dar.

A. Ursprünge, Entwicklung und Aufgaben

I. Die Bedeutung der Analyse von Bedürfnissen in verschiedenen Fachrichtungen

Die Ansätze der Finanzwissenschaft, das sahen wir bei ihrer Diskussion, gingen mit einer immer stärkeren Einengung des Problemfeldes einher. Am Ende dieser Entwicklung steht nun ein Mensch, der seine Nachfrage-Entscheidungen nur noch auf Einkommen und Preisen aufbaut. Das Einkommen dient als begrenzende Variable, im Preis wird die Präferenz offengelegt. Im Staatssektor gibt es weitgehend keine Angebots- und Nachfragemechanismen und damit auch keine Preise. Auf der anderen Seite sind die Bürger, bedingt durch die Eigenschaften öffentlicher Güter, nicht bereit, ihre Preisvorstellungen zu äußern. Die Präferenzen — ausschließlich als Zahlungsbereitschaft oder auch als Konsumentenrente[1] verstanden — bleiben verborgen. Diese, heute — vor allem ausgehend vom amerikanischen Bereich — (noch) weitgehend dominierende Vorstellung von Angebot und Nachfrage im öffentlichen Sektor ignoriert vollends Erkenntnisse europäischer Nationalökonomen[2] des vorigen und beginnenden 20. Jahrhunderts. Bei ihnen war das ökonomische Verhalten noch nicht auf die beiden Größen Einkommen und Preis „abgemagert", obwohl ihnen auch bei diesen Autoren hohe Be-

---

[1] Vgl. zu diesem Begriff und zum Wesen der Konsumentenrente z. B. Mishan E. J., Welfare Economics. Ten Introductory Essays, 2. Aufl., New York 1969, S. 63 ff.; Pigou A. C., The Economics of Welfare, 4. Aufl., New York 1962, S. 59; Marshall A., Principles of Economics, 9. Aufl., London 1920, S. 124 ff. Alfred Marshall wird gemeinhin auch als der „Erfinder" dieses Begriffes und der damit verbundenen ökonomischen Aussagen angesehen.

[2] Vgl. z. B. Schäffle A., Das gesellschaftliche System der menschlichen Wirtschaft, Bd. 1, Tübingen 1873; Ritschl H., Theorie der Staatswirtschaft und der Besteuerung, Bonn 1925; ders., Gemeinwirtschaft und kapitalistische Marktwirtschaft, Tübingen 1931; Brentano L., Konkrete Grundbedingungen der Volkswirtschaft, Leipzig 1924; Marshall A., Principles of Economics; Wicksell K., Finanztheoretische Untersuchungen nebst Darstellung und Kritik des Steuerwesens Schwedens; Sax E., Grundlegung der theoretischen Staatswirtschaft, Wien 1887; Mill J. St., Principles of Political Economy, London 1921; Jevons W. S., The Theory of Political Economy, New York 1871; Smith A., The Wealth of Nations, hrsg. von Cannan E., New York 1904; Menger K., Principles of Economics, New York 1950; Walras L., Elements of Pure Economics, translated by William Jaffé, Norwich 1954; Ricardo D., Principles of Political Economy, New York 1943; Wagner A., Grundlegung der ökonomischen Theorie; um nur einige zu nennen.

deutung zukam. Darüber hinaus wurde aber auch erkannt, daß das Individuum sowohl Glied einer Gesellschaft ist, als auch von inneren Kräften gelenkt wird.

Besonders deutlich treten solche Überlegungen bei den verschiedenen Ansätzen der Nutzentheorie[3] zutage. Hier wäre zunächst die subjektive Nutzenlehre zu nennen, deren Ursprünge in Benthams Philosophie des Hedonismus und in der Axiomatik der mathematischen Abhandlungen von Bernoulli zu sehen sind. Ihren bisherigen Höhepunkt hat dieses Nutzenkonzept in der Grenznutzenschule erfahren, welche die Vorstellungen Benthams und Bernoullis aufgriff und zu einer umfassenden Theorie des „kardinalen Nutzen" ausbaute[4]. Die Grenznutzentheorie wurde nahezu gleichzeitig und unabhängig voneinander von Marshall, Jevons, Walras, Menger und v. Wieser entwickelt.

Ebenso weit zurück reicht die gegensätzliche Vorstellung der Klassiker (Smith, Ricardo), wonach Nutzen ein objektiver Wert sei, welcher sich faktisch und unmittelbar aus den Eigenschaften eines Produktes (auf dem Markte) ergebe.

Neben der eben genannten kardinalen ist die ordinale Richtung zu nennen, in welche vor allem Paretos Arbeiten das Forschungsinteresse lenkten.

Als derzeit letzten bedeutenden Ansatz im Rahmen der Nutzentheorie sehen wir das wahrscheinlichkeitstheoretische Konzept von v. Neumann und Morgenstern[5] an.

Es gab also schon Zeiten zu denen in der Nationlökonomie Größen wie Nutzen, Bedürfnis und Bedarf in einem umfassenden Sinne breiter Raum gewidmet wurde. Doch diese Ansätze und Erkenntnisse wurden von den neueren Richtungen überlagert und verdrängt[6].

---

[3] Nutzen kann verstanden werden als der Wert, den Konsumenten oder Produzenten dem Ergebnis einer Handlungsalternative beimessen; vgl. hierzu Gäfgen G., Theorie der wirtschaftlichen Entscheidung, 2. Aufl., Tübingen 1968, S. 142 ff. und Menges G., Grundmodelle wirtschaftlicher Entscheidungen. Einführung in moderne Entscheidungstheorien, Köln / Opladen 1969, S. 38 ff.

[4] Ihr wird heute noch von Psychologen und Soziologen Anerkennung gezollt, was vor allem für das erste und zweite Gossen'sche Gesetz zutrifft; vgl. z. B. Hondrich K. O., Soziologische Theorieansätze und ihre Relevanz für die Sozialpolitik, in: Ferber Ch. v., Kaufmann F.-X., (Hg.), Kölner Zeitschrift für Soziologie und Sozialpsychologie. Soziologie und Sozialpolitik, Sonderheft 19/1977, S. 220.

[5] Vgl. Neumann J. v. und Morgenstern O., Theory of Games and Economic Behavior, Princeton 1944.

[6] Vgl. zu diesem Prozeß Scherhorn G., Bedürfnisse und Bedarf, Berlin 1959, S. 17 ff.; Hoepfner F., Knorring E. v., Rosenstiel L. v., Die Bestimmungsfaktoren des privaten Konsum- und Sparverhaltens aus makroökonomischer und psychologischer Sicht, in: Schmollers Jahrbuch, Bd. 92 (1972), S. 271 f.

Ebenso wird gegenwärtig — im Gegensatz zum hier vorzustellenden Ansatz einer gesellschaftlichen Bedarfsanalyse — nicht gesehen, daß auch andere Wissenschaftsbereiche vor dem Problem der Bedürfniseruierung standen und noch immer stehen, was insbesondere für die Soziologie, die Psychologie, die Politologie und die Betriebswirtschaftslehre zutrifft. Auch sie müssen zunächst danach forschen, bei wem, wann, warum, welche Bedürfnisse, Meinungen, Einstellungen und dergl. vorliegen, und welchen Einfluß sie auf das menschliche Verhalten ausüben. Zur Lösung dieser Aufgaben wurde ein Instrumentarium entwickelt, das den genannten Wissenschaften gestattet, in diese Fragen Einblick zu gewinnen, nämlich dasjenige der empirischen Sozialforschung.

Im Bereich des Angebotes und der Nachfrage von Gütern und Diensten hat die Möglichkeiten, welche sich durch dieses Instrumentarium bieten, der Marktsektor erkannt. Er baute diese Informationsmethoden in seine Marktforschungsaktivitäten ein, um über Kunden und potentielle Nachfrager nähere Aufschlüsse zu erhalten, was aus der Sicht der dargestellten ökonomischen Theorie vollkommen überflüssig erscheinen muß, da ja dem Markt im Preis das Instrument zur Verfügung steht, durch welches die Präferenzen der Nachfrager offengelegt werden. Aufgrund der Preisinformation ist der Markt gegenüber dem Staat sicher im Vorteil. Der Preis ist in der Realität aber nur einer unter vielen Faktoren, die für Kauf oder Nicht-Kauf entscheidend sein können. So kommt es etwa immer wieder vor, daß bei gleichem oder gar höherem Preis dasjenige Produkt mit dem besseren Geschmack, dem angenehmeren Duft, der gefälligeren Verpackung, der besseren Werbung u. ä. gekauft wird. Zudem spielen Prestige-Erwägungen, Statusdenken etc. oftmals eine erhebliche Rolle. Ebenso deckt die Preisinformation nicht auf, wer nun kauft und wer nicht kauft.

Selbst wenn ein bestimmter Preis bezahlt wird, so besagt das noch lange nicht, daß der Produktwert mit der Entgeltforderung als gleichwertig anzusehen ist. Es mag vielmehr durchaus eine Konsumentenrente vorhanden sein oder der Preis kann als überhöht empfunden werden.

Wir gelangen damit — ebenso wie der Marktsektor — zu der Einsicht, daß zwar der Preis ein Anhaltspunkt ist, er aber nicht von der Aufgabe entbindet, weitere Informationen über Nachfrager und Nachfrageverhalten einzuholen[7].

---

[7] Zur Kritik am ökonomischen Preiskonzept vgl. z. B.: Novy K., Zinn K. G., Marketing und Nicht-Marktökonomik, S. 234; Niessen H.-J., Aspekte gebrauchswertrationaler Verbraucherpolitik, in: Biervert B., Fischer-Winkelmann W.-F., Rock R., (Hg.), Verbraucherpolitik in der Marktwirtschaft, Hamburg 1978, S. 321 ff.; Biervert B., Möglichkeiten einzel- und gesamtwirtschaft-

Hinzu kommt, daß sich in der betrieblichen Praxis immer deutlicher zeigt, daß der Preis keine Kosten-, sondern in zunehmendem Maße eine Wettbewerbsgröße ist, welche nur indirekt auf die Gestehungskosten rekurriert.

Diese kurze Abhandlung läßt aber auch erkennen, daß bei realistischer Betrachtung Privat- und Staatswirtschaft in ihrem ursprünglichen Informationsniveau gar nicht so weit voneinander entfernt sind.

Noch deutlicher werden diese Parallelen zwischen Markt und Staat im Bereich der Bedürfniserhebung, wenn wir auf den Problembereich der Innovationen[8] eingehen, welche für den Marktsektor von lebensnotwendiger Bedeutung sind.

Bei der Einführung neuer Produkte im Markt kann sich kein Unternehmer an einem Indikator Preis orientieren, der ihm Aufschluß über die Präferenzen geben würde. Er muß vielmehr vor Produktion und Markteinführung darüber Klarheit haben, ob und in welcher Form, zu welchem Preis etc. dieses neue Produkt angenommen, d. h. gekauft wird. Insofern gleichen sich die Ausgangssituationen von Markt und Staat.

Der Wille zum Überleben treibt jedoch den Unternehmer dazu, von sich aus die Initiative zu ergreifen und der Ungewißheit abzuhelfen. Größeres Wissen über die Nachfrager und deren Verhalten bringt dem Unternehmer einen Wettbewerbsvorsprung — und damit bessere Chancen (gegenüber seinen Konkurrenten im Markt) — ein, vorausgesetzt, daß es ihm auch gelingt, dieses Wissen in eine höhere Bedürfnisbefriedigung umzusetzen.

Der Staat hingegen konnte es sich weitgehend leisten[9], die Präferenzen nicht zu eruieren, da er einerseits in vielen Bereichen seines Angebotsspektrums Monopolist ist und er andererseits auf dem Wege von Gesetzen und Verordnungen seine Einnahmen erzielt und damit vom Produkterfolg unabhängig wird. Überall da, wo auch im Staatssektor Wett-

---

licher Konsumsteuerung — Ausgangsüberlegungen zum Informationsproblem, in: Fischer-Winkelmann W.-F., Rock R., (Hg.), Marketing und Gesellschaft, Wiesbaden 1977, S. 124 ff.; Biervert B., Methoden der Ergebniskontrolle . . ., S. 221; Schreiber K., Marktforschung, Berlin/Frankfurt 1966, S. 31 ff.; Akin J. S., Fields G. S., Neenan W. B., A Socioeconomic Explanation of Demand . ., S. 186; wo diese Autoren ausführen, daß Bürger keine homines oeconomici wären, die, ehe sie einen Standpunkt betreffs des öffentlichen Angebotes einnehmen, Nutzenmaximierungs-Lösungen nach Maßgabe ihrer Einkommen und Vermögen, der relativen Preise und ihrer Geschmäcker durchführen. Ignoriert aber eine Analyse diese Zusammenhänge, so ist sie unvollständig.

[8] Vgl. zum Problem der Innovation z. B. Midgley David F., Innovation and new Product Marketing, London 1977.

[9] Vgl. z. B. Schmidtchen G., Die befragte Nation, Frankfurt 1965.

bewerb herrscht — also insbesondere bei Parteien und Politikern — finden wir allerdings auch das Instrumentarium der empirischen Sozialforschung vor[10].

Setzt sich nun aber tatsächlich der Staat die Zufriedenheit und das Wohlergehen seiner Bürger zum obersten Ziel, muß er notwendigerweise die Bedürfnisse der Bürger zunächst in Erfahrung bringen, um sie dann anschließend auch befriedigen zu können. Die Eruierung der Präferenzen, das sollte Sinn und Zweck unserer Abhandlung über die Preise sein, erschöpft sich jedoch nicht in der Ermittlung der willingness-to-pay für öffentliche Güter. Durch sie ist nur ein Aspekt der Präferenzen ermittelt; denn die Individuen haben, wie wir im Marktsektor anschaulich feststellen können, nicht nur hinsichtlich der Preise bzw. der Kosten eigene Vorstellungen, sondern auch in quantitativer, qualitativer, distributiver und informativer Hinsicht. Wir gehen davon aus, daß dies ohne Unterschied für Markt- und Staatssektor gilt. Bedürfnis bzw. Bedürfniseruierung müssen damit weit umfassender und vielschichtiger definiert werden, als dies in der Zahlungsbereitschaft zum Ausdruck kommt, wie unsere ausführliche Abhandlung über die Bedeutung des Preises eben zeigen sollte.

Aus der Tatsache, daß die Methoden der empirischen Sozialforschung[11] zwar im Bereich der Soziologie entwickelt, aber insbesondere auch von Psychologie und Betriebswirtschaftslehre genutzt werden, ist der Schluß zu ziehen, daß diese Instrumente nicht speziell für den Marktsektor geschaffen wurden. Bezogen auf ihren Einsatz sind sie neutral, da sie jeweils darauf ausgerichtet sind, Informationen über Menschen und deren Verhalten zu ermitteln. Die Verwendung der empirischen Sozialforschung im Bereich der privaten Unternehmen hängt also nicht von den besonderen Einsatzbedingungen und -voraussetzungen des Marktes ab. Man kann somit die Methoden der empirischen Sozialforschung auch im Staatssektor zur Anwendung bringen. Ob allerdings den gewonnenen Informationen auch die erwartete Aussagekraft zukommt, hängt dann sicherlich von der Untersuchungssituation und der -aufgabe ab und damit auch davon, ob es Sinn hat, in einem bestimmten Bereich — etwa dem Staatssektor — empirische Sozialforschung zu betreiben.

---

[10] Andererseits ist gerade dieser Umstand die Ursache dafür, daß die öffentlichen Güter eine geringere Wertschätzung als private erfahren, worauf Galbraith hinweist. Vgl. Galbraith J. K., Gesellschaft im Überfluß, Deutsche Übersetzung, S. 238 ff. Er meint zwar, daß das auf die Werbung zurückzuführen ist, doch ist Werbung nur erfolgreich, wenn sie sich auf die Erkenntnisse der Marktforschung stützen kann.

[11] Die Begriffe empirische Sozialforschung und demoskopische Marktforschung sind synonym zu verwenden. In beiden Fällen wird das gleiche Instrumentarium verwendet; sie unterscheiden sich nur dadurch, daß die Verfahren einmal zur Lösung betriebswirtschaftlicher und einmal zur Klärung soziologischer bzw. psychologischer Probleme herangezogen werden.

Die gesellschaftliche Bedarfsanalyse soll sich also, instrumental gesehen, der Methoden der empirischen Sozialforschung zur Ermittlung von Bedürfnissen im Staatssektor bedienen.

Im zweiten Teil der vorliegenden Arbeit versuchen wir deshalb abzuklären, ob und gegebenenfalls unter welchen Bedingungen mit dem Instrumentarium der empirischen Sozialforschung die individuellen Präferenzen nach öffentlichen Gütern aufzudecken sind. Am Anfang einer derartigen Analyse muß notwendigerweise die Bestimmung der konkreten Aufgabenstellung einer gesellschaftlichen Bedarfsanalyse stehen, welcher wir uns nun zuwenden wollen.

II. Die Eruierung von Bedürfnissen und Einstellungen als konkrete Aufgabe der gesellschaftlichen Bedarfsanalyse

In der Problemstellung zu Beginn der vorliegenden Arbeit wurde von uns ausgeführt, daß wir die Eruierung von Präferenzen im öffentlichen Sektor einer Lösung zuführen wollen. Diese Aufgabe stellen wir der gesellschaftlichen Bedarfsanalyse; d. h. wir versuchen — nachdem alle bisher untersuchten Ansätze mehr oder minder versagten — zu prüfen, ob und gegebenenfalls unter welchen Bedingungen die empirische Sozialforschung in der Lage ist, Bedürfnisse nach öffentlichen Leistungen zu ermitteln, deren Kausalität aufzudecken und deren zukünftige Entwicklung zu bestimmen.

Damit ist es aber auch an der Zeit, den Präferenzen eine exakte inhaltliche und formale Bestimmung zu geben.

Wie wir im vorhergehenden Abschnitt darlegten, stellt, nach unserer Meinung, die Gleichsetzung von Präferenz und Zahlungsbereitschaft eine unzulässige Einengung des Spektrums der Präferenzen dar. Der Preis bzw. der individuelle Kostenanteil ist nur ein Aspekt und ein Bereich der Bedürfnisse.

Allein schon Versuche, Qualität durch Preise zu kennzeichnen, führen nicht zum Erfolg, wie zahlreiche Beispiele aus dem Marktsektor beweisen.

Präferenzen erschöpfen sich also nicht alleine in der pretialen Eigenschaft eines Gutes.

Welche Bereiche die Bedürfnisse einbeziehen sollen, ist am besten durch einen Katalog von Fragen zu verdeutlichen: Soll eine bestimmte Leistung angeboten werden? In welcher Form soll sie angeboten werden? An welchem Ort soll die Institution, die diese Leistung abgibt, errichtet werden? In welcher Größe soll sie angeboten werden? Welche

Ausstattung soll sie erhalten? Wie oft und gegebenenfalls zu welchem Zeitpunkt soll sie angeboten werden? Welchen Kostenbeitrag würde der Benutzer übernehmen? Trägt eventuell der Nichtnutzer auch einen Teil der Kosten? Warum wird die Leistung genutzt? Warum wird sie nicht genutzt?

Bei bereits vorliegenden Leistungen wäre vor allem in Erfahrung zu bringen, wer die Leistungen benutzt, ob die Nutzer zufrieden sind, was geändert werden sollte, um eine höhere Zufriedenheit zu erreichen (welche spezifischen Bedürfnisse der Nutzer also noch nicht befriedigt sind), wer die Leistungen nicht in Anspruch nimmt[12], warum er die Leistungen nicht nutzt und was getan werden müßte, damit er sie nutzt.

Wir haben mit diesen Fragen, wobei hinter den Warum-Fragen eine Reihe weiterer Fragen stehen kann, den inhaltlichen Bereich der Präferenzen abgedeckt, über den uns die gesellschaftliche Bedarfsanalyse informieren soll.

Kommen wir nun zur terminologisch exakten Bestimmung von Präferenzen.

Wollen wir uns an den Sprachgebrauch der Psychologie anlehnen, so müssen wir zunächst feststellen, daß dort Präferenz nur im Sinne von Präferenzordnung verwendet wird. Ansonsten spricht man von Bedürfnissen, Motiven, Meinungen, Wünschen, Aspirationen u. ä. die zumeist gleichbedeutend Verwendung finden. Am häufigsten kommt allerdings der Begriff Motiv zum Einsatz, der bei der Psychologie im Mittelpunkt steht[13].

Bedauerlicherweise benutzt fast jeder Psychologe eine eigene Definition, welche manchmal nur geringfügig, manchmal aber auch sehr stark von anderen abweichen. So versteht z. B. Lersch[14] unter einem Motiv eine Disposition, welche sich nicht unmittelbar feststellen läßt, sondern nur aus den immer wiederkehrenden Reaktionen des Menschen zu erschließen ist. Rüttinger, v. Rosenstiel und Molt[15] erklären das Motiv als eine Verhaltensbereitschaft des Organismus und somit als ein hypothetisches Konstrukt. Diese Verhaltensbereitschaft wird durch eine bestimmte Anregungsbedingung aktiviert und wir erhalten ein aktiviertes Motiv, wie v. Rosenstiel[16] weiter ausführt. Dieses aktivierte Motiv wird als Mangel,

[12] Sofern eine Leistung nicht zurückgewiesen werden kann, wäre zu erforschen, ob sie eventuell als überflüssig erachtet wird.

[13] Wir wollen auch weiterhin insbesondere die Begriffe Präferenz und Bedürfnis synonym verwenden.

[14] Vgl. Lersch Ph., Aufbau einer Person, München 1956, S. 42.

[15] Vgl. Rüttinger B., Rosenstiel L. v., Molt W., Motivation des wirtschaftlichen Verhaltens, Stuttgart 1974, S. 15.

[16] Vgl. Rosenstiel L. v., Die motivationalen Grundlagen des Verhaltens in Organisationen. Leistung und Zufriedenheit, Berlin 1975, S. 39.

Bedürfnis, Trieb u. ä. empfunden. Werden mehrere Motive aktiviert, spricht er von Motivation[17]. Ziel dieses motivationalen Prozesses ist die Beseitigung dieses Mangels.

In ähnlichem Sinne spricht Bürger-Prinz[18] von Motiven als einem Wirkungszusammenhang und von der Motivation als dem Vorgang, der diese Reaktionskette herstellt. Badura[19] umschreibt Bedürfnisse als das, was Menschen wichtig ist, was sie — bewußt oder unbewußt — zu erreichen suchen. Er zitiert in diesem Zusammenhang auch Hegel, welcher Bedürfnisse als vom Menschen selbstgemachte Notwendigkeiten versteht[20]. Für Scherhorn[21] ist nicht das Bedürfnis, sondern der Bedarf eine Mangelerscheinung, welche gedeckt werden kann. Das Bedürfnis ist eine leibseelische Determinante menschlichen Verhaltens, welche als Gefühl und Vorstellung erlebbar wird und zeitweise „befriedigt“ werden kann. Diese Befriedigung erfolgt durch die Deckung eines Bedarfs, und zwar desjenigen, der sich gerade, aus welchen Gründen auch immer, mit dem Bedürfnis in Verbindung bringen läßt. Von Scherhorn wird Locke zitiert, für welchen Bedürfnis ein Unbehagen ist, das aus dem Mangel eines Gutes hervorgeht[22]. In ähnlicher Weise äußert sich auch Brentano[23], wenn er Bedürfnis als jede Unlustempfindung verbunden mit dem Streben, den verursachenden Mangel zu beseitigen, umschreibt.

Diese Übersicht über die Definitionen des Begriffes Motiv bzw. Bedürfnis mag für unsere Zwecke genügen. Wer sich weiteren Einblick verschaffen möchte, sei auf Thomae[24] und Lindworsky[25] verwiesen, die eine Reihe von Erklärungsansätzen vorstellen.

Nahezu jede der vorgetragenen Definitionen basierte darauf, das Motiv bzw. Bedürfnis selbst oder das durch Außenreize aktivierte Motiv, als Empfinden eines Mangels darzustellen. Für uns ist diese genaue Unterscheidung zwischen Motiv und aktiviertem Motiv uner-

---

[17] Ebenda, S. 39.

[18] Vgl. Bürger-Prinz, Motiv und Motivation, Hamburg 1950, S. 9.

[19] Vgl. Badura B., Bedürfnisstruktur und politisches System, Stuttgart 1972, S. 9.

[20] Ebenda, S. 9.

[21] Vgl. Scherhorn G., Bedürfnisse und Bedarf.

[22] Scherhorn G., Bedürfnisse und Bedarf, S. 15.

[23] Vgl. Brentano L., Konkrete Grundbedingungen . . ., S. 105.

[24] Vgl. Thomae H., Die Bedeutung des Motivationsbegriffes, in: Thomae H., (Hg.), Handbuch der Psychologie in 12 Bänden, Bd. 2, Motivation, Göttingen 1965, S. 3 ff.

[25] Lindworsky J., Zur Klärung des Begriffes Motiv, in: Thomae H., (Hg.), Die Motivation menschlichen Handelns, 5. Aufl., Köln, Berlin 1969, S. 37 ff.

heblich, weshalb wir Bedürfnis als Empfinden eines Mangels verstehen, der in bestimmter Weise zu befriedigen ist[26].

Neben den Bedürfnissen wollen wir noch eine weitere Größe erheben, die in der Psychologie als Pendant zu den Bedürfnissen oder Motiven gilt, nämlich die Einstellungen[27].

Einstellungen sind ein überdauerndes System von positiven oder auch negativen Bewertungen, Gefühlen hin zu oder weg von gerichteten Handlungstendenzen gegenüber einem Objekt[28].

Alles, was der Befriedigung dient und alles, was diese Befriedigung erschwert oder verhindert, wird für das Individuum Gegenstand von Einstellungen. Sie werden also geprägt von Erfahrungen, aber auch von sozialen Rollen und vom Status und werden zudem auch von anderen Personen übernommen[29].

Ebenso wie Motive bedürfen auch Einstellungen der Anregungsbedingungen, wenn sie aktiviert und somit wirksam werden sollen. Im Regelfall wirken als Anregungsbedingungen für eine spezifische Einstellung der Gegenstand, auf den sie sich bezieht oder Bedingungen, die Gedanken an diesen Gegenstand wachrufen[30].

Damit dürfte auch deutlich geworden sein, daß bei der Einstellung das Erlebniszentrum, stärker losgelöst von der Person, im Gegenstand zentriert ist[31], womit wir neben dem Individuum als zweiten Schwerpunkt der Analyse das Befriedigungsmittel erhalten.

Bedürfnis und Einstellung ergänzen sich in nahezu idealer Weise: Das Bedürfnis als Empfinden eines Mangels und die Einstellung, welche diesen Mangel lenkt, leitet und konkretisiert. Motive erlauben nur globale Aussagen, Einstellungen hingegen relativ differenzierte. Man

---

[26] Mit der Frage, ob im öffentlichen Sektor überhaupt individuelle Bedürfnisse vorliegen, beschäftigen wir uns ausgiebig im Rahmen der Diskussion über die Grenzen der gesellschaftlichen Bedarfsanalyse. Vgl. hierzu Teil 2, Abschnitt E, Punkt I. Stehen öffentlichen Gütern auch individuelle Präferenzen gegenüber.

[27] Einstellungen und Motive werden häufig synonym verwendet, doch ist es angebracht, begrifflich zu trennen; vgl. Allport C. P., Attitudes, in: Murchison C. M., (Hg.), Handbook of Social Psychology, Worchester (Mass.) 1935, S. 810.

[28] Vgl. hierzu Rosenstiel L. v., Die motivationalen Grundlagen ..., S. 202.

[29] Vgl. Rüttinger B., Rosenstiel L. v., Molt W., Motivation wirtschaftlichen Verhaltens, S. 19 f.

[30] Vgl. Rosenstiel L. v., Die motivationalen Grundlagen ..., S. 206.

[31] Auf weitere Unterscheidungskriterien von Bedürfnis und Einstellungen wollen wir nicht eingehen. Vgl. dazu z. B. Rüttinger B., Rosenstiel L. v., Molt W., Motivation des wirtschaftlichen Verhaltens, S. 119 f.; Roth E., Einstellungen als Determinanten individuellen Verhaltens, Göttingen 1967, S. 41.

kann somit möglicherweise über die Einstellungen zu bestimmten Objekten zu den Bedürfnissen der Bürger vordringen, welche mit diesen Befriedigungsmitteln verbunden sind. Aufgrund dieser Zusammenhänge erreichen Einstellungen für unsere Analyse große Bedeutung.

Als wesentlicher praktischer Vorteil kommt noch hinzu, daß Bedürfnisse und Einstellungen mit dem gleichen Instrumentarium erhoben werden, nämlich dem der empirischen Sozialforschung.

Aufbauend auf diese differenzierte Einsicht in das Wesen der Bedürfnisse und Einstellungen, können wir nun die Aufgabe der gesellschaftlichen Bedarfsforschung im Staatssektor exakt formulieren: Sie soll einerseits die Mangelzustände — die nicht befriedigten Bedürfnisse — offenlegen und auf ihre Ursachen hinweisen, und sie soll andererseits die Einstellungen, welche die Bürger gegenüber (potentiellen) Mitteln der Bedürfnisbefriedigung hegen, ermitteln. Dieses Wissen ist Grundlage für eine bedürfnisorientierte Angebotspolitik im öffentlichen Sektor.

B. Die Methoden der gesellschaftlichen Bedarfsanalyse

Nach der Aufgabenbestimmung wollen wir uns nun dem Instrumentarium zuwenden, mit dem wir die gestellten Probleme zu lösen hoffen. Dabei müssen wir uns zunächst fragen, wie diese Instrumente aussehen, um im Anschluß daran abklären zu können, welche Methoden eher und welche weniger geeignet erscheinen, Bedürfnisse und Einstellungen im öffentlichen Sektor zu ermitteln.

Beim ersten Teil der Frage können wir uns auf einige grundlegende Bemerkungen beschränken, da das Instrumentarium der empirischen Sozialforschung bzw. der demoskopischen Marktforschung[1] durch ent-

---

[1] Eine Erklärung, was Marktforschung vom Westen her bedeutet, kann der umfangreichen Literatur des Marketing entnommen werden. Wir wollen beispielhaft nur eine sehr markante Definition herausgreifen, nach der Marktforschung umschrieben wird als „any purposive investigation which has as its objective the obtaining of knowledge necessary to ascertain the needs and wants of commerce, plan product availability, effect transfers in ownership of products, provide for their physical distribution and facilitate the entire marketing process.“ siehe Beckman Th. N., Davidson W. R., Talarzyk W. W., Marketing, S. 549.

Es handelt sich also bei Marktforschung um die Informationsseite des Marketing-Ansatzes.

Marktforschung läßt sich nun — folgt man Behrens (Vgl. dazu näher Behrens K. Ch., Demoskopische Marktforschung, 2. Aufl., Wiesbaden 1966, S. 14 ff.) — weiterhin in die subjektive und die objektive Marktforschung untergliedern. Dabei kommt im Rahmen der objektiven Marktforschung der ökoskopischen Marktforschung die größte Bedeutung zu. Die ökoskopische Marktforschung befaßt sich mit der Ermittlung objektiver Ergebnisse markt-

sprechende Publikationen[2] schon einen hohen Bekanntheitsgrad erreicht hat.

Eine in der Literatur häufig anzutreffende Globaleinteilung der Methoden der empirischen Sozialforschung ist die in Primär- und Sekundärforschung[3]. Diese Untergliederung stellt darauf ab, daß im Falle der Sekundärerhebung bereits Material vorliegt, das nur noch ausgewertet werden muß, und im anderen Falle die Daten erst zu erheben sind.

Im staatlichen Bereich könnte Sekundärforschung mit Hilfe der Veröffentlichungen von Statistischen Ämtern des Bundes, der Länder und der Gemeinden, mit Unterlagen der Einwohnermeldeämter, mit Ver-

---

bezogener Handlungen aus Statistiken, Börsenberichten u. ä. Die demoskopische Marktforschung konzentriert sich auf die Wirtschaftssubjekte als Verursacher der objektiven Marktverhältnisse.

Auf die Abgrenzung der Marktforschung von der Absatzforschung bzw. dem Market Research vom Marketing Research soll hier nicht eingegangen werden. Vgl. hierzu Hundhammer C., Geleitwort zur deutschen Ausgabe: Hobort D. M., (Hg.), Praxis der Marktforschung, Essen 1952, S. 7 ff.; ders., Geleitwort zur deutschen Ausgabe: Crisp R. D., Absatzforschung, Essen 1959, S. 6.

[2] Vgl. z. B. Mayntz R., Einführung in die Methoden der empirischen Soziologie, Köln, Opladen 1969; Proebsting H., Meinungsforschung und Statistik, Tübingen 1957; Harder Th., Werkzeuge der Sozialforschung, Bielefeld 1970; Miller D. C., Handbook of Research Design and Social Measurement, 2. Aufl., New York 1970; Stacey M., Methods of Social Research, Oxford 1969; Schader A., Einführung in die empirische Sozialforschung. Ein Leitfaden für die Planung, Durchführung und Bewertung von nicht-experimentellen Forschungsprojekten, Stuttgart 1971; Costner H. L., (Hg.), Sociological Methodology 1971, San Francisco 1971; Babbie E. R., Survey Research Method, Belmont 1973; Heise D. R., Sociological Methodology 1975, San Francisco 1974; Koolwijk J. v., (Hg.), Techniken der empirischen Sozialforschung, Bd. 2, Untersuchungsform dargestellt von Günter Albrecht u. a., München, Wien 1975; Ferber R., Handbook of Marketing Research, New York 1974; Rippel K., Markt- und Meinungsforschung im Export, Tübingen 1962; Harder Th., Elementare Modelle in der Markt- und Meinungsforschung, München, Wien 1966; Berth R., Marktforschung zwischen Zahl und Psyche, Stuttgart 1959; Merk G., Wissenschaftliche Marktforschung, Berlin 1962; Esomar, The Role of Market Research in the Creation of Advertising, Seminar, Brüssel, June 1966; Münster H. A., Fibel der Marktforschung, Darmstadt 1957; Schreiber K., Marktforschung; Hüttner M., Grundzüge der Marktforschung, Wiesbaden 1965; Behrens K. Ch., Stackelberg K. G., Strohmann K. H., Meyer P. W., Marktforschung im Dienste der Vereinheitlichung, Dortmund 1959; Adles M. K., Moderne Marktforschung. Die Voraussetzung fortschrittlicher Unternehmensführung, Stuttgart 1955; Meyer P. W., Marktforschung. Ihre Möglichkeiten und Grenzen, Düsseldorf 1957; Borschberg E., Produktive Marktforschung. Ein Handbuch für die Unternehmer-Praxis, Stuttgart 1963; Tietz B., Die Grundlagen des Marketing, Bd. 1, Die Marketing-Methoden, 2. Aufl., München 1975; Gutenberg E., Betriebswirtschaftslehre, Bd. 2, Der Absatz, 14. Aufl., Berlin, Heidelberg, New York 1973; Schäfer E., Grundlagen der Marktforschung, 3. Auflage, Köln, Opladen 1953 und insbesondere Behrens K. Ch., Demoskopische Marktforschung.

[3] Vgl. z. B. Tietz B., Grundlagen des Marketing, Bd. 1, S. 220 f. u. S. 269 ff.; Nieschlag R., Dichtl E., Hörschgen H., Marketing, S. 424 f.

kehrsstatistiken, mit Veröffentlichungen von Instituten und Verbänden, Nachschlagewerken, Büchern, Zeitschriften u. ä. betrieben werden. Derartige Untersuchungen sind kostengünstig und bequem durchzuführen.

In aller Regel dürften jedoch für unser Problem, die Eruierung von Bedürfnissen und Einstellungen, mit Hilfe der Sekundäranalyse nur erste Anhaltspunkte zu finden sein. Sie engen das Feld einer Untersuchung ein und sind somit Voraussetzung für eine sich anschließende Primärerhebung.

Die häufigste Einteilung von Instrumenten der Primärerhebung ist diejenige in Befragung, Beobachtung und Experiment. Sie soll auch in der vorliegenden Arbeit eingehalten werden.

Die Befragung wird wiederum zumeist in eine mündliche, schriftliche und telefonische Befragungsform untergliedert[4]. Am häufigsten kommt dabei die mündliche Befragung zur Anwendung.

Die Beobachtung wird nur dann als ein wissenschaftliches Verfahren bezeichnet, wenn folgende Bedingungen erfüllt sind[5]:

Sie muß

(1) einem bestimmten Forschungszweck dienen,

(2) systematisch geplant und nicht dem Zufall überlassen,

(3) systematisch aufgezeichnet und auf allgemeine Urteile bezogen, und

(4) wiederholten Prüfungen und Kontrollen hinsichtlich der Gültigkeit, Zuverlässigkeit und Genauigkeit unterworfen werden.

Einen besonders guten Überblick über die Methode der Beobachtung bietet König[6].

---

[4] Vgl. z. B. Behrens K. Ch., Demoskopische Marktforschung, S. 62 ff.; ders., Methoden der Marktforschung, in: Tietz B., Handwörterbuch der Absatzwirtschaft, Stuttgart 1974, S. 1357 f.; Nieschlag R., Dichtl E., Hörschgen H., Marketing, S. 483 f.; Beckman Th. N., Davidson W. R., Talarzyk W. W., Marketing, S. 553 ff.; Schäfer E., Grundlagen der Marktforschung, S. 212 ff.; Tietz B., Grundlagen des Marketing, Bd. 1, S. 297 ff.

Auf weitere Untergliederungsmöglichkeiten wollen wir hier nicht eingehen. Vgl. hierzu die angegebene Literatur.

[5] Vgl. König R., Praktische Sozialforschung, Bd. II, Beobachtung und Experiment in der Sozialforschung, 2. Aufl., Köln, Berlin 1962, S. 77.

[6] Vgl. König R., Die Beobachtung, in: König R., (Hg.), Handbuch der Empirischen Sozialwissenschaften, Bd. 1, Stuttgart 1962, S. 197 ff.; ders., Praktische Sozialforschung, Bd. 2, Beobachtung und Experiment in der Sozialforschung, 2. Aufl., ders., Beobachtung und Experiment in der Sozialforschung, in: Praktische Sozialforschung, Bd. 2, 6. Aufl., Köln, Berlin 1968, S. 17 ff.

Das Experiment zeichnet sich gegenüber Beobachtung und Befragung dadurch aus, daß sich diese Erhebungsmethoden auf erst zu schaffende Tatbestände beziehen. Ein Experiment ist demgegenüber das Bemühen, eine aufgestellte Hypothese zu beweisen, „die zwei Faktoren in eine ursächliche Beziehung zueinander bringen will, indem es sie in unterschiedlichen Situationen untersucht. Diese Situationen werden in bezug auf alle Faktoren kontrolliert mit der Ausnahme des einen, der uns besonders interessiert, da er entweder die hypothetische Ursache oder hypothetische Wirkung darstellt[7]“. Damit kann jedoch das Experiment nicht als Erhebungsmethode an sich bezeichnet werden, so daß Beobachtung und Befragung die einzigen Instrumente zur Informationsaufnahme sind. Das Experiment zeichnet sich daher eher durch eine bestimmte Versuchsanordnung aus[8].

Welches der angeführten Instrumente läßt sich im Staatssektor zur Ermittlung der Bedürfnisse zum Ansatz bringen? Können wir alle Methoden oder nur einige oder überhaupt keine verwenden? Sehen wir uns Befragung, Beobachtung und Experiment unter diesem Gesichtspunkt näher an.

Wir haben bei der Darstellung von Bedürfnissen und Einstellungen gesehen, daß diese dem Menschen innewohnen, also nicht direkt zu beobachten sind. Lediglich aus manchen Handlungen kann auf dahinterstehende Bedürfnisse geschlossen werden. Aber auch dann ist nur in Sonderfällen zu ersehen, warum eine bestimmte öffentliche Leistung benutzt wird, wie oft sie von einem bestimmten Individuum benutzt wird, wer dieses Individuum ist usw. Damit dürfte die Beobachtung als Methode zur Ermittlung von Bedürfnissen und Einstellungen nur in Ausnahmefällen[9] die gewünschten Ergebnisse erbringen und somit als generelles Erhebungsverfahren im öffentlichen Sektor ausscheiden.

Beim Experiment stehen wir vor dem grundsätzlichen Problem, daß wir eine Testsituation im Labor oder an Ort und Stelle der Nutzung von Leistungen schaffen müssen. Es wird also ein Erhebungsobjekt verlangt, das weitgehend den Erfordernissen der experimentellen Situation anzupassen ist.

---

[7] Siehe König R., Praktische Sozialforschung, S. 177.

[8] Über experimentelle Methoden geben z. B.: Atteslander P., Methoden der empirischen Sozialforschung, Berlin, New York 1974; Behrens K. Ch., Demoskopische Marktforschung; Rosenstiel L. v., Die motivationalen Grundlagen ..., S. 209 ff. sowie die von René König zitierten Werke einen guten Überblick.

[9] Im Bereich des Individualverkehrs und des Personennahverkehrs wird allerdings die Beobachtung verwendet. Will man jedoch näheren Aufschluß über Reiseanlaß, Reiseziel, Reisehäufigkeit und die reisende Person erhalten, so müssen auch dort andere Erhebungsverfahren eingesetzt werden. Vgl. hierzu z. B. Hölsken D., „Erhebungen im öffentlichen Nahverkehr“, S. 1 ff.

Derartige Voraussetzungen zur Versuchsanordnung dürften zumindest gegenwärtig im Staatssektor noch nicht im notwendigen Umfange vorhanden sein.

Auch das Experiment scheidet damit als Informationsinstrument aus.

Es verbleibt somit nur noch die Befragung. Im Gegensatz zu Beobachtung und Experiment ist diese Erhebungsmethode relativ flexibel und kann der jeweiligen Situation nahezu individuell angepaßt werden. Bei ihr sind wir nicht auf eine Laborsituation oder einen bestimmten Beobachtungspunkt fixiert. Mit diesem Instrument können wir an den Bürger herantreten und ihn fragen, was er haben will, wie, wo und wann er eine bestimmte Leistung oder von ihm gewünschte Mittel zur Bedürfnisbefriedigung nutzen möchte. Ebenso können wir das Individuum nach seinen Meinungen zu bestimmten materiellen oder immateriellen Leistungen fragen. Die Befragung bietet also die Möglichkeit, sich an den Bürger zu wenden und seine Meinungen und Vorstellungen zu erkunden[10]. Seine Angaben stellen dann entweder schon direkt seine Bedürfnisse dar oder wir können aus seinen Antworten auf die Bedürfnisse schließen. Wenn wir also z. B. fragen, ob eine Straße errichtet werden soll, und die Auskunftsperson mit ja antwortet, so können wir daraus entnehmen, daß sie diese Straße möchte, um wahrscheinlich das Bedürfnis nach Fortbewegung zu befriedigen.

Noch einfacher gestaltet sich dieser Prozeß bei den Einstellungen, die direkt durch die Befragung offenzulegen sind. Bei der Antwortvorgabe können dann noch Skalen Verwendung finden, welche die Chance bieten, qualitative Merkmale zu quantifizieren. Auf diese Möglichkeiten gehen wir im methodischen Teil (Teil 3) näher ein. Die Befragung ist also grundsätzlich dasjenige Verfahren aus dem Bereich der empirischen Sozialforschung, das zur Erhebung von Bedürfnissen und Einstellungen in Frage kommt[11].

---

[10] Die Befragung setzt aber insoweit die Annahme voraus, daß der Befragte auch in seinem natürlichen Lebensvollzug zwischen ihm bewußten Alternativen wählt, daß er also mindestens als kognitiv-entscheidungsfähiger Mensch anzusehen ist. Vgl. dazu auch Kaminski G., Interessenartikulation und politischer Planungsprozeß, in: Rosenstiel L. v., Molt W., (Hg.), Bedarfsdeckung oder Bedürfnissteuerung, Manuskript, S. 163.

[11] Einige amerikanische Ökonomen haben bereits den Vorschlag unterbreitet, Präferenzen über Befragungen zu ermitteln. Doch werden hier einerseits Präferenzen mit willingness-to-pay gleichgesetzt, und andererseits wird das Instrument Befragung ohne Prüfung seiner Möglichkeiten und seiner Grenzen als Lösungsansatz präsentiert. Vgl. Kurz M., Experimental Approach to the Determination of the Demand for Public Goods, in: Journal of Public Economics, Vol. 3 (1974), S. 329 ff.; Bohm P., Estimating Demand for Public Goods: An Experiment, in: European Economic Review 3 (1972), S. 111 ff.; Groves Th., Loeb M., Incentives and Public Inputs, in: Journal of Public Economics, Vol. 4 (1975), S. 211 ff.; Green J., Laffont J.-J., On the Revelation of Preferences for Public Goods, in: Journal of Public Economics, Vol. 7 (1977), S. 79 ff.

Nun stellten wir aber soeben bei der Befragung dar, daß diese schriftlich, mündlich oder telefonisch erfolgen kann. Welche dieser Formen ist für unsere Aufgabenstellung besonders geeignet?

Wir müssen davon ausgehen, daß im Staatssektor — auch wenn mit repräsentativen Querschnitten[12] gearbeitet wird — immer sehr viele Personen nach ihren Bedürfnissen zu befragen sind. Eine mündliche Befragung, bei welcher ja Interviewer zum Einsatz kommen, wäre bei einer hohen Anzahl von durchzuführenden Gesprächen sehr teuer und auch langwierig, was insbesondere dazu führen könnte, daß die Ergebnisse schon veraltet sind, wenn wir sie erhalten. Das mündliche Interview scheidet somit als generelle Methode aus, kann allerdings eventuell zur zusätzlichen Erhebung von Informationen herangezogen werden.

Die telefonische Befragung hat den Vorteil, daß damit schnell Informationen zu erlangen sind. Doch auch hier stehen einschneidende Nachteile zu Buche. So ist insbesondere zu nennen, daß nur ein relativ geringer Teil der Bevölkerung ein Telefon besitzt, was vor allem für die unteren sozialen Schichten zutrifft. Ebenso ist eine Antwortvorgabe in Skalenform und damit eine Quantifizierung qualitativer Merkmale nur schwer möglich. Hinzu kommt, daß jeweils nur wenige Fragen zu stellen sind, da die Gespräche nicht sehr lange dauern können. Als unterstützende Methode können wir jedoch durchaus auf das Telefoninterview zurückgreifen.

Es verbleibt somit als hauptsächliche Erhebungsmethode zur Ermittlung von Präferenzen im Staatssektor die schriftliche Befragung, da sie zum Großteil für unsere spezifische Problemstellung nicht mit den Schwierigkeiten belastet ist, mit denen die anderen Befragungsmethoden kämpfen müssen. Bei der schriftlichen Befragung ist insbesondere darauf zu achten, daß die Fragebögen rechtzeitig und in ausreichender Zahl zurückgesandt werden[13].

Wir gelangen zu dem Schluß, daß zur Eruierung von Bedürfnissen und Einstellungen die Befragung, und zwar in schriftlicher Form, als geeignetes Instrumentarium in Frage kommt. Mündliche und telefonische Befragung können bei Bedarf zur Gewinnung weiterer Erkenntnisse hinzugezogen werden.

---

[12] Verfahren zur Bestimmung repräsentativer Querschnitte diskutieren wir ebenfalls im Teil 3.

[13] Auf damit zusammenhängende Probleme und ihre Lösungsmöglichkeiten gehen wir bei der Diskussion des free-rider-Verhaltens im Rahmen der Grenzen einer gesellschaftlichen Bedarfsanalyse ein.

C. Kritische Reflexion der Erhebungsmethoden

Angenommen, wir haben eine Befragung im öffentlichen Sektor in schriftlicher Form durchgeführt und Einstellungen sowie Bedürfnisse in direkter oder indirekter Form ermittelt.

Sind wir damit schon am Ziel und somit am Ende unserer Analyse angelangt?

Wir müssen uns von der Psychologie[1] belehren lassen, daß mit dieser Stufe erst die Phase „einfacher Bedürfnis-Satisfaktionsmodelle" erreicht ist. Von dieser Seite wird insbesondere der Vorwurf[2] erhoben, daß wir punktuelle Aussagen vornehmen, deren Zuverlässigkeit und Zukunftsrelevanz gering sei. Implizit gehen wir zudem von der Prämisse aus, daß zwischen der Stärke manifester Bedürfnisse und dem Umfang der Befriedigungsleistungen lineare Reziprozitätsverhältnisse bestehen, so daß sich am Profil empirisch ermittelter Bedürfnisse ablesen lasse, an welchen Punkten Resourcenallokationen mit bedürfnisbefriedigender Wirkung möglich sind, und in welcher Höhe jeweils ein Mitteleinsatz erforderlich wird. Dabei läßt man jedoch außer acht, daß vorhandene Wünsche und Bedürfnisse verdrängt werden, „so daß die unmittelbar meßbaren ‚Bedürfnisse' im negativen Grenzfalle nur die Resignationspunkte individueller Konfliktlösungen und Frustationsverarbeitungen wiedergeben[3]."

Es wird ebenfalls nicht beachtet, daß die Bewertung öffentlicher Resourcenallokationen keineswegs der Höhe des Mitteleinsatzes proportional ist, was auf Wahrnehmungsbarrieren zurückzuführen ist[4]. Hinzuzufügen wäre noch, daß aus diesen Angaben der Befragten keineswegs auf deren Kausalität und auch nicht auf horizontale bzw. vertikale Beziehungen zwischen ihnen zu schließen ist. Ebenso unmöglich ist eine Zuordnung der Vorstellungen zu ihren Trägern und ihre Strukturierung nach deren Merkmalen.

Zu beachten ist schließlich noch, daß die Erhebung von Präferenzen nur dann erfolgreich sein kann, wenn die Orientierungen der Bedürfnisse, also die konkreten öffentlichen Leistungen, bei der Eruierung der Bedürfnisse mit einbezogen werden[5].

---

[1] Vgl. Klages H., Politische Planung: Ziele, Methoden und Zwänge aus verwaltungswissenschaftlicher Sicht, in: Rosenstiel L. v., Molt W., (Hg.), Bedarfsdeckung oder Bedürfnissteuerung, Manuskript, S. 21.

[2] Ebenda, S. 23.

[3] Siehe Klages H., Politische Planung: Ziele, Methoden und Zwänge ..., S. 23.

[4] Ebenda, S. 23.

[5] Vgl. hierzu Hondrich K. O., Instrumente der Bedürfnis- und Bedarfsermittlung im Planungsbereich ..., S. 178.

Wie können wir nun aber trotzdem unser Ziel, die Bedürfnisse und die Einstellungen der Bürger zu ermitteln, realisieren?

Auch hier hilft uns die Psychologie[6] weiter. Wir dürfen zunächst nicht mehr unbedingt auf die direkte Erhebbarkeit und Meßbarkeit von Bedürfnissen vertrauen, sondern wir müssen vielmehr davon ausgehen, daß Bedürfnisse zum Großteil nur Zustände innerhalb eines komplexen Bedingungsrahmens sind.

Dieser Bedingungsrahmen wird einerseits durch die Bürger und andererseits durch die Mittel zur Bedürfnisbefriedigung gebildet. Nur wenn die Situation, in welcher die Bedürfnisse der Bürger existent sind, auch in der Erhebung zum Ausdruck kommt, können wir auf die Bedürfnisse schließen. Zu diesem Zweck ist es nötig, daß wir die verhaltensverursachenden und -lenkenden Eigenschaften sowohl auf seiten der Bürger als auch auf seiten der Produkte kennenlernen und ihre Wirkung offenlegen. Es sind also sowohl die Bestimmungsfaktoren, welche mit dem Bürger als auch diejenigen welche mit dem Befriedigungsmittel verbunden sind und auf den Bürger einwirken, zu erheben. Beim Mittel zur Bedürfnisbefriedigung kommt es, das sahen wir schon, vor allem auf die Einstellungen der Bürger gegenüber den Objekten der Befriedigung an. Aufgrund der Tatsache, daß jeder Bürger ein Glied der gesamten Gesellschaft darstellt, können wir weiterhin davon ausgehen, daß bei Bedürfnisbefriedigungsprozessen sowohl persönliche als auch soziale Eigenschaften von Bedeutung sind. Nur bei einer derart detaillierten Betrachtung des Bedingungsrahmens von Bedürfnisbefriedigung können wir annehmen, auch die vorliegenden Bedürfnisse zu bestimmen und ihre Kausalität und Dynamik aufdecken können.

Zudem sind die personalen und sozialen Eigenschaften und die wahrgenommenen Merkmale jeweils in ihrer Gesamtheit zu erheben, da erst nach Vorliegen der Daten ihre Bedeutung in der konkreten Situation abzusehen ist. Ob eine Straffung der Erhebung in dem Sinne möglich wird, daß die Erhebung schon im voraus auf bestimmte Eigenschaften zu konzentrieren ist, hängt davon ab, ob es uns gelingt, ein Rahmenmodell für die Bedürfniseruierung im öffentlichen Sektor zu finden.

Modelle (oder zumindest Annahmen) über das menschliche Verhalten benötigen wir insbesondere auch zur Bestimmung und kausalen Festlegung der Bedürfnisse aus den erhobenen Daten.

Deshalb müssen wir neben der Erhebung von Eigenschaften bei Bürger und Produkt auch nach Theorien und Handlungsannahmen suchen, welche eine Ordnung und Explikation der zu erhebenden Daten zulas-

---

[6] Vgl. Klages H., Politische Planung: Ziele, Methoden und Zwänge ..., S. 25 ff.

sen und schließlich ein Herausschälen der Bedürfnisse ermöglichen. Diese Aufgabe wird aber vor allem durch die Tatsache erschwert, daß die oben beschriebene Situation — bestehend aus Bedürfnisträger und Befriedigungsmittel — einem ständigen Wandel unterworfen ist. Dieser kann wiederum durch Veränderungen hervorgerufen werden, welche beim Bürger stattfinden oder von den Mitteln der Bedürfnisbefriedigung ausgehen. Eine Übertragung von einem Problembereich und/oder einem Zeitabschnitt auf den anderen ist somit nicht ohne weiteres zulässig.

Aber was nützen, so müssen wir uns schließlich noch fragen, dem Planer im öffentlichen Sektor individuelle Bedürfnisse? Der Staat, im Gegensatz zum Markt, kann nicht jedem Bürger sein bedürfnisgerechtes Angebot unterbreiten. Es muß folglich eine Aggregation der Bedürfnisse in Angriff genommen werden, welche den Konsumenten in seiner Souveränität nicht verletzen, aber trotzdem gesellschaftliche Aspekte berücksichtigen sollte. Erst dann ist der Staat in der Lage, Leistungen anzubieten, welche die Bedürfnisse der Staatsbürger ihrer Befriedigung zuführen.

Unsere weitere Vorgehensweise ist damit vorgezeichnet:

(1) Es sind die persönlichen und sozialen Eigenschaften zu bestimmen, welche verhaltensverursachend und -lenkend sein können;

(2) das staatliche Leistungsangebot ist zu konkretisieren, um individuelle Einstellungen erfaßbar zu machen, denen ebenfalls verhaltenslenkende und -verursachende Funktionen zukommen;

(3) Theorien oder Annahmen sind zu finden, mit deren Hilfe eine Ordnung und Erklärung der zu erhebenden Daten vorgenommen werden kann; und

(4) Prozesse sind aufzuzeigen, welche eine Aggregierung individueller Präferenzen zulassen.

Diese Punkte muß der Erhebungsrahmen einer gesellschaftlichen Bedarfsanalyse umfassen, sollen die gestellten Aufgaben erfüllt werden.

D. Der Erhebungsrahmen einer gesellschaftlichen Bedarfsanalyse

I. Die verhaltensverursachenden und -lenkenden Wesensmerkmale der Bürger

Bei der Erfassung und Zusammenstellung konsumrelevanter, menschlicher Eigenschaften können wir wiederum auf das Marketing zurückgreifen, welches für diese Zwecke die wichtigsten Faktoren aus dem soziodemographischen, dem psychologischen und dem soziologischen Bereich zu Bündeln zusammengestellt hat, um sie für seine Zwecke zu nutzen.

Bei der Diskussion der Faktorenbündel gehen wir so vor, daß wir mit relativ leicht faßbaren Eigenschaften beginnen und bei Faktoren mit kompliziertem Wirkungsablauf enden. Wir bemühen uns dabei — soweit dies realisierbar ist — eine Eingrenzung möglicher Wirkungen von Variablen im öffentlichen Sektor vorzunehmen.

1. Die persönlichen Eigenschaften

a) Geographische Variablen

Darunter werden die Gesamtbevölkerung, deren Wachstum, Verteilung und Wanderungen sowie die Region als solche subsumiert[1]. Die Gesamtbevölkerung und deren Wachstum[2] geben uns im wesentlichen Aufschluß über den möglichen Bedarf an einer öffentlichen Leistung in Gegenwart und Zukunft.

Die Verteilung der Bevölkerung über die Region läßt die Schwerpunkte des Bedarfs und die Ausdehnung des Nachfragegebietes erkennen.

Da sich die Bevölkerung im allgemeinen nicht gleichmäßig über das Land verteilt, sondern immer wieder Verdichtungsräume und dünnbesiedelte Gebiete festzustellen sind, erwachsen daraus zusätzliche Probleme (Umweltbelastung, Kriminalität, Standortprobleme öffentlicher Einrichtungen etc.), womit sich ein dichter besiedeltes Gebiet nicht nur rein quantitativ, sondern auch qualitativ abhebt. Andererseits können durch die Siedlungsstruktur erhebliche Abweichungen in den Lebensgewohnheiten und in den Bedürfnissen hervorgerufen werden[3].

In diesem Zusammenhang ist vor allem auch den Wanderungen der Bevölkerung große Aufmerksamkeit zu widmen; und zwar in zweifacher Hinsicht:

(1) Wanderungen zwischen Stadt und Land, und

(2) Flüchtlingswanderungen.

---

[1] Vgl. Kotler Ph., Marketing Management, Analysis, and Control, 2. Aufl., Englewood Cliffs (N. J.) 1972, S. 91 ff.; ders., Marketing-Management, Analyse und Kontrolle, S. 167.

[2] Die Bevölkerungsentwicklung kann den regelmäßigen Veröffentlichungen des Bundesamtes für Statistik in Wiesbaden entnommen werden; vgl. z. B. Linke W., Höhn Ch., Voraussichtliche Bevölkerungsentwicklung bis 1990, in: Statistisches Bundesamt, (Hg.), Wirtschaft und Statistik (1975), S. 793 ff.

[3] Vgl. dazu näher Schäfer E., Grundlagen der Marktforschung, S. 68.

Aufgrund der ersten Form von Wanderungen ergeben sich im Staatssektor insbesondere Bedürfnisse nach Leistungen im Bereich der Infrastruktur (Straßen, Elektrizität, Gas, Kanal, Wasser, Busverbindungen u. ä.). Auf der anderen Seite erwachsen daraus den Zentralstädten derartiger, sich bildender Metropolitan Areas, außergewöhnliche Versorgungsprobleme — vor allem zeitlicher und überörtlicher Art — worauf wir ebenfalls nur kurz verweisen können[4].

Bei Flüchtlingswanderungen prallen Sub-Kulturen aufeinander, welche sich zum Teil sehr stark in Tradition, Geschmack, Sprache, Vorstellungswelt etc. unterscheiden. Damit entstehen dem Einwanderungsgebiet zunächst vor allem Probleme im Bereich der Grundversorgung (Wohnungen, Arbeit, Schulen u. dergl.) aber im Anschluß daran, auf Grund der unterschiedlichen Geschmäcker, auch Veränderungen in der Bedürfnisstruktur eines Gebietes. Doch auch bei der ansässigen Bevölkerung kann der Zustrom von Flüchtlingen neue Bedürfnisse wecken[5].

Schließlich beeinflußt auch die Region die in ihr lebenden Menschen, was deutlich an den unterschiedlichen Charakteren, Verbrauchs- und Lebensgewohnheiten der Norddeutschen, der Süddeutschen, der Rheinländer, der Berliner usw. zu erkennen ist. Daß sich derartige Abweichungen nicht nur in unterschiedlichen Konsumgewohnheiten im privaten Bereich[6], sondern in einer unterschiedlichen Nachfrage nach öffentlichen Gütern niederschlagen, kann nur vermutet werden.

b) Demographische Variablen[7]

Diese Variablen stellten bisher den Hauptanteil der Faktoren dar, mit deren Hilfe im Marktsektor versucht wurde, das Verhalten von Konsumenten zu erklären und zu strukturieren. Doch hat sich in letzter Zeit immer deutlicher gezeigt, daß diese Art von Variablen zur Erklärung der Konsumnachfrage nicht ausreicht[8]. Im folgenden möchten wir einen groben Überblick über den Bereich der demographischen Variablen geben, um deren Aussage- und Erklärungsgehalt für den öffentlichen Sektor abschätzen zu können.

---

4 Vgl. dazu näher Kotler Ph., Marketing Management . . ., S. 94.

5 Vgl. dazu näher Schäfer E., Grundlagen . . ., S. 67 ff.

6 Vgl. Schäfer E., Grundlagen . . ., S. 67 ff.

7 Vgl. Kotler Ph., Marketing-Management . . ., S. 167 ff. und S. 196 ff.

8 Vgl. z. B. Bergler R., Konsumententypologie, in: Bergler R., (Hg.), Marktpsychologie, Bern, Stuttgart, Wien 1972, S. 11 ff.

Lebensalter. Zieht man diese Variable als Einteilungskriterium heran, läßt sich die Bevölkerung in ein Segment „Kinder und Jugendliche", ein Segment „Erwerbsfähige" und ein Segment „Pensionisten und Rentner" untergliedern. Damit hat man schon eine grobe Strukturierung in generelle Bedürfnissituationen und Verhaltensmuster erreicht[9, 10]. Doch ist zu berücksichtigen, daß auch andere Altersgruppen das Verhalten der jüngeren Generation übernehmen und die jüngere Generation ihrerseits Teile des Verhaltens der älteren Generationen übernimmt[11]. Nicht selten ist eine Nachfrageänderung nicht so sehr vom Alter, sondern von einer Veränderung im Lebenszyklus[12] (Heirat, 1. Kind etc.) abhängig. Deshalb wäre diese Variable zur Verhaltenserklärung wohl geeigneter[13]. Das Alter wird jedoch meist aufgrund der leichteren Erfaßbarkeit vorgezogen.

Geschlecht. Diese Eigenschaft ist deshalb von Bedeutung, weil die Frau im Berufsleben und Gesellschaft laufend an Einfluß gewinnt und andererseits im Verhalten bedeutende Unterschiede zwischen den Geschlechtern zu beobachten sind. So berichten z. B. Beckman, Davidson und Talarzyk[14], Untersuchungen hätten ergeben, daß Frauen gegenüber Werbung, Verkaufsapellen etc. skeptischer sind. Frauen verhalten sich weiterhin gegenüber sozialen Situationen und Konventionen aufgeschlossener, besitzen stärkere Vorlieben und Abneigungen, ihre Assoziation und Perzeption dauert länger und sie sind eher introvertiert, für Suggestion anfälliger und weniger selbstzufrieden und dominant als Männer.

Familie, Familiengröße und Familienlebenszyklen. Die Familie[15] stellt die Basis-Konsumeinheit und den engsten soziologischen Zusammenhang dar. Würde man zu Verhaltensuntersuchungen ausschließlich das Individuum heranziehen, so würde man vielen Situationen nicht gerecht werden, da sie an den Tatbestand der Familie anknüpfen und nur deshalb zu verstehen sind. So weicht etwa, um nur ein Beispiel zu nennen,

---

[9] Vgl. Kotler Ph., Marketing Management . . ., S. 92 f.

[10] Vgl. auch Schäfer E., Grundlagen . . ., S. 51 f.

[11] Vgl. Beckmann Th. N. u. a., Marketing . . ., S. 89.

[12] Vgl. dazu z. B. Rich St. U., Subhash J. C., Social Class and Life Cycle as Predictors of Shopping Behaviour, in: Journal of Marketing Research, Vol. 5 (Feb. 1968), S. 41 ff.

[13] Vgl. Beckman Th. N. u. a., Marketing . . ., S. 94; Kotler Ph., Marketing-Management . . ., S. 113; Vgl. auch Wells P. W., Gubar G., Life Cycle Concept in Marketing Research, in: Journal of Marketing Research, Vol. 3 (1966), S. 355 ff.

[14] Vgl. Beckman Th. N. u. a., Marketing . . ., S. 97.

[15] Über die Familiengröße, Geburten-, Sterbe-, Heiratsraten geben ebenfalls die Veröffentlichungen in WiSta Aufschluß, vgl. Zeitschrift für Wirtschaft und Statistik, hersg. v. Bundesamt für Statistik, Wiesbaden.

der Nahrungs-, Haushalts-, Wohn- und Unterhaltungsbedarf einer fünfköpfigen Familie ganz erheblich von dem eines Junggesellen ab[16]. Aber auch die Entscheidungsstrukturen, die Rollen im Familienverbund, die Übernahme von bestimmten Einstellungen, Meinungen, Wissen, Erfahrungen, Traditionen etc. können nur durch eine Untersuchung der Einheit Familie erfaßt und bewertet werden.

Ebenso muß der Rollenaufteilung innerhalb der Familie Aufmerksamkeit geschenkt werden. So lassen sich etwa der Benutzer, der Initiator, der Entscheidende und der Ausführende unterscheiden[17]. Jede dieser Rollen kann eine Person auf sich vereinigen, doch kann auch jede Rolle von einer anderen Person im Familienverband ausgeführt werden.

Einkommen und Vermögen. Hier setzt sich immer mehr die Erkenntnis durch, daß zwar Einkommen[18] Voraussetzung für Nachfrage ist (was den kommerziellen Bereich betrifft), daß aber Einkommen und Vermögen keine verursachenden Variablen sind[19]. Auf der gleichen Ebene wie Vermögen und Einkommen stehen dann in diesem Zusammenhang Kreditaufnahme und Abbau von Ersparnissen. Bei öffentlichen Leistungen, für welche ein Entgelt verlangt wird, dürften sicherlich auch diese Variablen von direkter Bedeutung sein.

Beschäftigung. Diesem Kriterium kommt für die Bestimmung der sozialen Schicht besonderes Gewicht zu. Nicht zuletzt auch deswegen, weil durch die Art der beruflichen Tätigkeit und durch den Einfluß der Kollegen Einstellungen, Meinungen, spezifisches Verhalten und auch der Konsum bestimmter Produkte stark beeinflußt werden.

Bildung. Bildung ist für die Ausweitung des geistigen Horizontes in erster Linie verantwortlich; was sich — je nach dem Bildungsgrad — in einem immer differenzierter werdenden Bedarfsspektrum niederschlägt, und wiederum zu einem steigenden Anspruchsniveau führt[20].

Ebenso wie der Beruf ist auch die Bildung ein entscheidendes Konstitutiv für die soziale Schicht, der eine Person angehört. Vor allem für die Inanspruchnahme sogenannter höherwertiger Güter in der Angebotspalette des Staates dürfte Bildung eine wesentliche erklärende

---

[16] Vgl. Schäfer E., Grundlagen ..., S. 56; vgl. auch Kotler Ph., Marketing-Management ..., S. 113; Wells P. W., Gubar G., Life Cycle Concept in Marketing Research, S. 355 ff.

[17] Vgl. Kotler Ph., Marketing-Management ..., S. 113.

[18] Über Stand und Entwicklung der Einkommen gibt z. B. ebenfalls WiSta Aufschluß, vgl. Zeitschrift für Wirtschaft und Statistik, hrsg. v. Bundesamt für Statistik, Wiesbaden.

[19] Vgl. Beckman Th. N. u. a., Marketing ..., S. 106 ff.; Schäfer E., Grundlagen ..., S. 116 ff.

[20] Vgl Beckmann Th. N. u. a., Marketing ..., S. 91.

Variable sein[21]. So ist mitunter das Interesse an kulturellen Veranstaltungen (Schauspiel, Oper, Konzert, Museum u. ä.) bei der jüngeren Bevölkerung aber auch den Erwachsenen auf die genossene schulische Ausbildung zurückzuführen. Hier wurden sie vor allem beim Deutsch- und beim Musikunterricht mit den Ansichten und Problemen der kulturellen Welt vertraut gemacht. Gerade aber dieser erste Kontakt und die Einführung sind wesentlich für die spätere Nutzung dieser Güter[22].

Religion. Die konfessionelle Zugehörigkeit beeinflußt — wenn auch z. T. nur im allgemeinen Umfang — Normen, Wertungen und Meinungen der Bürger. Dies zeigt sich vornehmlich bei Wahlentscheidungen, aber auch bei der Einstellung gegenüber den Mitbürgern. Das Verbot des Fleischverzehrs an Freitagen durch die katholische Kirche ist ein deutliches Beispiel, wie die Religion bis ins Alltagsleben gestaltend eingreift.

Rasse und Kultur. Wie schon bei den Variablen Bevölkerung und Region angedeutet, vermag auch die Rasse abweichendes Verhalten hervorzurufen. Dieses Phänomen ist dann besonders augenfällig, wenn fremde Kulturen aufeinandertreffen, die zum Teil erheblich divergierende Wert- und Normvorstellungen haben[23]. Ein deutliches Beispiel in diesem Sine ist in den USA das Schwarz-Weiß-Problem[24], aber auch in Deutschland — in abgeschwächter Form — die Gastarbeiterfrage. Darin kommt deutlich zum Ausdruck, daß es spezifische Rassenmerkmale gibt, die verhaltensbestimmend wirken, und mit abnehmender kultureller Verwandtschaft in ihrer Bedeutung steigen. Ihre Auswirkungen berühren auch fundamentale Bereiche staatlichen Handelns, wenn wir nur an die Integration von Gastarbeitern und deren Familien denken (Schulausbildung der Kinder, soziale Betreuung usw.).

Nationalität. Diese Eigenschaft zeigt ähnliche Züge wie die Kriterien Rasse bzw. Kultur, wenn auch nicht in so ausgeprägter Weise. Die Ausdrücke typisch deutsch, englisch, französisch etc. weisen z. B. darauf hin,

---

[21] Diese Vermutungen werden durch die bereits vorliegenden Ergebnisse der Studie „Theater und Ökonomie" bestätigt, welche zur Zeit an der Universität Augsburg durchgeführt wird.

[22] Die Nutzung von Volkshochschulen und damit das Bedürfnis, sich in spezieller oder allgemeiner Art weiterzubilden, ist auf derartige Wurzeln zurückzuführen, wie sich bereits an den Ergebnissen der Analyse von Volkshochschulen und ihrer Besucher abzeichnet. Sie wurde an der Universität Augsburg als Nachfolgeprojekt der „Theater-Studie" in Angriff genommen.

[23] Vgl. Sheth J. N., Eine zusammenfassende Übersicht zum Käuferverhalten, in: Bergler R., (Hg.), Marktpsychologie, Bern, Stuttgart, Wien 1972, S. 158 f.; Kotler Ph., Marketing-Management . . ., S. 109.

[24] Vgl. Sheth J. N., Eine zusammenfassende Übersicht zum Käuferverhalten, S. 159.

daß es Verhaltensweisen, Einstellungen und ähnliches gibt, die der jeweiligen Nation besonders zu eigen sind und aufgrund derer sie sich von den anderen abhebt. Als Beispiele wären hier die sprichwörtlich deutsche Strebsamkeit und die zum Teil bedingungslose Unterordnung unter staatliche Obrigkeit zu nennen.

Über die Wirkungen der aufgeführten demographischen Variablen gibt es keine allgemein gültigen Aussagen, da diese weitgehend, wie schon einführend im generellen Kontext betont, von der jeweiligen Entscheidungssituation bestimmt werden. So dürfte z. B. das Alter als erklärende Variable im Hinblick auf einen Theaterbesuch von minderer Bedeutung sein, während Bildung und Beschäftigung einige Relevanz zukommt[25]. Will man demgegenüber die Nutzung einer Sportanlage untersuchen, dann könnte der Erklärungsgehalt jener Variablen gerade umgekehrt verteilt sein. Bei der Eruierung der Einflußfaktoren ist damit jeweils auf die konkrete Situation Rücksicht zu nehmen.

Die demographischen und geographischen Variablen erweisen uns, da sie besonders leicht und eindeutig zu erfassen sind, noch einen weiteren Dienst: sie lassen eine Untergliederung und Gruppierung der Bürger hinsichtlich bestimmter Befriedigungsmöglichkeiten zu. Der große Vorteil derartiger Klassifikationen besteht insbesondere darin, daß sie jederzeit zu erheben und in der Bevölkerung zu verfolgen sind.

Unbedingte Voraussetzung einer solchen Kennzeichnung ist allerdings, daß die derart definierten Gruppen signifikante Unterschiede in den Bedürfnissen bzw. im Verhalten und nicht nur in den geographischen und demographischen Eigenschaften aufweisen[26]. Dann ist anzunehmen, daß das Verhalten bzw. die Bedürfnisse in engem Zusammenhang mit diesen Eigenschaften stehen, und nur dann erweisen sich die geographischen und die demographischen Eigenschaften als zuverlässige Trennkriterien[27]. Sie müssen somit auch eine enge Beziehung zu den soziologischen und psychologischen Variablen aufweisen, sollen sie stellvertretend für diese Verwendung finden. Solche Erkenntnisse sind aber niemals vor einer Erhebung, sondern immer erst nach Vorliegen der Ergebnisse zu gewinnen.

---

[25] Diese Erkenntnisse vermittelt wiederum die schon angesprochene Theaterstudie.

[26] Wie sich derartige Gruppen bilden lassen, zeigen wir im Abschnitt „Individuelle Bedürfnisse und staatliche Gesamtverantwortung".

[27] Bei der Theaterstudie zeigte sich ebenfalls, daß den demographischen Kriterien Alter und Bildung eine erhebliche Trennschärfe zukommt — sie stehen somit in engem Zusammenhang mit den Bedürfnissen nach dieser Leistung.

Umgekehrt könnte natürlich auch so vorgegangen werden, daß die Bürger nach Maßgabe von demographischen und geographischen Faktoren gegliedert werden, um dann zu untersuchen, ob sie unterschiedliche oder gleiche Verhaltensweisen, Einstellungen, Bedürfnisse und ähnliches im Hinblick auf ein bestimmtes Befriedigungsmittel zeigen.

c) Die psychologischen Kriterien

Haben wir bisher nur „äußere" Eigenschaften des Individuums betrachtet, so wollen wir nun quasi in das Individuum hineinschauen. Da dies aber tatsächlich nicht möglich ist, muß man sich mit hypothetischen Konstrukten behelfen, die das Verhalten auslösen und vor allem dessen Ursachen erklären. Zu diesem Zweck kann man die psychologischen Kriterien in zwei Gruppen unterteilen, nämlich in Persönlichkeitsmerkmale und in Motive[28]. Mit der ersten Gruppe von Variablen will man die Persönlichkeitsstruktur bestimmen, von der man annimmt, daß sie ziemlich stabil und dauerhaft ist. Sie wird damit als der „harte Kern" angesehen, der das menschliche Verhalten sowohl auslöst, als auch Außeneinflüsse aufnimmt und einordnet[29].

Bei der Motivforschung geht es darum, innere und auch äußere Antriebe zu bestimmen, die für ein spezifisches aber auch generelles Verhalten ursächlich sind[30].

Persönlichkeitsfaktoren[31]. Mit Persönlichkeit bezeichnet man ein bei jedem Menschen einzigartiges, relativ stabiles und den Zeitablauf überdauerndes Verhaltenskorrelat[32].

---

[28] Natürlich beschäftigt sich die Psychologie auch mit anderen Konstrukten, etwa den Trieben, Aspirationen, Einstellungen, Süchten, Interessen usw. Dabei stehen jedoch immer die Motive im Mittelpunkt, bzw. alle anderen Bezeichnungen sind Synonyme für Motiv, wie wir bereits an einigen Beispielen sahen.

[29] Vgl. Bergler R., Konsumententypologie, S. 65 f.

[30] Im psychologischen Schrifttum werden beide Bereiche zumeist als Einheit behandelt und, je nachdem, der Schwerpunkt auf die Persönlichkeit oder auf die Motive gelegt. Im Bereich des Marketing scheint der Persönlichkeit immer größeres Gewicht zuzukommen, was Konzepte wie Selbst-Image, Ideal-Image, Life-Style, Persönlichkeitsskalen u. ä. beweisen.

[31] Die Annahmen zur Persönlichkeit gründen auf den Forschungen und dem Ansatz von Sigmund Freud. Vgl. zur geistigen Einordnung z. B. Kassarjian H. J., Personality and Consumer Behavior: A Review, in: Journal of Marketing Research, Vol. 8 (Nov. 1971), S. 409 ff,

[32] Vgl. Herman Th., Lehrbuch der empirischen Persönlichkeitsforschung, Göttingen 1969, S. 29.

Gemäß dieser und auch anderer Definitionen[33] der Persönlichkeit können wir folgende Feststellung treffen: Jeder Mensch läßt sich durch ein System stabiler Eigenschaften definieren und beschreiben. Diese Eigenschaften würden dann die Gesamtheit seines Verhaltens erklärbar machen. Weiterhin wird unterstellt, daß jeder Mensch durch persönliche Einmaligkeit ausgezeichnet ist. Als Variablen, die hinreichend genau die Persönlichkeit beschreiben sollen, werden u. a. folgende genannt[34]:

Erfolgsstreben, Anpassungsfähigkeit, Ordnungssinn, Selbstdarstellung, Unabhängigkeit, Geselligkeit, Beobachtungsgabe, Abhängigkeit, Dominanz, Hilfsbereitschaft, Ausdauer, Sexualität, Agressivität[35].

Diese Eigenschaften lassen sich auch in bipolarer Form darstellen und ebenso noch beliebig erweitern und verfeinern[36]. Es können jedoch bei der Bestimmung des Verhaltens nur solche Persönlichkeitsfaktoren interessieren, die geeignet sind, die verhaltensrelevante Bedingungskonstellation einsichtig und überschaubar zu machen. Dabei kommt noch erschwerend hinzu, daß nicht alle Faktoren bei jedem Individuum und jeder Situation in gleicher Weise wirken. Gerade deshalb ist es Ziel dieses Forschungsansatzes, durch unterschiedliche Persönlichkeitskonzepte Abweichungen im Verhalten zu erklären[37]; man geht davon aus, daß von der Persönlichkeitsstruktur auf den Konsum geschlossen werden kann; bzw. die einzelne Person nur solche Güter nachfrägt, von denen sie annimmt, daß diese ihrer Persönlichkeit entsprechen[38]. Da

---

[33] Vgl. z. B. Eyseneck H. J., Rauchen, Gesundheit und Persönlichkeit, Berlin 1968; Rohracher H., Kleine Charakterkunde, 5. Aufl., Wien 1948; Bergler R., Konsumententypologie, S. 17 und S. 52.

[34] Vgl. dazu und zur Bedeutung des Persönlichkeitskonzepts auch Dichtl E., Die Bildung von Konsumententypen als Grundlage der Marktsegmentierung, in: WiSt, Heft 2 (1974), S. 56; Sheldon W. H., Constitutional Factors in Personality, in: Hunt J. McV., (Hg.), Personality and the Behaviour Disorders, Bd. 1, New York 1944, S. 526 ff. insb. S. 541 ff.; Kassarjian H. J., Personality and Consumer Behavior: A Review, S. 411 ff.; Hall C. S. und Linzey G., Theories of Personality, 2. Aufl., New York 1969; Brody R. P. und Cunningham S. M., Personality Variables and the Consumer Decision Process, in: Journal of Marketing Research, Vol. 5 (Feb. 1968), S. 50 ff.

[35] Diese u. ä. verwendet auch Kernan für seine Studie; vgl. Kernan J. B., Choice Criteria, Decision Behaviour and Personality, in: Journal of Marketing Research, Vol. 5 (May 1968), S. 155 ff., welcher wiederum auf dem Profil von Gordon aufbaut, vgl. Gordon L. V., Gordon Personal Profile, New York, 1963.

[36] Vgl. Bergler R., Konsumententypologie, S. 64 ff.

[37] Vgl. z. B. die Studie von Evans F. B., Psychological and Objective Factors in the Prediction of Brand Choice: Ford Versus Chevrolet, in: Journal of Business, Vol. 32 (1959), S. 340 ff., in der er auf diesem Wege aufdecken will, wer Ford- und wer Chevrolet-Autos kauft. Vgl. auch Brody R. P., Cunningham S. M., Personality Variables and the Consumer Decision Process, S. 50 ff., wo ebenfalls der Prozeß der Konsumentenentscheidungen durch Persönlichkeitsvariablen erklärt wird.

keine Gründe vorliegen, daß solche Vorstellungen nur auf den Marktsektor zutreffen, kann durchaus die Nachfrage nach öffentlichen Leistungen von derartigen Gesichtspunkten mitbestimmt werden. Voraussetzung ist allerdings, daß das Konzept selbst mit den Abläufen in der Realität konform geht.

Die Motive. Wir haben bei der Erklärung des Begriffes Bedürfnis darauf verwiesen, daß die Psychologie Motive und Bedürfnisse zum Großteil synonym verwendet, weshalb wir auch Bedürfnisse ebenso wie Motive als Mangelzustände definierten. Nachdem nun unser Hauptanliegen darin besteht, Bedürfnisse nach öffentlichen Gütern in Erfahrung zu bringen, und wir aber andererseits Motive als Faktoren menschlichen Verhaltens zur Erklärung gerade dieses Verhaltens heranziehen, könnte der Eindruck entstehen, wir würden unsere Ergebnisse mit eben diesen Ergebnissen erklären. Daß dem aber nicht so ist, zeigt eine weitere Erkenntnis der Psychologie, aufgrund derer Motive in primäre und sekundäre Motive unterschieden werden. Primäre Motive sind grundlegende, z. T. angeborene verhaltensauslösende Größen, während sekundäre Motive ausschließlich durch die menschliche Erfahrung mit der Umwelt entstehen[39, 40]. Solche Grundbedürfnisse sind das Bedürfnis nach Sicherheit, das Geltungsbedürfnis, das Bedürfnis nach Aktivitäts- und Sinnesreizen, das Kontaktbedürfnis, das Bedürfnis nach Leistung, das Machtbedürfnis und das Bedürfnis nach Sinngebung und Selbstverwirklichung[41]. Diese Grundbedürfnisse wollen wir als Determinanten und Erklärungsgrößen menschlichen Handelns heranziehen. Dabei muß es natürlich auch unser Bestreben im konkreten Untersuchungsfalle sein, das Wirken dieser Motive im öffentlichen Sektor nachzuweisen bzw. aufzuzeigen, daß sie keine Rolle spielen. Der Mensch besitzt also ein Set von Motiven innerhalb seiner Person.

In welchem Verhältnis diese Motive zueinander stehen, versuchte Maslow[42] durch seine Bedürfnishierarchie darzulegen. Ein endgültiger

---

[38] Bei der Behandlung von Modellen des Konsumentenverhaltens gehen wir u. a. auch auf derartige Ansätze noch näher ein. Vgl. dazu Teil 2, Abschnitt D, Punkt III. Die Bedeutung der Modelle des Konsumentenverhaltens für die gesellschaftliche Bedarfsanalyse.

[39] Vgl. z. B. Rosenstiel L. v., Die motivationalen Grundlagen . . ., S. 52 ff.

[40] Specht spricht z. B. auch von invarianten Grundbedürfnissen und von veränderlichen Elementen, die durch In- und Umsysteme des Individuums determiniert sind; vgl. Specht G., Marketing-Management . . ., S. 47 f.

[41] Vgl. Rosenstiel L. v., Die motivationalen Grundlagen . . ., S. 117 ff.; Maslow A. H., Motivation and Personality, New York 1954, S. 80 ff. Auf ihn beziehen sich die meisten Bedürfniskataloge — so auch dieser von Rosenstiel — in der Literatur.

[42] Vgl. Maslow A. H., Motivation and Personality, S. 80 ff. Auf Maslow's Ansatz gehen wir im Teil 2, Abschnitt D, Punkt III. Die Bedeutung der Mo-

empirischer Beweis dieses Ansatzes gelang bisher allerdings noch nicht. Damit können wir uns aber auch im öffentlichen Bereich kein allgemein gültiges Bedürfnistableau erhoffen[43], welches Aufschluß über Unter- oder Überordnung bzw. horizontale Abhängigkeit geben würde. Was wir aber machen können, ist eine Rangordnung möglicher Bedürfnisbefriedigungsmittel vornehmen zu lassen, um daraus auf dahinterstehende Bedürfnisse zu schließen. Das derart gewonnene Bedürfnistableau, sein Umfang und Abstraktionsgrad wird immer von den Fragestellungen oder den Problemen abhängen, von denen man ausgeht, ebenso wie vom theoretischen Verständnis, das den Abstraktionsgrad der erhobenen Daten bestimmt.

Maslows Theorie ist eine reine Motivationstheorie im klassischen und engen Sinne. Wir wollen jedoch der Wirkungsweise von Motiven eine allgemein formulierte Handlungstheorie zugrundelegen, die sich aber trotzdem durch Handlungsnähe und erfolgreiche Erprobung auszeichnet und im Ansatz über diejenige von Maslow hinausgeht. Es handelt sich um das Modell von Vroom[44].Beide Theorien lassen sich aber relativ problemlos integrieren.

Mit diesem Modell kommen wir nun auf die Theorie zu sprechen, welche wir der Wirkungsweise psychologischer Variablen zugrundelegen wollen.

Der Ansatz von Vroom geht davon aus, daß ein oder mehrere Motive[45] in diesem Set durch bestimmte Anreize aktiviert werden — damit erweist sich die isolierte Betrachtung von Motiven jetzt schon als unsinnig. Das Individuum wird sich seiner Magellage bewußt — womit wir andeuten, daß Motive zunächst auch unbewußt bleiben können[46] —

---

delle des Konsumentenverhaltens für die gesellschaftliche Bedarfsanalyse ein.

[43] Andererseits wird aber auch behauptet, daß Menschen nicht fähig sind, eine geschlossene Präferenzordnung zu erstellen. Vgl. Tenbruck F. H., Zu einer Theorie der Planung, S. 112 f.

[44] Vgl. Vroom V. H., Work and Motivation, 3. Aufl., New York 1967. Auf weitere Motivationstheorien wollen wir nicht eingehen. Vgl. hierzu z. B. Thomae H., Die Bedeutung des Motivationsbegriffes, S. 3 ff., der darüber einen ausführlichen Überblick gibt.

[45] In der Regel wird ein ganzes Bündel von Bedürfnissen aktiviert.

[46] Bewußte Motive werden vom Individuum klar empfunden, ohne daß sie zuerst durch äußere Einflüsse aufgedeckt werden. Verborgene Motive werden solange nicht wahrgenommen, als sie nicht ins Bewußtsein des Individuum gebracht werden. Auch hierfür lassen sich Beispiele aus dem staatlichen Bereich finden. Als bewußte Motive könnte etwa das Bedürfnis nach Schutz von Leben, Gesundheit und Eigentum angesehen werden, das durch spezifische öffentliche Einrichtungen erfüllt werden soll. Andererseits hat wohl bis vor wenigen Jahren das Bedürfnis, die Umwelt zu schützen, im Unterbewußtsein der Bürger geschlummert.

und sein Ziel wird es sein, Bedürfnisbefriedigung zu erlangen. Das Individuum strebt nach Mitteln zur Bedürfnisbefriedigung, wobei es keinen Unterschied zwischen privaten und staatlichen Alternativen machen dürfte. Dieses Suchen wird von intervenierenden Variablen und von der Wahrnehmung, dem Gedächtnis und dem Denken[47] gesteuert. Unter intervenierenden Variablen werden zumeist Erfahrungen, Wertungen, Einstellungen, Meinungen anderer Personen, gesellschaftliche Normen und Werte, sonstige Einflüsse aus der Umwelt und persönliche Umstände verstanden. Damit tauchen hier diejenigen Faktoren als Determinanten auf, die wir im nächsten Punkt als soziale Einflüsse des menschlichen Verhaltens darstellen[48]. Die Wahrnehmung wird in diesem Zusammenhang als selektive Wahrnehmung verstanden, da die motivationale Determiniertheit auch die Wahrnehmung beeinflußt. Der Mensch konzentriert sich in seiner Wahrnehmung nur auf die Objekte zur Bedürfnisbefriedigung, welche ihm für das Ziel Befriedigung als tauglich erscheinen. Sie sieht er wiederum nicht in ihren objektiven Eigenschaften, sondern in ihren subjektiv wahrgenommenen[49].

Ziele und Mittel stehen bei der Theorie von Vroom in engem Zusammenhang; Mittel können sogar zum Selbstzweck und damit zu Zielen werden. Die wahrgenommenen Instrumentalitäten werden nun vom Individuum mit unterschiedlichen subjektiven Wahrscheinlichkeiten hinsichtlich ihrer Eignung zur Zielerreichung verknüpft.

Diese Wahrscheinlichkeiten werden ihrerseits wiederum durch die intervenierenden Variablen geprägt, insbesondere jedoch durch Erfahrungen und Erwartungen.

In diesem Ansatz sind also drei Variablen, nämlich Ziel(e), Instrument(e) und Wahrscheinlichkeiten der Zielerreichung von Bedeutung, weshalb dieser Ansatz auch als VIE-Ansatz (value, instrumentality, expectancy) bezeichnet wird.

---

[47] Wahrnehmung, Gedächtnis und Denken sind Hilfsmittel um sich in der Umwelt zurechtzufinden. Vgl. hierzu Rohracher H., Einführung in die Psychologie, Wien/Innsbruck 1951, S. 375 f.

[48] Rollen, Normen, Status, Bezugsgruppe und soziale Schicht sind Steuerungselemente der Bedürfnisse und insbesondere des Prozesses zur Bedürfnisbefriedigung. Vgl. dazu auch Dreitzel H. P., Soziale Rollen und Bedürfnisse, in: Hondrich K. O., (Hg.), Menschliche Bedürfnisse und soziale Steuerung. Eine Einführung in die Sozialwissenschaft. Mit einem Textanhang, Hamburg 1975, S. 151.

[49] Vgl. dazu Rüttinger B., Rosenstiel L. v., Molt W., Motivation des wirtschaftlichen Verhaltens, S. 132 f.; Hoepfner G. F., Knorring E. v., Rosenstiel L. v., Die Bestimmungsfaktoren des privaten Konsum- und Sparverhaltens aus makroökonomischer und psychologischer Sicht, S. 279; und unseren Abschnitt „Öffentliche Leistungen und menschliche Wahrnehmung".

Das Mittel, das schließlich vom Individuum ausgewählt wird, kann nun zur Bedürfnisbefriedigung führen. Dann werden sich gegenüber Ereignissen, die zur Zufriedenheit beitrugen, im Individuum positive Einstellungen herausbilden[50]. Bei zahlreichen erfolgreichen Wiederholungen werden habituelle Verhaltensmuster ausgebildet; d. h. der Prozeß läuft dann nicht mehr im Sinne Vroom's, sondern aufgrund von Gewohnheit[51] ab.

Führt das Mittel nicht zur Bedürfnisbefriedigung, besteht zwischen Erwartungen und Realität eine Dissonanz[52], so bilden sich gegenüber dem gewählten Mittel negative Einstellungen aus. In dieser Dissonanz-Situation[53] wird das Individuum eventuell weiter versuchen, die noch vorhandenen Bedürfnisse zu befriedigen.

Kommen wir nochmals auf den Motivationsprozeß zurück. Dieser, auf individuelle Überlegungen aufgebaute Ansatz, macht zudem deutlich, daß sich für das handelnde Individuum, aufgrund seiner subjektiven Annahmen, Entscheidungen als durchaus zielkonform erweisen, welche sich, bei Verwendung objektiver Maßstäbe, als unzweckmäßig herausstellen. Objektive und subjektive Rationalität können damit durchaus voneinander abweichen[54].

Bei der Nachfrage nach öffentlichen Leistungen dürften sowohl das Gewohnheitsverhalten als auch das Problemlösungsverhalten eine entscheidende Rolle spielen.

Ein Sonntagnachmittags-Spaziergang im Stadtpark wird, findet er öfter statt, nicht mehr mit allzu viel Überlegung erfolgen. Der häufige Spaziergänger konsumiert deshalb das Gut Stadtpark gewohnheitsmäßig. Ebenso gelagert vermuten wir das Verhalten bei der alltäglichen Benutzung öffentlicher Verkehrsmittel, sobald einmal die Entscheidung getroffen wurde, mit Bahn, Bus, Straßen- oder U-Bahn etwa zur Arbeitsstätte zu fahren. Die Inanspruchnahme öffentlicher Verkehrsmittel erfolgt damit ohne weitere Reflexion; d. h. der Bedürfnisbefriedigungs-

---

50 Rosenstiel L. v., Die motivationalen Grundlagen . . ., S. 409.

51 Vgl. dazu z. B. Beckman Th. N. u. a., Marketing . . ., S. 136; Rüttinger B., Rosenstiel L. v., Molt W., Motivation des wirtschaftlichen Verhaltens, S. 137 f.

52 Diese Theorie geht auf Festinger L., A Theory of Cognitive Dissonance, Evanstone (Ill.) 1957, zurück.

53 Festinger war sogar der Meinung, daß diese kognitive Dissonanz selbst ein Motiv sei. Vgl. Festinger L., A Theory of Cognitive Dissonance.

54 Unterstellt man einer Person altruistische Überlegungen, ergeben sich wahrscheinlich Abweichungen in gleicher Richtung; vgl. hierzu Boulding K. E., Notes on a Theory of Philantrophy, in: Dickinson F. G., (Hg.), Philantrophy and Public Policy, New York 1962, S. 57 ff.; Hanusch H., Theorie des öffentlichen Gutes . . ., S. 28 und S. 142 f.

prozeß erfolgt mehr oder minder unbewußt, ist einmal ein positives Urteil gefallen.

Andererseits läßt sich im öffentlichen Bereich eine Reihe von Gütern finden, deren Konsum nur aufgrund reiflicher Überlegung erfolgen dürfte. Denken wir etwa an das Beispiel Theaterbesuch. Die Zahl der Theaterbesuche liegt wohl bei den wenigsten Bürgern so hoch[55], daß man von Gewohnheitsverhalten sprechen kann — vielleicht mit Ausnahme der Abonnenten.

In den meisten Fällen wird der Besuch einer Veranstaltung ein größeres Ereignis bedeuten, dessen Planung mit einigem zeitlichen Aufwand verbunden ist. Hier wird sodann eine Entscheidungskette, vom Auftreten des Problemes (Könnte mal wieder ins Theater gehen), über die Information, die Auswahl des zu besuchenden Stückes, die Festlegung des Termins, bis hin zur konkreten Entscheidung, tatsächlich an einem bestimmten Tag ein bestimmtes Stück zu besuchen, verlaufen. Auch kann angenommen werden, daß in der Regel im nachhinein eine Bewertung erfolgt. Der Besucher wird sich überlegen, ob er mit der künstlerischen Leistung, mit den Räumlichkeiten u. ä. zufrieden war. Dabei dürfte natürlich die Überlegung eine Rolle spielen, ob die aufgewendeten Mittel (Eintrittspreis, Fahrtkosten, Zeitaufwand) dem erwarteten Nutzen entsprachen. Kommt er zu einer positiven Einschätzung — d. h. wurden seine Erwartungen erfüllt oder gar übertroffen — werden sich positvie Einstellungen gegenüber dem Theater herausbilden und er wird das Gut Theaterleistung voraussichtlich auch in Zukunft nachfragen.

In ähnlicher Weise müßten eigentlich auch die Reaktionsketten bei einem Museumsbesuch, bei einem Besuch im Zoo und vergleichbaren Gütern der öffentlichen Leistungspalette ausfallen.

2. Die sozialen Determinanten menschlichen Verhaltens

Mit diesem Komplex von Kriterien kommen wir zu dem Bereich individuellen Verhaltens, der durch seine menschliche Umwelt bestimmt oder zumindest beeinflußt wird. Als soziologische Kriterien werden zumeist soziale Position, soziale Rolle, sozialer Status, Familie, Bezugsgruppe und soziale Schicht genannt[56].

---

[55] Der bereits mehrmals angesprochenen Theaterstudie ist zu entnehmen, daß ein Theaterliebhaber pro Jahr etwa 6—7 mal Veranstaltungen besucht.

[56] Vgl. z. B. Beckman Th. N. u. a., Marketing ..., S. 92 ff.; Sheth J. N., Eine zusammenfassende Übersicht zum Käuferverhalten, S. 143 ff.; Bergler R., Konsumententypologie, S. 59 ff.; Stitzel M., Konsumentenverhalten in soziologischer Sicht, in: WiSt (1973), S. 413 ff.

Soziale Position[57]. Durch sie wird derjenige Ort in der Gesellschaft bezeichnet, den ein Individuum einnimmt. Die soziale Position wird etwa durch den Beruf, die Stellung in der Familie oder auch das Freizeitverhalten geprägt. Daran knüpft sich ein bestimmtes Nachfrageverhalten im privaten Bereich und höchstwahrscheinlich auch im Staatssektor an, wenn wir an den Konsum höherwertiger Leistungen (Theater, Museen, Universitäten usw.) denken.

Soziale Rolle. Sie beschreibt den verhaltenslenkenden Aspekt der Position. Vom Inhaber einer bestimmten Position wird — wenn auch innerhalb gewisser Toleranzgrenzen — ein angemessenes Verhalten erwartet. Kommt er dem nicht nach, hat er mit Sanktionen von Seiten der Gesellschaft zu rechnen[58]. Typische Rollen sind etwa die der Mutter, der Hausfrau, des Beamten etc.

Sozialer Status. Der soziale Status gibt die Bewertung, die dem Individuum als Träger bestimmter sozialer Positionen zukommt, wieder; man drückt dadurch den Rang einer Position und damit des Stelleninhabers gegenüber anderen Positionen und deren Inhabern aus. Der Status ordnet die Positionen nach ihrem sozialen Prestige[59]. Charakteristisches Statusverhalten liegt etwa dann vor, wenn ein Gut nur wegen seiner Exklusivität bzw. Vornehmheit gekauft bzw. benutzt wird.

Ein Großteil höherwertiger öffentlicher Güter dürfte z. T. auch aufgrund derartiger Überlegungen nachgefragt werden, um damit seine soziale Position zu unterstreichen bzw. sich von einem bestimmten Kreis nicht auszuschließen. Damit kommen wir aber schon auf die nächste Determinante zu sprechen.

Bezugsgruppe. Unter Gruppe[60] versteht man eine Anzahl von Individuen, die in einem durch interpersonelle Bindungen verfestigten Interaktionsgefüge stehen[61]. Die kleinste, aber zugleich konsistenteste Gruppe

---

[57] Vgl. Dahrendorf R., Homo Sociologicus, 10. Aufl., Köln/Opladen 1971, S. 30.

[58] Vgl. Stitzel M., Konsumentenverhalten ..., S. 414; Dichtl E., Die Bildung von Konsumententypen als Grundlage der Marktsegmentierung, S. 56; Hofstätter P. R., Sozialpsychologie, Berlin 1970, S. 35 ff.; Dahrendorf R., Homo Sociologicus, S. 32 ff.

[59] Vgl. Stitzel M., Konsumentenverhalten ..., S. 414; Dahrendorf R., Homo Sociologicus, 13. Aufl., Opladen 1974, insb. S. 16, S. 26 und S. 32 ff.; Homans G. C., Social Behavior: Its Elementary Forms, 2. Aufl., New York 1974, S. 193 ff. und S. 319 ff.

[60] Vgl. hierzu auch Hanusch H., Theorie des öffentlichen Gutes ..., S. 53 ff., wo auf die Bedeutung der Gruppen im öffentlichen Sektor eingegangen wird.

[61] Vgl. Stitzel M., Konsumentenverhalten ..., S. 415; vgl. auch Kotler Ph., Marketing ..., S. 111; Beckman Th. N. u. a., Marketing ..., S. 137; Dahrendorf R., Homo Sociologicus, 13. Aufl., S. 61 f. und S. 64 ff.

stellt die Familie dar. Sie wurde bereits oben im Rahmen der demographischen Merkmale beschrieben.

Man nimmt an, daß das Gruppenbeziehungsgefüge zu spezifischen Verhaltensformen, zur sog. Gruppendynamik führt. Damit ist eine Tendenz zur Angleichung der Meinungen und der Verhaltensmuster innerhalb der Gruppe verbunden.

In besonderer Weise verhaltensbeeinflussend wirken die Bezugsgruppen der Individuen. Die Bezugsgruppe, d. h. also die Gruppe, an welcher sich das Individuum orientiert, hat bestimmte Wertungen, Normen und Erwartungen entwickelt. Verhält sich das Individuum gemäß diesen Normen, zieht das positive Sanktionen, das Nichtbefolgen aber Bestrafungen[62] nach sich[63].

Die Meinungsbildung innerhalb einer Gruppe wird im wesentlichen durch sog. Meinungsführer (opinion-leaders) betrieben. Meinungsführer, die ansonsten ganz normale Gruppenmitglieder sind, zeichnen sich dadurch aus, daß sie externe Informationen, in gegebenenfalls gefilterter Form, an die Gruppenmitglieder weitergeben. In der Regel werden die Einstellungen der Meinungsführer von den Gruppenmitgliedern akzeptiert[64].

Im übrigen sei noch erwähnt, daß ein Individuum durchaus mehreren Bezugsgruppen angehören kann, soweit dadurch unterschiedliche Produkt- bzw. Lebensbereiche berührt werden[65].

Soziale Schicht bzw. Klasse. Unter sozialer Schicht ist eine nach bestimmten Kriterien gebildete Teilmenge der Bevölkerung in einem Land zu verstehen, die gemeinsame Vorstellungen teilt und in formaler und informaler Weise Beziehungen pflegt[66]. Die Klassifikationen erfolgen zumeist[67] auf der Grundlage von Einkommen, Quelle des Einkommens, Bildungsniveau, Beruf und Wohngegend. Man nimmt nun

---

62 Vgl. Sheth J. N., Eine zusammenfassende Übersicht, S. 161 f.; Bergler R., Konsumententypologie, S. 59 f.; Homans G. C., Social Behavior: Its Elementary Forms, S. 94 ff.

63 Dieses Gruppenverhalten wollen wir uns insbesondere bei der Aggregation von Präferenzen zunutze machen. Vgl. hierzu den Abschnitt „Individuelle Bedürfnisse und staatliche Gesamtverantwortung".

64 Vgl. Stitzel M., Konsumentenverhalten ..., S. 416; Fitch St. K., Insights into Human Behaviour, Boston 1974, S. 279 ff.; Homans G. C., S. 269 ff.

65 Vgl. Bergler R., Konsumententypologie, S. 60.

66 Vgl. Beckman Th. N. u. a., Marketing ..., S. 92; Dahrendorf R., Homo Sociologicus, 13. Aufl., S. 45 f. und S. 73 f.

67 Vgl. z. B. Warner W. L., Social Class in America, in: Kassarjian H. J. und Robertson T. S.,(Hg.), Perspectives in Consumer Behavior, Glenview (Ill.) 1968, S. 237 ff.

an, daß jede Schicht einen spezifischen Lebensstil pflegt, der sich in unterschiedlichen Einstellungen, Ansichten etc. und divergierender Nachfrage nach Gütern und Diensten niederschlägt[68,69]. Weiterhin geht man davon aus, daß sich die Mitglieder einer Klasse jeweils an dem Standard der nächst höher liegenden Klasse orientieren. Bedürfnisse und Einstellungen breiten sich somit allmählich von den höheren zu den niedrigeren Klassen aus. Man spricht in diesem Zusammenhang von der Theorie des „Herabrieselns" — womit wir ein Aktormodell für die soziologischen Variablen gefunden hätten[70]. Bedürfnisse werden damit nicht von allen zugleich und mit der selben Intensität erlebt[71].

Treten derartige soziologische Erscheinungen auch beim Konsum öffentlicher Leistungen auf, und viele Anzeichen sprechen dafür[72], so darf man wohl von der Existenz einer gruppenbezogenen, sozial determinierten Nachfrage ausgehen. Das bedeutet aber andererseits, daß Individuen ihre (Nachfrage-)Entscheidungen nicht nur aufgrund eigener Überlegungen, Werte, Normen, Bedürfnisse treffen, sondern sich in ihren Entscheidungen auch ganz wesentlich von ihrer Umwelt beeinflussen lassen. Eine Theorie, die bei der Nachfrage nach (öffentlichen)

---

[68] Vgl. dazu näher Beckman Th. N. u. a., Marketing..., S. 92; Ferber R., Brand Choice and Social Stratification, in: Quarterly Review of Economics Business, 2 (1962), S. 71 ff.; Graham S., Class and Conservatism in the Adoption of Innovations, in: Human Relations, 9 (1956), S. 148 ff.; Shelly H. P., Status Consensus, Leadership and Satisfaction with the Group, in: Journal of Social Psychology, 51 (1960), S. 157 ff.; Kotler Ph., Marketing..., S. 110 f.

[69] Vgl. dazu jedoch kritisch Rich St. U. und Subhash C. J., Social Class and Life Cycle as Predictors of Shopping Behaviour, S. 41 ff.

[70] Vgl. dazu etwa Barber B. und Lobel L. S., „Fashion" in Women's Clothes and the American Social System, in: Social Forces, 31 (1952/53), S. 124 ff.; Fallers L. A., A Note on the „Trickle Effect", in: Public Opinion Quarterly, 18 (Fall 1954), S. 314 ff.; Simmel G., Fashion, in: American Journal of Sociology, 62 (1956/57), S. 541 ff.

[71] Diese Theorie blieb jedoch nicht unwiedersprochen (vgl. z. B. King C. W., Fashion Adoption: A Rebuttal to the „Trickle Down" Theory, in: Proc. American Marketing Association 1963, S. 108 ff.). Der wohl stichhaltigste Einwand kommt vom Ansatz des Anspruchsniveaus, welcher besagt, daß der erwartete Anspruch eines Menschen von der Realität gemäßigt wird, und das Individuum deshalb seine Ansprüche auf ein Niveau des Erreichbaren bringt, um ständige Frustrationen zu vermeiden (vgl. Lewin K. et al., Level of Aspiration, in: Hunt J. McV., (Hg.), Personality and the Behaviour Disorders, Vol. I, New York 1944, S. 333 ff.). Auch die Theorie der sozialen Interaktion legt nahe, daß eine Person möglicherweise in einer Interaktionssituation zufriedener ist, in welcher Ähnlichkeit der Faktoren wie Einkommen, Alter, Ausbildung, Vergangenheit etc. besteht (vgl. Homans G. C., Social Behaviour: Its Elementary Forms, insb. S. 51 ff.; Thibaut J. W. und Kelly H. H., The Social Psychology of Groups, Wiley 1959). Vieles spricht aber auch dafür, daß das menschliche Verhalten in der Realität ein mixtum compositum dieser Ansätze ist — keiner somit vollkommen falsch, aber auch nicht der einzig richtige ist.

[72] Derartige Zusammenhänge treten bei der Studie „Theater und Ökonomie" zutage.

Gütern alleine auf das Individuum und dessen Bedürfnisse abstellt, übersieht damit einen entscheidenden Einflußbereich.

3. Abschließende Bemerkungen zu den persönlichen und sozialen Merkmalen der Staatsbürger

Die Motive, die Persönlichkeitsvariablen und die sozialen Faktoren sind wohl die entscheidenden Determinanten menschlichen Verhaltens überhaupt. Doch nützen uns bei dem vorliegenden Ansatz die besten Erkenntnisse über Motive, soziale Schicht usw. nichts, wenn wir sie nicht zuordnen können. Wir müssen also die Motive und die anderen Faktoren vor allem mit den soziodemographischen Faktoren assoziieren, da nur so Aussagen über sie getroffen werden können. Es gilt in erster Linie in Erfahrung zu bringen, wer die Träger der Bedürfnisse, der sozialen Rollen usw. sind, und durch welche objektiv feststellbaren Eigenschaften sie kenntlich gemacht werden können.

Man könnte sogar einen Schritt weitergehen und folgenden Zusammenhang unterstellen: Unterscheiden sich die Bürger im Hinblick auf die Bedürfnisse und in anderen Faktoren (Geschlecht, Bildung, Beruf, Herkunft etc.), dann ist anzunehmen, daß es zwischen beiden Zusammenhänge gibt, worauf wir bei den soziologischen und den psychologischen Determinanten immer wieder hinwiesen.

Auf dem Hintergrund dieses Wissens wären Beschreibungen und insbesondere Kennzeichnungen der Nachfrager durch die soziodemographischen Merkmale zulässig.

Doch muß nochmals betont werden, daß zunächst der gesamte Daten- und Determinantenkranz zwingend zu erheben ist, da ansonsten die Bestimmung der Bedürfnisse und deren Kausalität nicht lösbar wird.

II. Die Mittel zur Bedürfnisbefriedigung im Staatssektor und ihre Eigenschaften als verhaltenslenkende Faktoren

1. Die Einstellungen der Bürger zu öffentlichen Leistungen und ihre generelle Bedeutung

Mit den Faktoren, die in den persönlichen Eigenschaften eines Individuums und dessen Umwelt begründet sind, ist nur der eine Bereich von Determinanten erfaßt, den wir zur Bestimmung und Erklärung von Bedürfnissen benötigen. Den zweiten Bereich stellen die Objekte der Bedürfnisse dar. Die Bedürfnisse, so lehrten uns die Psychologie und die

Soziologie[1], sind nicht unabhängig von ihren Zielobjekten und deren Eigenschaften zu analysieren. Graumann[2] bezeichnet dies so: „Die Zeit der isolierten Betrachtung von Motiven, Bedürfnissen, Trieben ist Geschichte. An ihre Stelle tritt die Einsicht, daß die Interaktion von motivierender Situation und motiviertem Subjekt das Grundthema wird.“

Konkret besagt das nun, daß ein Bedürfnis durch Anreize aktiviert wird, welche aber nur in einer bestimmten Situation und bei bestimmten Persönlichkeitsmerkmalen als solche erkannt und angenommen werden. Die Bedürfnisbefriedigung hängt wiederum von der Kenntnis der Mittel zur Bedürfnisbefriedigung ab. Die Situation eines Individuums — und damit auch unsere Erhebung — besteht, wie schon betont, aus der Umwelt in personaler und materieller Hinsicht und der Person selbst. Das heißt für unser Vorhaben: Wir müssen den Bürger als Theatergänger,als Nachfrager nach innerer oder äußerer Sicherheit, als Nachfrager nach Bildung usw. analysieren. Wollen wir zu aussagekräftigen Ergebnissen über die Bedürfnisse, deren Kausalität und deren Dynamik gelangen, ist zur Vervollständigung der Erhebungssituation somit auf jeden Fall die öffentliche Leistung einzubeziehen.

Mit dem öffentlichen Angebot tritt unsere zweite Gruppe von Daten, die wir erheben wollen, in den Vordergrund, nämlich die Einstellungen. Bei ihrer Erläuterung sahen wir, daß sie im Objekt zentriert sind, und darüber Aufschluß geben, welche Meinungen die Bürger bzw. einzelne Bürger zu einer bestimmten Leistung (wobei es sich um materielle oder immaterielle Objekte handeln kann) und deren Eigenschaften besitzen.

Diese Einstellungen sind aber deshalb von so hoher Bedeutung, weil sie in erster Linie den Bedürfnisbefriedigungsprozeß steuern[3]. Mit Sicherheit dürfte dieser Variablengruppe auch im öffentlichen Sektor großer Einfluß zukommen. Denn gerade gegenüber öffentlichen Einrichtungen wie der Polizei, dem Militär, dem Museum, dem Theater, dem Finanzamt, der Justiz usw. haben sich ganz spezifische und ebenso prägnante Einstellungen herauskristallisiert, welche das Verhalten lenken.

Derartige Einstellungen dürften aufgrund ihrer Konstanz wesentlich stärker ausgeprägt sein, als das auf privatwirtschaftliche Produkte und

---

[1] Vgl. Hondrich K. O., Bedürfnisorientierung und soziale Konflikte ..., S. 264; ders., Soziologische Theorieansätze und ihre Relevanz für die Sozialpolitik, in: Ferber Ch. v., Kaufmann F.-X., (Hg.), Kölner Zeitschrift für Soziologie und Sozialpsychologie. Soziologie und Sozialpolitik, Sonderheft 19/1977, S. 217 ff.

[2] Siehe Graumann C. F., Einführung in die Psychologie, Bd. 1, Motivation, Bern, Stuttgart 1969, S. 125.

[3] Vgl. Rosenstiel L. v., Die motivationalen Grundlagen ..., S. 104 und S. 440 ff.; Rüttinger B., Rosenstiel L. v., Molt W., Motivation des wirtschaftlichen Verhaltens, S. 66 f.

Unternehmen zutrifft. Zwischen den einzelnen sozialen Gruppen bestehen aber wahrscheinlich wiederum beträchtliche Unterschiede in der Einstellung und den Wertmaßstäben, die spezifischen öffentlichen Leistungen entgegengebracht werden. Dieser Umstand ist in erster Linie auf Normen und Werte der jeweiligen Gruppe, die von Generation zu Generation weitergegeben werden, und vor allem auf die individuelle Bildung, den persönlichen Informationsstand und die Erfahrungen mit den Leistungen zurückzuführen.

Gemessen werden die Einstellungen mit bestimmten Skalen, die von Thurstone, Lickert oder Guttman entwickelt wurden. Auf sie wollen wir jedoch nicht näher eingehen, da sie in der Literatur ausgiebig behandelt werden[4]. Aber auch das semantische Differential, welches von Osgood, Succi und Tannenbaum erarbeitet wurde, eignet sich dazu[5].

Würde es uns mit Hilfe der Befragung gelingen, Einblick darüber zu erhalten, welche Einstellungen die Bürger gegenüber öffentlichen Leistungen besitzen, wäre das ein großer Schritt vorwärts bei der Darstellung und vor allem der Erklärung des Prozesses der Bedürfnisbefriedigung und damit letztlich zur Bestimmung von Bedürfnissen selbst. Andererseits ergäben sich durch eine bewußte Korrektur einer öffentlichen Leistung Ansatzpunkte, um auf indirektem Wege — ohne Zwang und Verletzung der Konsumentensouveränität — die Einstellungen zu korrigieren und auf die Bedürfnisse einzuwirken, wenn dies von höherer Warte aus für notwendig gehalten wird.

Das Problem besteht nun allerdings darin, daß zur Erfassung der Einstellungen ebenso wie zur Erfassung der Bedürfnisse das staatliche Angebot zunächst in seiner Gesamtheit darzustellen ist, um es dann vor allem bis hinab zur einzelnen Leistung des öffentlichen Sektors zu differenzieren und diese wiederum in ihren maßgeblichen Eigenschaften in für den Bürger aussagekräftiger Weise zu bestimmen.

Denn diese Eigenschaften und die selbst erlebten oder von anderen übernommenen Erfahrungen mit einer Leistung sind ursächlich für die Einstellungen[6].

---

[4] Vgl. z. B. Stosberg M., Analyse der Massenkommunikation. Einstellungsmessung, Düsseldorf 1972.

[5] Vgl. Osgood C. E., Succi G. S., Tannenbaum P. H., The Measurement of Meaning, Institute of Communications Research, University of Illinois 1957.

Dieses semantische Differential schlagen wir insbesondere zur Verwendung bei der schriftlichen Befragung vor. Da wir in Teil 3 unserer Arbeit ausführlich darauf eingehen, möge hier dieser Hinweis genügen.

[6] Wenn ein Bürger mit einem bestimmten Gut schon bisher gute Erfahrungen machte bzw. von guten Erfahrungen hörte (seine Bedürfnisse wurden also befriedigt bzw. könnten befriedigt werden), dürften sich positive Einstellungen gegenüber dem fraglichen Objekt herausbilden, welche den Kon-

Eine Bedürfniseruierung im öffentlichen Sektor steht somit vor dem Problem, einmal die öffentlichen Leistungen in ihrer Gesamtheit zu erfassen und zum anderen das staatliche Angebot soweit zu differenzieren, bis wir zur konkreten Leistung mit ihren spezifischen Produkteigenschaften verstoßen, welche für die Bürger bewußt erlebbar sein müssen. Der Grad der Disaggregierung wird somit vom jeweiligen Niveau der Nachfrage bestimmt. Gelingt uns das nicht, d. h. bleibt unser Abstraktionsniveau zu hoch, bzw. sind wir nicht in der Lage, alle bedürfnisrelevanten Eigenschaften einer öffentlichen Leistung zu erfassen und in verständlicher Weise zu verbalisieren, ist das Vorstellungsvermögen der Befragten überfordert und unsere Analyse kann letztendlich auch nicht die gewünschten Ergebnisse, nämlich Bedürfnisse und Einstellungen, hervorbringen.

2. Erfassung des staatlichen Leistungsangebotes[7]

Bei diesem Problem sollte man meinen, daß uns die Finanzwissenschaft — und damit die Lehre von der Staatswirtschaft — weiterhelfen könnte. In der finanzwissenschaftlichen Literatur werden die öffentlichen Ausgaben[8] in den meisten Fällen[9] in Transferzahlungen und Ausgaben des Staates für Güter und Dienste unterschieden.

Eine derartige Untergliederung ist jedoch zu global, um sie zum unmittelbaren Gegenstand einer Befragung machen zu können. So dürfte man auf die Fragen: „Halten Sie den Umfang der Transferleistungen für ausreichend?“ oder „Ist Ihrer Meinung nach die Struktur der Ausgaben für Güter und Dienste ausgewogen?“ nur selten eine befriedigende Auskunft erhalten.

Damit ist zwar durch eine derartige Gliederung der Umfang staatlicher Leistungen zu erfassen, jedoch das Differenzierungsvermögen des

---

sum dieser Leistung verstärken oder, im anderen Falle, wahrscheinlich werden lassen. Negative Einstellungen bewirken jedoch das Gegenteil.

[7] Mit dem Problem der Erfassung des staatlichen Leistungsangebotes ist natürlich auch eng dasjenige der Abgrenzung staatlicher Leistungen verbunden. Wir gehen jedoch darauf nicht explizit ein, da dieses Problem für das Verständnis unserer Vorgehensweise nicht von grundlegender Bedeutung ist. Vgl. dazu z. B. Hanusch H., Verteilung öffentlicher Leistungen — eine Studie zur personalen Inzidenz, S. 23 ff., insb. S. 26 ff.

[8] Wir wollen hier nicht zwischen öffentlichen Ausgaben, öffentlichem Angebot und öffentlichen Aufgaben unterscheiden, sondern alle drei Begriffe synonym verwenden, da dies zumeist in der Literatur auch der Fall ist.

[9] Vgl. z. B. Musgrave R. A., Finanztheorie, 2. Aufl., S. 230 ff. und S. 295 f.; Wittmann W., Einführung in die Finanzwissenschaft, Teil I: Die öffentlichen Ausgaben, S. 6; Nahmer N. v. d., Lehrbuch der Finanzwissenschaft, Bd. I, Köln, Opladen 1964, S. 160; Hansuch H., Verteilung öffentlicher Leistungen, S. 64 ff.

einzelnen Bürgers überfordert. Das gleiche trifft auch auf die Unterteilung der Haushaltspläne in Personal-, Sach- und allgemeine Ausgaben zu. Selbst eine Untergliederung nach den Zielen der Wirtschafts- und Finanzpolitik[10]:

— Vollbeschäftigung
— Preisstabilität
— Außenwirtschaftliches Gleichgewicht
— Wirtschaftliches Wachstum
— Verteilungsgerechtigkeit
— Versorgung mit Kollektivgütern
— Rationaler Einsatz der Produktionsfaktoren
— Regionale Entwicklung
— Qualität der natürlichen Umwelt und
— Qualität des Lebens

vermindert zwar das Abstraktionsniveau, ist jedoch immer noch zu komplex. Die Befragten können sich wahrscheinlich nur in den wenigsten Fällen etwas unter all diesen Begriffen vorstellen. Aber selbst wenn sie dies könnten, würde uns diese Kategorisierung nicht weiterhelfen, da die gedankliche Verbindung zur konkreten staatlichen Leistung nicht hergestellt werden kann.

Dabei sind, wohlgemerkt, bei jedem Gliederungsvorschlag die öffentlichen Ausgaben in ihrer Gesamtheit erfaßt.

Einen ersten konkreten Einstieg versprechen die Komponenten der Qualität des Lebens, wie sie im Rahmen der Diskussion der „Sozialen Indikatoren" Verwendung finden[11]. Hier werden etwa folgende Komponenten genannt[12]:

1. Gesamte Umwelt

   — natürliche (ökologische) Umwelt
   — soziale Umwelt
   — politische Umwelt
   — kulturelle Umwelt
   — internationale Umwelt

---

[10] Vgl. z. B. Kirschen E. S., Ziele der praktischen Wirtschaftspolitik, in: Gäfgen G., (Hg.), Grundlagen der Wirtschaftspolitik, 3. Aufl., Köln, Berlin 1970, S. 237 ff.; Werner J., Über wirtschaftspolitische Ziele, in: Schweizerische Zeitschrift für Volkswirtschaft und Statistik, Bd. 107 (1971), S. 359 ff.

[11] Vgl. dazu ausführlich im Teil 1, Abschnitt B, Punkt II.

[12] Vgl. Wittmann W., Einführung in die Finanzwissenschaft, Teil IV: Finanzpolitik, Stuttgart 1974, S. 181, der an dieser Stelle eine relativ umfassende und differenzierte Gliederung vorstellt.

2. Persönliche Verhältnisse
   — Sicherheit
   — Erziehung und Ausbildung
   — Gesundheit
3. Beschäftigung und Arbeitsbedingungen
4. Wohnung und Wohnungsausstattung
5. Freizeit
6. Höhe und Verteilung der privaten Einkommen
7. Eigentumsverhältnisse
8. Verkehrswesen
9. Höhe und Struktur des privaten Konsums
   — lebensnotwendige Güter
   — nichtlebensnotwendige Güter
   — Dienstleistungen
10. Spezifische staatliche Leistungen
   — Gesundheitswesen
   — Erziehungswesen
   — soziale Sicherheit
   — Verwaltung
   — innere Sicherheit
   — äußere Sicherheit

Das Problem dieses Kataloges besteht jedoch darin, daß das Leistungsangebot ganz allgemein und nicht die staatliche Angebotsseite im Mittelpunkt steht. Das bedeutet, daß neben den spezifisch staatlichen Leistungen auch in anderen Kategorien Leistungen enthalten sind, die vom Staat erbracht oder mit erbracht werden.

Eine weitere Möglichkeit bestünde schließlich darin, einfach die Fachveröffentlichungen des Statistischen Bundesamtes[13] zu verwenden und darauf zu vertrauen, daß hier die staatlichen Aktivitäten umfassend zusammengestellt und logisch gegliedert sind. In diesen Übersichten werden folgende staatliche Aufgabenbereiche erfaßt:

1. *Politische Führung und zentrale Verwaltung*

   Politische Führung, Innere Verwaltung, Informationswesen, Statistischer Dienst, Zivildienst, Steuer- und Zollverwaltung, Ver-

---

[13] Vgl. Statistisches Bundesamt, Fachserie 14: Finanzen und Steuern, Reihe 1: Haushaltsansätze 1977, Mainz, Stuttgart 1977, S. 15 ff.

mögensverwaltung, Schuldenverwaltung und sonstige Finanzverwaltung, Hochbauverwaltung (Staat), Sonstige allgemeine Staatsaufgaben

2. *Auswärtige Angelegenheiten*

   Auslandsvertretungen, Internationale Organisationen, wirtschaftliche Zusammenarbeit, Auslandsschulwesen und Kulturelle Angelegenheiten im Ausland, Sonstiges

3. *Verteidigung*

   Verwaltung, Deutsche Verteidigungsstreitkräfte, Verteidigungslasten im Zusammenhang mit dem Aufenthalt ausländischer Streitkräfte, Zivile Verteidigung, Wissenschaftliche Forschung, Unterhaltssicherung

4. *Öffentliche Sicherheit und Ordnung*

   Bundesgrenzschutz, Polizei, Öffentliche Ordnung, Feuerschutz, Katastrophenschutz, Sonstiges

5. *Rechtsschutz*

   Verfassungsgerichte, Ordentliche Gerichte und Staatsanwaltschaften, Verwaltungsgerichte, Arbeits- und Sozialgerichte, Finanzgerichte, Justizvollzugsanstalten, Sonstige Rechtsschutzaufgaben

6. *Schulen und vorschulische Bildung*

   Grund- und Hauptschulen, Sonderschulen, Realschulen, Gymnasien, Gesamtschulen, Kindergärten, Berufliche Schulen, Fachschulen, Sonstiges

7. *Wissenschaftliche Hochschulen*

   Universitäten, Technische Hochschulen, Technische Universitäten, Pädagogische Hochschulen und entsprechende Einrichtungen der Lehrerbildung, Gesamthochschulen, Sonstiges

8. *Hochschulkliniken*

9. *Sonstige Hochschulen*

   Kunsthochschulen, Fachhochschulen

10. *Wissenschaft, Forschung, Entwicklung außerhalb der Hochschulen (ohne Verteidigungsforschung)*

    Fächerübergreifende Förderungs- und Trägerorganisationen in Wissenschaft und Forschung, Wissenschaftliche Bibliotheken, Archive, Dokumentation, Dokumentationsforschung, Wissenschaftliche Museen, Sonderforschungsbereiche, Kernforschung, Sonstige Energieforschung, Weltraumforschung und -technik, Informatik, Datenverarbeitung, Technologische Forschung und Entwicklung, Wirtschaft einschl. Infrastruktur, Verkehrs- und Nachrichtenwesen, Reinhaltung von Luft, Wasser und Erde, Lärmbekämpfung, Reaktorsicherheit, Strahlenschutz, Ernährung, Land- und Forstwirtschaft, Soziale Fragen, Arbeitsmarkt, Gesundheitswesen, Bau- und Wohnungswesen, Raum- und Städteplanung, Boden- und Meeresforschung, Bildungswesen, Sonstiges

11. *Kunst- und Kulturpflege*

Theater, Berufsorchester und -chöre, Sonstige Musikpflege, Museen, Sammlungen, Ausstellungen, Denkmalsschutz und Denkmalspflege, Naturschutz und Landschaftspflege, Sonstiges

Kirchliche Angelegenheiten

12. *Sonstiges Bildungswesen*

Ausbildungsförderung für Schüler und Studierende, andere Förderungsmaßnahmen für Schüler und Studierende, Schülerbeförderung, Studentenwohnraumförderung, Sonstiges

Außerschulische Jugendbildung, Volkshochschulen, Sonstige Weiterbildung, Lehrerfortbildung, Betriebliche und überbetriebliche berufliche Aus- und Fortbildung einschl. Ausbilderförderung, Förderung der politischen Bildung, Bibliothekswesen, Berufsakademien, Fachakademien, Sonstiges

Unterrichtsverwaltung, Wissenschafts- und Forschungsverwaltung, Verwaltung für kulturelle Angelegenheiten

13. *Soziale Sicherung*

Verwaltung

Versicherungsbehörden, Sozialamt, Sozialhilfeverband, Landeswohlfahrtsverband, Jugendämter, Versorgungsämter, Lastenausgleichsverwaltung, Wiedergutmachungsbehörden, Sonstige Behörden im Bereich der sozialen Sicherung

Sozialversicherung einschl. Arbeitslosenversicherung

Rentenversicherung der Angestellten und Arbeiter, Knappschaftsversicherung, Unfallversicherung, Krankenversicherung, Arbeitslosenversicherung, Altershilfe für Landwirte, Sonstige Sozialversicherungen

Familien-, Sozial- und Jugendhilfe

Kindergeld, Mutterschutz, Wohngeld, Sozialhilfeleistungen, Einrichtungen der Sozialhilfe, Förderung der freien Wohlfahrtspflege, Jugendhilfeleistungen, Einrichtungen der Jugendhilfe, Förderung der freien Jugendhilfe

Soziale Leistungen für Folgen von Krieg und politischen Ereignissen
Leistungen der Kriegsopferversorgung und gleichartige Leistungen, Einrichtungen der Kriegsopferversorgung, Lastenausgleich, Wiedergutmachung nach den Entschädigungsgesetzen, Sonstige Wiedergutmachungsleistungen, Vertriebene und Flüchtlinge, Kriegsopferfürsorge, Sonstiges

14. *Arbeitsmarktpolitik und Arbeitsschutz*

Arbeitslosenhilfe, Hilfe für die Berufsausbildung, Fortbildung und Umschulung, Sonstige Anpassungsmaßnahmen und produktive Arbeitsförderung, Arbeitsschutz
Naturkatastrophen
Förderung der Vermögensbildung
Sonstige soziale Angelegenheiten
darunter:

Wiedergutmachung
Wiedergutmachung nach den Entschädigungsgesetzen, Sonstige Wiedergutmachungsleistungen

15. *Besondere Kriegsfolgeaufgaben*

Leistungen der Kriegsopferversorgung und gleichartige Leistungen, Einrichtungen der Kriegsopferversorgung, Lastenausgleich, Vertriebene und Flüchtlinge, Kriegsopferfürsorge, Sonstiges

16. *Gesundheit, Sport und Erholung*

Einrichtungen und Maßnahmen des Gesundheitswesens
Gesundheitsbehörden, Krankenhäuser und Heilstätten, Maßnahmen des Gesundheitswesens, Sonstiges
Sport und Erholung
Park- und Gartenanlagen, Badeanstalten, Sportstätten, Förderung des Sports, Sonstiges
Reinhaltung von Luft, Wasser und Erde, Lärmbekämpfung, Reaktorsicherheit, Strahlenschutz
darunter:

17. *Krankenhäuser und Heilstätten*

18. *Wohnungswesen, Raumordnung, Landesplanung, Vermessungswesen*

Förderung des Wohnungsbaues, Sonstiges
Kataster- und Vermessungsverwaltung, Raumordnung und Landesplanung

19. *Kommunale Gemeinschaftsdienste*

Straßenbeleuchtung, Ortsentwässerung, Müllbeseitigung und -verwertung, Straßenreinigung, Schlacht- und Viehhöfe, Sonstiges

20. *Städtebauförderung*

21. *Ernährung, Landwirtschaft und Forsten*

Verwaltung

Verbesserung der Agrarstruktur

Flurbereinigung, Einzelbetriebliche Förderung, Verbesserung der Marktstruktur, Wirtschaftswege, EG-Ausrichtungsfonds, Sonstiges

Einkommensstabilisierende Maßnahmen

EG-Garantiefonds, Marktordnungen (einschl. EG), Gasölverbilligung, Aufwertungsausgleich, Sonstiges

Sonstige Bereiche

Versuchsgüter und -felder, Fischerei, Sonstiges

22. *Energie- und Wasserwirtschaft, Gewerbe, Dienstleistungen*

Verwaltung

Energie- und Wasserwirtschaft, Kulturbau

Kernenergie, Sonstige Energieformen, Wasserwirtschaft und Kulturbau, Talsperren, Hochwasserrückhaltebecken, Küstenschutz, Erdölversorgung, Sonstige Energieversorgung, Sonstige Rohstoffbeschaffungsmaßnahmen, Sonstiges

Bergbau, verarbeitendes Gewerbe und Baugewerbe

Kohlebergbau, Sonstiger Bergbau, Sonstige Grundstoffproduktion, Verarbeitende Industrie, Handwerk und Kleingewerbe, Baugewerbe, Sonstiges verarbeitendes Gewerbe

Handel

Handel, Exportförderung, Auslandsmessen, Märkte und Inlandsmessen, Sonstiges
Fremdenverkehr

Geld- und Versicherungswesen

Banken und sonstige Kreditinstitute, Versicherungen, Sonstiges
Sonstige Dienstleistungen
Sonstige Bereiche

Regionale Förderungsmaßnahmen

Betriebliche Investitionen Verbesserung der Infrastruktur, Sonstiges

23. *Verkehrs- und Nachrichtenwesen*

Verwaltung

Straßen

Bundesautobahnen, Bundesstraßen, Landstraßen, Kreisstraßen, Gemeindestraßen, Sonstiges
Wasserstraßen und Häfen, Förderung der Schiffahrt
Schienenverkehr
Luftfahrt
Wetterdienst
Nachrichtenwesen
Sonstige Bereiche

darunter:

24. *Straßen*

25. *Wasserstraßen und Häfen, Förderung der Schiffahrt*

26. *Schienenverkehr*

27. *Wirtschaftsunternehmen*

Land- und forstwirtschaftliche Unternehmen

Versorgungsunternehmen

Elektrizitätsunternehmen, Gasunternehmen, Wasserunternehmen, Kombinierte Versorgungsunternehmen, Sonstiges

Verkehrsunternehmen

Straßenverkehrsunternehmen, Eisenbahnen, Schiffahrt, Häfen und Umschlag, Flughäfen und Luftverkehr, Sonstige Verkehrsunternehmen
Kombinierte Versorgungs- und Verkehrsunternehmen

Bergbau und Gewerbeunternehmen

Bergbau, Industrielle Unternehmen, Banken und Kreditinstitute, Münzbetriebe, Sonstiges

Sonstige Wirtschaftsunternehmen

Staatsbäder, Lotterie, Lotto, Toto, Sonstiges

Der Vorteil dieser Gliederung besteht darin, daß sie sich ausschließlich auf den Staat bezieht und die staatlichen Aufgabenblöcke in schon so differenzierter Form wiedergibt, daß daran gleich die Befragung ansetzen kann bzw. so gute Anhaltspunkte liefert, daß leicht eine weitere Disaggregierung möglich ist.

Die Differenzierung bis hinab zur einzelnen öffentlichen Leistung versetzt uns nun vor allem in die Lage, mehrere Mittel zur Bedürfnisbefriedigung, welche zu einem Angebotsbereich gehören und in (finanzieller) Konkurrenz stehen oder als Alternativen angesehen werden, vom Befragten in eine Rangordnung bringen zu lassen. Aus dieser Rangordnung wäre dann auf die Hierarchie der dahinterstehenden Bedürfnisse zu schließen. Wir erhalten damit nicht nur die Möglichkeit auf einzelne Bedürfnisse und Einstellungen einzugehen, sondern sie im Verbund und in ihrer Bedeutung aus der Sicht der Betroffenen zu erheben[14].

Wir können nun für unsere weitere Vorgehensweise zwei alternative Wege einschlagen: der erste besteht darin, sich auf den Standpunkt zu stellen, eine Bewertung der gesamten öffentlichen Leistung durch die Bürger reiche aus, um auf deren Bedürfnisse schließen zu können; die zweite Alternative sehen wir nicht nur in einer globalen, sondern vor allem in einer differenzierten Bewertung der Produkteigenschaften einer öffentlichen Leistung.

Für diese zweite Alternative wollen wir uns entscheiden, da sie erheblich mehr Informationen — und damit Interpretationsmöglichkeiten für Einstellungen und Bedürfnisse — bietet.

3. Erfassung der Eigenschaften von Mitteln zur Bedürfnisbefriedigung im Staatssektor

Es wäre zwar durchaus möglich, nun den Versuch zu unternehmen, und die Eigenschaften bestimmter öffentlicher Produkte jeweils aufzulisten. Doch diese Vorgehensweise ist nicht ratsam, da wir wesentliche Eigenschaften vergessen und erfaßte Eigenschaften in ihrer Bedeutung nicht angemessen berücksichtigen könnten.

Einen Ausweg eröffnet uns wieder einmal das Marketing, welches ein Produkt in die sogenannten Dimensionen Produkt im engeren Sinne, Preis, Distribution und Werbung gliedert[15].

---

[14] Mit dem Instrumentarium der Befragung könnten wir nun ebenso die Einnahmeseite einer Analyse unterziehen. Hier wäre eine Gliederung weit einfacher durchzuführen, wenn wir etwa an die Einteilung in Steuern, Gebühren, Beiträge, Kredite sowie sonstige Einnahmen und die weitere Differenzierung innerhalb dieser Kategorien denken. Die Bürger haben gegenüber der Einnahmenseite des Staates sicherlich Einstellungen und Meinungen entwickelt, die zu wissen, wertvolle Aufschlüsse erbringen dürfte. Doch Einnahmen des Staates befriedigen in ihrer Funktion als Einnahmen keine Bedürfnisse, sondern beschneiden die Möglichkeiten zur Bedürfnisbefriedigung. Staatseinnahmen stellen somit keine Mittel zur Bedürfnisbefriedigung dar, weshalb ihnen in unserer Betrachtung keine direkte Bedeutung zukommt.

[15] Vgl. Kotler Ph., Marketing for Nonprofit Organisations, S. 163 ff.

In diesem Raster sehen wir auch für das staatliche Güterangebot das geeignete Instrument, die Eigenschaften staatlicher Leistungen systematisch zu erfassen. Konkret wollen wir ja wissen, daran sei nochmals erinnert, wie eine öffentliche Leistung in eben diesen ihren Dimensionen von den Bürgern beurteilt wird.

Zum Zwecke der Befragung ist die gewählte Kategorisierung noch zu grob, so daß innerhalb dieser Dimensionen eine weitere Differenzierung vorzunehmen ist. Eine derartige Gliederung wäre beim Produkt im engeren Sinne diejenige in: tangible product, core product und augmented product, welche ebenfalls von Kotler[16] stammt.

Das tangible product umfaßt die Produktqualität im engeren Sinne, deren Haupteigenschaften, das Styling, den Namen und die Verpackung[17]. Das core product besteht aus dem essentiellen Produktnutzen bzw. dem von den Konsumenten erwarteten Nutzen. Unter dem augmented product versteht Kotler die Gesamtheit der Nutzen und Kosten, die eine Person erhält bzw. aufwendet, falls sie das Produkt erwirbt.

Weiterhin gilt es zu bedenken, ob dieses Produkt nur eine Art von Nutzen stiftet oder, ob es im Stande ist, mehrere Bedürfnisse zu befriedigen bzw. erwartet wird, daß es mehrere Bedürfnisse befriedigt.

Gerade bei staatlichen Leistungen ist dieser Gesichtspunkt sehr komplex. So können etwa Theatergänger aus durchaus unterschiedlichen Nutzenerwartungen Veranstaltungen besuchen. Solche Überlegungen können sich z. B. auf das gegebene Stück selbst, die agierenden Schauspieler, die gebotene Unterhaltung, das Zusammentreffen mit Freunden, das Sehen und das Gesehen-Werden u. ä. beziehen.

Eine staatliche Leistung, wie z. B. das Theater, wirft, wie aus obigen Zeilen schon herauszulesen ist, noch ein weiteres Problem auf, nämlich was eigentlich als Produkt anzusehen ist. So kann unter dem Produkt Theater das Haus, aber auch die konkrete Aufführung oder auch beides verstanden werden.

Bei verschiedenen staatlichen Einrichtungen wäre weiterhin denkbar, daß nicht nur ein, sondern mehrere voneinander abhängige oder auch unabhängige Produkte erstellt und angeboten werden. Dabei ist zu untersuchen, ob Harmonie zwischen den Produkten besteht; denn in divergierenden Konzeptionen liegt oft die Ursache für eine negative Gesamtbeurteilung verborgen.

---

[16] Vgl. Kotler Ph., Marketing for Nonprofit Organisations, S. 164 f.

[17] Dabei müssen natürlich zumindest einige dieser Begriffe bei vielerlei Leistungen des Staates im übertragenen Sinne verstanden oder entsprechend abgewandelt werden.

Beim Preis können wir zwischen direkten und indirekten Preisen unterscheiden. Zur ersten Gruppe rechnen wir Preise für Waren und Dienstleistungen, Renten, Gebühren, Zinsen, Eintritts- und Benutzerpreise, Honorare, Prämien, Löhne und Gehälter. Zur zweiten Gruppe zählen wir vor allem diejenigen Abgaben, denen keine unmittelbare Leistung gegenübersteht. Im wesentlichen sind dies direkte Steuern. Die Beiträge (z. B. Straßenanliegerkosten) nehmen in dieser Systematik eine Zwischenstellung ein[18].

In vielen Bereichen des staatlichen Güterangebotes kommen sodann auch Preisstaffelungen vor, die aufgrund unterschiedlicher Erwägungen getroffen werden.

Dabei interessiert im Rahmen der Preispolitik in erster Linie, ob von den Benutzern die Preise — und gegebenenfalls die Preisdifferenzierung — als angemessen, zu hoch oder zu niedrig empfunden werden.

Ein weiterer Fragenkomplex könnte sich auch darauf beziehen, wieviel der Bürger bereit ist, zu einer Produktverbesserung beizutragen. Das gleiche trifft natürlich für die Neuerstellung bzw. das Erstangebot einer Leistung zu. Bei räumlicher, zeitlicher und demographischer Betrachtung ergäben sich daraus entsprechend weitere Differenzierungsmöglichkeiten[19].

Schließlich wäre auch bei einer konkreten Leistung zu erfragen, wieviel der einzelne Bürger bereit ist, dafür auszugeben bzw. mehr auszugeben. Konsumentenrente und Preiselastizitäten würden auf diese Art erfaßt, welche wiederum differenziert nach demographischen Merkmalen aufgeschlüsselt werden sollten[20].

Im Rahmen der Distribution ist zum einen von Interesse, welche Einstellungen ein Bürger gegenüber dem Absatzsystem (Absatzwege, Absatzkanäle) einer öffentlichen Leistung besitzt und zum anderen geht es um den Standort der öffentlichen Institution, welche die Leistung(en) anbietet. Bei der Mehrzahl öffentlicher Güter dürfte vor allem der letzte Aspekt entscheidend sein, da die Leistungen nicht zum einzelnen Individuum gebracht werden können. Zu wählen wäre somit ein Standort, der möglichst zentral bzw. nahe bei der Benutzerschaft liegt und ver-

---

[18] Auswirkungen von der ersten auf die zweite Gruppe könnten sich dann ergeben, wenn die Preispolitik es gestattet, Steuern zu senken, was dann eintreten würde, wenn die gesellschaftliche Bedarfsanalyse eine höhere Zahlungsbereitschaft für bestimmte Leistungen ergäbe, als bisher angenommen wurde. Damit könnte eine Umschichtung zwischen direkten und indirekten Preisen vorgenommen werden.

[19] Solche Detailbetrachtungen wurden in der schon öfters erwähnten Studie „Theater und Ökonomie“ ausgeführt.

[20] Auch diese Fragen geht die Theaterstudie an.

kehrsgünstig zu erreichen ist. Damit kommen wir aber in Bereiche der Verkehrspolitik, womit die fließenden Grenzen des Leistungsangebotes einmal mehr deutlich werden. Dies kann aber wiederum nur bedeuten, daß bei der Analyse von Angebots-Nachfrage-Beziehungen die Erhebung auch andere, das zu untersuchende Produkt tangierende Problembereiche (produkt-mittelbare Eigenschaften), zu untersuchen hat.

Ein wesentliches Merkmal ist bei vielen Gütern des öffentlichen Bereichs zudem die zeitliche Nutzungsmöglichkeit. Auch hierzu hat der Bürger sicherlich Einstellungen und Bedürfnisse entwickelt, welche es zu ermitteln gilt. Gerade diese Einstellungen dürften oftmals über Nutzung oder Ablehnung entscheiden.

Ein weiterer Aspekt, der mit der zeitlichen Nutzungsmöglichkeit eng zusammenhängt, ist die relativ kostengünstige und schnelle Erhältlichkeit von Eintrittskarten, Fahrkarten u. ä. Hier hat es wahrscheinlich wenig Sinn, diese ausschließlich an einem zentralen Ort zu verkaufen. Wesentlich sinnvoller ist es, das ganze Einzugsgebiet mit einem Netz von Verkaufsstellen zu überziehen. Auf diese Weise wird das öffentliche Angebot, wenn auch nur im übertragenen Sinne, an den einzelnen Konsumenten herangetragen. Voraussetzung, daß jemand z. B. Eintrittskarten für eine Theaterveranstaltung kauft, ist jedoch die Information über die Art des Stückes, die Eintrittspreise, die Anfangszeiten, die Besetzung, die Öffnungszeiten u. ä. Hierfür sind wiederum die geeigneten Informationsträger in einer optimalen zeitlichen Staffelung auszuwählen.

Damit geht aber der Bereich der Distribution fast nahtlos in den Bereich der Werbung und Öffentlichkeitsarbeit über. Ein Zeichen dafür, daß die strikte Einhaltung der getroffenen Kategorisierung in der Praxis nicht immer möglich erscheint.

Die letzte Produktdimension, die wir eben schon erwähnten, ist die Öffentlichkeitsarbeit[21, 22]. In Werbung und Öffentlichkeitsarbeit[23] sehen wir zwei Funktionen: diejenige der Information und diejenige der

---

[21] Zu Begriff und Wesen der Werbung siehe z. B. Behrens K. Ch., Absatzwerbung, Wiesbaden 1963; Gutenberg E., Grundlagen der Betriebswirtschaftslehre, Bd. 2: Der Absatz; Seijffert R., Werbelehre, Theorie und Praxis der Werbung, Bd. 1, Stuttgart 1966. Zu Begriff und Wesen der Öffentlichkeitsarbeit bzw. Public Relations vgl. z. B. Spindler G. P., Public Relations, Wiesbaden 1975.

[22] Eventuell sollten auch die Ansätze der Sales Promotion auf ihre Anwendbarkeit im öffentlichen Sektor untersucht, und bei positivem Ergebnis natürlich verwendet werden.

[23] Dabei ist uns natürlich klar, daß im Marketing Werbung und Öffentlichkeitsarbeit zwei unterschiedliche Bereiche verkörpern. Im Staatssektor sind aber diese Aktivitäten schwerlich sinnvoll zu unterscheiden.

Akquisition. Welche Funktion im Vordergrund steht, hängt von der jeweiligen Situation ab.

Für unsere Zwecke ist zunächst einmal die Informationsfunktion wichtig, wo vor allem Form, Inhalt und Träger der Werbebotschaft von Bedeutung sind. Es gilt dabei abzuklären, welches Aussageniveau und welche Gestalt die Aussage haben und wie oft und in welchen zeitlichen Abständen informiert werden soll. Ebenso müssen wir in Erfahrung bringen, welche Träger für die Information in Frage kommen, und wie diese vom Nachfrager eingeschätzt werden. Nur bei Klärung dieser Probleme ist es möglich, dem Bürger mit Sicherheit die Leistung mit samt ihren Eigenschaften bekannt zu machen. Er kann daraus die Bedürfnisbefriedigungsmöglichkeiten ersehen und eventuelle, bereits bestehende Einstellungen überprüfen.

Wurde für eine öffentliche Leistung bereits geworben, muß ermittelt werden, wie diese Werbung beim Bürger ankommt, um sie gegebenenfalls ändern zu können.

Nur auf diese Weise — und damit kommen wir zur Akquisition — ist ein möglichst positives Bild einer staatlichen Leistung in der Öffentlichkeit zu erhalten. Dies ist aber wiederum Voraussetzung für die (Hinzu-) Gewinnung von Nutzern.

Neben diesen Produktdimensionen sollten auch die Ziele einer Institution, welche Leistungen erstellt bzw. abgibt, als auch die Ziele, die mit einer öffentlichen Leistung (diese könnten auch als die Qualität der Leistung verstanden werden) verbunden sind, bei der Analyse der Mittel zur Bedürfnisbefriedigung berücksichtigt werden. Aus der Gegenüberstellung des Zielbündels mit dem Bürgerwillen lassen sich unter Umständen Divergenzen aufdecken, die Ursache negativer Einstellungen sein können. Gegebenenfalls muß eine Unterscheidung zwischen den Zielen der anbietenden Institution und den Zielen, welche mit dem Produkt verfolgt werden, vorgenommen werden.

Auch eine möglicherweise bei der anbietenden Einrichtung bestehende Zielhierarchie und deren kurzfristige und längerfristige Ziele sollten am Bürger überprüft werden, da er hierzu gegebenenfalls eigene Bedürfnisse und Einstellungen haben könnte[24].

---

[24] Jedoch muß immer und überall die Souveränität der Konsumenten gewahrt bleiben. Der Konsument muß nach wie vor unter den Produktalternativen frei wählen können und das Recht haben, sich zu irren. Es muß aber dafür Sorge getragen werden, daß Irrtümer in der Produktauswahl nicht durch Misrepräsentation oder durch Informationsmangel verursacht werden. Vgl. dazu Block C. E., Commentary: Business Response to Consumer Protection, in: Farrel O. C., La Garce R., (Hg.), Public Policy Issues in Marketing,

Selbst die Organisation als solche wäre vielleicht dahingehend zu analysieren, ob sie geeignet erscheint, die öffentliche Leistung zu erbringen; wobei wiederum die Einstellungen das Kriterium wären.

All die angeführten Dimensionen einer Leistung und die Ziele, seien sie nun mit der Erstellung der Leistung oder mit dieser selbst verbunden, müssen ein einheitliches und harmonisches Ganzes darstellen. Dabei kommt es nicht darauf an, ob dies nun objektiv der Fall ist, sondern es ist entscheidend, ob die Bürger überzeugt sind, daß es so ist.

Damit sind wir bei einem weiteren Aspekt unserer Erhebungssituation, nämlich der Wahrnehmung einer öffentlichen Leistung und ihrer Eigenschaften durch die Bürger.

4. Öffentliche Leistungen und menschliche Wahrnehmung

Wir haben vor allem bei den psychologischen Variablen schon darauf hingewiesen, daß die Wahrnehmung im Bereich der Bedürfnisse und der Bedürfnisbefriedigung eine große Rolle spielt. Nicht die objektiven Eigenschaften eines Produktes sind von Bedeutung, sondern der Zustand, den der Bürger davon wahrnimmt[25].

Die Diskrepanz und deren Lösungsmöglichkeiten hat Hondrich[26] in einem Beitrag sehr anschaulich dargestellt, weshalb wir seine Ausführungen in knapper Form darlegen wollen.

Hondrich[27] geht von einem Koordinatensystem aus, bei dem links von der Ordinate die Nachfrage und rechts davon das Angebot lokalisiert wird. Das Hauptproblem besteht nun darin, Angebot und Nachfrage zum Ausgleich zu bringen; wobei er dieses Problem nicht nur auf die Ökonomie begrenzt wissen will.

Lexington, Toronto, London 1975, S. 103; Cundiff E. W., Public Policy Toward Protection of the Consumer — Implications for Management, ebenda, S. 95 ff.

Ein Eingriff in die Konsumentensouveränität scheint andererseits immer dann vertretbar, wenn sog. höhere Werte auf dem Spiel stehen. Wie auch in diesen Fällen Lösungen zu erarbeiten sind, wird im Abschnitt „Individuelle Bedürfnisse und staatliche Gesamtverantwortung" gezeigt.

[25] Dieser Prozeß wird, wie bei der Diskussion der Motive schon dargestellt, entscheidend von den intervenierenden Variablen bestimmt.

[26] Vgl. Hondrich K. O., Instrumente der Bedürfnis- und Bedarfsermittlung im Planungsbereich: Kritische Darlegung aus der Sicht des bedürfnistheoretischen Ansatzes, in: Rosenstiel L. v., Molt W., (Hg.), Bedarfsdeckung oder Bedürfnissteuerung, Manuskript, Augsburg 1976, S. 184 ff.

[27] Vgl. Hondrich K. O., Instrumente der Bedürfnis- und Bedarfsermittlung . . ., S. 184.

Die Abszisse trennt in einen Verhaltensbereich (oben) und in einen Motivationsbereich (unten). Im Zentrum des Fadenkreuzes siedelt er das Produkt, in seinem Falle ein öffentliches Nahverkehrssystem, an.

Wird das Angebot realisiert, kann durch eine quantitative Benutzeranalyse seine Inanspruchnahme bestimmt werden — wir bewegen uns oberhalb der Abszisse.

Entscheidend ist aber der untere Bereich. Dort werden Angebot und Nachfrage in psychologischen Größen nachvollzogen[28].

Auf der linken Seite stehen die Bedürfnisse und ihnen gegenüber das wahrgenommene Angebot. Eine mögliche Diskrepanz kann hier nur durch ein verfeinertes empirisches Instrumentarium festgestellt werden.

Wichtig ist nun, daß das wahrgenommene Angebot einer Bewertung durch den Bürger unterzogen wird, welche, je nach dessen Bedürfnissen, zu einem positiven oder negativen Ergebnis führen kann. Daraus ergibt sich für jede Person ein bestimmter Befriedigungsgrad, welcher u. U. niedriger als erwartet ausfällt.

Als Lösungsmöglichkeiten, diese Abweichung abzubauen, schlägt nun Hondrich[29] drei Wege vor:

1. Korrektur der Wahrnehmung selbst, um das Angebot in einem günstigeren Licht zu sehen. Dieser Art von Wahrnehmungsverzerrung sind natürlich Grenzen gesetzt.

2. Veränderung des Angebotes. Hierin besteht der Ansatzpunkt unserer Analyse. Wie dabei vorzugehen ist, wurde bereits aufgezeigt.

   Im Gegensatz zu Hondrich[30] übernimmt jedoch bei uns der Anbieter die Initiative.

3. Reduktion der Bedürfnisse[31], welche im Anspruchsniveau zum Ausdruck kommen.

   Das dürfte zur Zeit die Alternative sein, die im Staatssektor am häufigsten anzutreffen ist.

---

[28] Ebenda, S. 186.

[29] Vgl. Hondrich K. O., Instrumente der Bedürfnis- und Bedarfsermittlung ..., S. 189 f.

[30] Bei Hondrich wird eine Angebotsänderung über die Nachfrager eingeleitet, welche durch Proteste, Demonstrationen, Streiks u. ä. auf die Diskrepanz aufmerksam machen.Er erkennt nicht die Möglichkeit, daß der Staat von sich aus versuchen könnte, die Unstimmigkeiten aufzudecken.

[31] Vgl. Hondrich K. O., Instrumente der Bedürfnis- und Bedarfsermittlung ..., S. 190.

Mit diesen Ausführungen hoffen wir, nochmals ganz deutlich herausgestellt zu haben, daß das wahrgenommene und nicht das objektiv feststellbare Angebot für die Befriedigung der Bedürfnisse entscheidend ist. Auf ihm gründen die Einstellungen, welche ihrerseits den Bedürfnisbefriedigungsprozeß in entscheidendem Maße prägen.

Soll die öffentliche Leistung als Mittel zur Befriedigung von Bedürfnissen erkannt werden, muß sie also eine wahrgenommene Wertigkeit für das Individuum und für eben dessen Bedürfnisbefriedigung haben, welche wiederum aus den wahrgenommenen Eigenschaften abgeleitet wird. Es gilt allerdings möglicherweise zu bedenken, daß ganzheitliche Gesichtspunkte Berücksichtigung finden, in dem Sinne als das Ganze mehr als die Summe seine Teile ausmachen kann.

Eine weitere Stufe wäre dann die Einbeziehung der Wahrscheinlichkeit, mit welcher das Individuum annimmt, das Mittel zur Bedürfnisbefriedigung zu erreichen. Doch diesen Aspekt führten wir schon bei den Motiven menschlichen Verhaltens aus.

5. Die Einstellungen gegenüber öffentlichen Leistungen als Möglichkeit, Bedürfnisse auf indirektem Wege zu ermitteln

Aus den Antworten der Befragten zu den Bedürfnisbefriedigungsmitteln und deren Eigenschaften, die ja Einstellungen gegenüber einer öffentlichen Leistung insgesamt und deren Merkmalen verkörpern, können wir nun auch die Bedürfnisse und deren Befriedigungsgrad erkennen. Wird nämlich ein Gegenstand oder eine Eigenschaft als angenehm oder als unangenehm eingestuft, so kommen darin auch Bedürfnisse zum Ausdruck; denn ein Gegenstand wird wohl vor allem dann als angenehm erachtet, wenn er wirklich Bedürfnisse eines Menschen befriedigt bzw. befriedigen könnte.

Wir verwenden dabei Skalen, die eine exakte Einstufung der öffentlichen Leistungen oder einer Eigenschaft zulassen. Wie diese genau auszusehen haben, besprechen wir in Teil 3 bei unseren Anmerkungen zum Fragebogen.

Geben nun die Befragten negative Einstellungen an, so können wir daraus schließen, daß das zugrundeliegende Bedürfnis beim Befragten nicht seinen Vorstellungen entsprechend befriedigt wird. Er würde es somit befürworten, wenn mehr für die Befriedigung des Bedürfnisses getan würde. Stuft die Auskunftsperson den Sitzkomfort eines Theaters negativ ein, so deutet das eindeutig darauf hin, daß er mit den Sitzen nicht zufrieden ist. Er würde also gerne die gegenwärtigen Sitze gegen bequemere und komfortablere Sitzgelegenheiten ausgetauscht sehen.

Welche Bedeutung er dem einzelnen Bedürfnis im Vergleich zu anderen zumißt, können wir daraus allerdings noch nicht entnehmen. Dazu wäre es notwendig, den Befragten zu bitten, die einzelnen Eigenschaften einer öffentlichen Leistung in eine Rangfolge zu bringen, die aber wiederum auch die genauen Abstände zwischen den Produkteigenschaften wiedergeben müßte.

6. Exkurs: Individuelle Preisvorstellungen bei bestehenden und zu errichtenden Einrichtungen zur Leistungsabgabe

Eine Frage, die den Nationalökonomen von jeher interessiert hat, ist die Frage nach dem Preis einer öffentlichen Leistung bzw. den Preisvorstellungen, die die Bürger davon haben. Gerade zur Lösung dieses Problems scheint die Befragungsmethodik ein nahezu unerschöpfliches Potential an Strategien und Techniken bereitzuhalten. Dabei muß jedoch sehr genau zwischen der Erstellung einer öffentlichen Einrichtung, die dann Leistungen abgibt, und der Benutzung bereits bestehender öffentlicher Einrichtungen getrennt werden. Im ersten Fall geht es darum, den möglichen Interessentenkreis und dessen Finanzierungsbereitschaft aufzudecken. Beim zweiten Aspekt wollen wir in Erfahrung bringen, wie hoch der mögliche Benutzer — den es natürlich auch erst zu finden gilt — die öffentliche Leistung einschätzt, die durch eine bereits bestehende Institution angeboten wird. Soll eine Einrichtung geschaffen werden, können wir etwa fragen, ob die Bürger einer Stadt eine U-Bahn haben wollen, und wieviel sie gegebenenfalls zu deren Bau beitragen würden. Es würde damit unter Umständen möglich, diejenigen Bürger zur Finanzierung der U-Bahn heranzuziehen, die dann auch den tatsächlichen Nutzerkreis darstellen[32]. Das ganze Verfahren läßt sich natürlich insoweit verfeinern, als den Auskunftspersonen mehrere Alternativen mit den jeweiligen Kostenvoranschlägen unterbreitet werden, unter denen sie sich dann für eine Alternative entscheiden könnten. In diesem Falle würde sich jeder Befürworter zugleich verpflichten, einen Teil der Kosten zu übernehmen[33].

Im zweiten Fall fragen wir nach der Höhe des Entgeltes für eine öffentliche Leistung, das der einzelne für deren Konsum bereit wäre zu entrichten. Die einfachste Frage in diesem Sinne würde lauten: „Halten Sie das gegenwärtige Entgelt (z. B. Eintrittspreise für Hallenbäder) für zu niedrig, gerade richtig oder zu hoch?“ Schon aus dieser Frage wäre die Tendenz zu ersehen, wie die jeweilige öffentliche Leistung von

[32] Bausteinaktionen sind bereits ein Schritt in diese Richtung.

[33] Damit durchbrechen wir das starre Prinzip der Nonaffektation und ermöglichen es dadurch andererseits Äquivalenzüberlegungen zu verankern.

einem repräsentativen Bevölkerungsquerschnitt eingeschätzt wird. Eine Verfeinerung sähen wir darin, würde danach gefragt, wieviel der einzelne Befragte für die betreffende öffentliche Leistung gegebenenfalls bereit wäre, mehr als bisher aufzuwenden. Diese Frage könnte nach Entgeltzuschlägen gestaffelt sein. Hierdurch ließe sich auf einfache Art und Weise die Konsumentenrente ermitteln. Weiterhin wäre es denkbar, danach zu fragen, wieviel mehr der Befragte willens wäre, aufzuwenden, würde die entsprechende öffentliche Leistung qualitativ verbessert, z. B. in Form von mehr Parkplätzen in der Nähe des Theaters, Kinderbetreuung während der Vorstellung, eines Buffets im Foyer, einer Klimaanlage u. ä. Die Ergebnisse derartiger repräsentativer Umfragen müßten dann wiederum in ihrer finanziellen Bedeutung auf die Gesamtbevölkerung hochgerechnet werden. Dadurch wären wir in der Lage, den Gesamtanteil der am Theater Interessierten zu bestimmen und hätten damit zugleich den Kreis ermittelt, der in puncto Theater unsere Zielgruppe darstellt.

III. Die Bedeutung der Modelle des Konsumentenverhaltens für die gesellschaftliche Bedarfsanalyse

In den vorausgegangenen Abschnitten wurde eine Vielzahl von Einflußgrößen aufgezeigt und in ihrer möglichen Wirkungsweise erklärt. Offen blieb dabei, welche Variablen, in welcher Bedürfnissituation mit welchem Gewicht wirksam sind. Weiterhin konnte nicht erschöpfend geklärt werden, ob immer alle Faktoren von Bedeutung sind, sie in gleicher Weise und in derselben Richtung wirken, und wie sich die einzelnen Variablen zueinander verhalten.

Einen großen Schritt nach vorne könnten wir nun machen, würde es uns gelingen, eine Theorie bzw. ein Modell zu finden[1], welches in der Lage ist, die notwendigen Größen aufgabenorientiert zu integrieren. Wir wären dann nicht mehr gezwungen, diesen ganzen Variablenkranz zu erheben.

Damit wäre es uns zudem möglich, die Ebene des Experimentierens zu verlassen und wir könnten unseren Überlegungen eine konkrete Fundierung geben, womit schließlich auch eine erhebliche Erleichterung bei der Interpretation der Bedürfnisse verbunden wäre. Wir müssen uns jedoch darüber immer im klaren sein, daß zwar Theorien auf bestimmte Probleme angewendet werden können, dabei jedoch neutral und unvoreingenommen zu verwenden sind.

---

[1] Bei den psychologischen und soziologischen Faktoren gingen wir zwar schon auf Modelle ein, doch konnten diese immer nur die Wirkungsweise bestimmter Variablen erklären. Es fehlte der große Rahmen, in den sie einzuordnen wären.

Nun wurden in den verschiedenen Wissenschaften immer wieder Ansätze entwickelt, welche auf das Nachfrageverhalten — nur solche sind für uns primär von Interesse, da bei ihnen vom Verhalten auf Bedürfnisse geschlossen werden soll — eingehen.

Sehen wir uns deshalb unter diesen beiden Aspekten verschiedene Modelle an, welche für unser Problem in Frage kommen könnten.

Das ökonomische Modell, wie es von Marshall[2], Jevons[3], Menger[4] oder Walras[5] entwickelt wurde, ist in seinen Annahmen und Variablen zu begrenzt — wir wiesen darauf schon des öfteren hin — um sich als grundlegende Theorie zu eignen.

Wir sind damit gezwungen, das Gebiet der Nationalökonomie zu verlassen und uns anderen Wissenschaften zuzuwenden.

Im Bereich der Soziologie wäre das Modell von Veblen[6] zu nennen, welches wir schon implizit bei den soziologischen Determinanten anführten. Er sieht die Freizeitklasse als Bezugspunkt aller anderen Schichten einer Gesellschaft. Die Konzentration auf soziologische Prozesse ermöglicht jedoch keine Erklärung der anderen Determinanten menschlichen Verhaltens.

Aus dem Bereich der Psychologie wäre Maslow's Theorie anzuführen. Maslow[7] entwickelte eine Bedürfnishierarchie nach der sich das menschliche Verhalten — und damit auch die Nachfrage nach Leistungen — vollziehen soll.

Maslow's Konzeption verwendet folgende fünf Bedürfnisgruppen: physiologische Bedürfnisse (Gruppe 1), Streben nach Sicherheit (Gruppe 2), Streben nach zwischenmenschlichen Beziehungen (Gruppe 3), Streben nach sozialer Anerkennung (Gruppe 4) und Streben nach Selbstverwirklichung (Gruppe 5). Das Entscheidende an seiner Theorie — deswegen auch die Bezeichnung Bedürfnishierarchie — ist nun, daß der Bedürfnisbefriedigungsprozeß stufenweise vor sich geht: der Mensch versucht zunächst das Bedürfnis auf der Stufe 1 zu befriedigen und wendet sich erst nach erfolgter Befriedigung der nächsten Stufe zu, bis schließlich die höchste Bedürfnisebene erreicht ist.

[2] Vgl. Marshall A., Principles of Economics.

[3] Jevons W. S., The Theory of Political Economy; ders., Die Theorie der Politischen Ökonomie, 4. Aufl., Jena 1924.

[4] Menger K., Principles of Economics.

[5] Walras L., Elements of Pure Economics, translated by Jaffé W.

[6] Vgl. Veblen Th., The Theory of the Leisure Class, Boston 1973.

[7] Vgl. Maslow A. H., Motivation and Personality, S. 80 ff., ders., A Theory of Human Motivation, S. 370 ff.

Dieser Bedürfnisverbund ist nun allerdings in der Praxis noch nicht nachgewiesen worden, so daß wir dieses Modell nicht so ohne weiteres als Globalmodell verwenden können. Zudem spricht dagegen, daß die Bedürfnisse von derart genereller Natur sind, daß sie bei praxisorientierter Verwendung — wenn überhaupt — dann nur von geringem Nutzen sein können.

Ganz allgemein könnte man gegen diese Theorie noch einwenden, daß Bedürfnisse der unteren Ebenen in verfeinerter Form auf oberen Ebenen auch eine Rolle spielen, wenn wir etwa an Essen, Trinken, Kleidung und Wohnen denken. Ein derart streng hierarchischer Prozeß, wie ihn sich Maslow vorstellt, scheint in der Realität nicht vorzuliegen.

Von den Modellen, die im Bereich des Marketing, aufbauend auf die Erkenntnisse der Psychologie, weiterentwickelt wurden und dort auch zur Anwendung kommen, wären insbesondere der Persönlichkeitsansatz[8] und das Global-Modell von Howard und Sheth[9] zu nennen.

Gehen wir zunächst auf den Persönlichkeitsansatz ein. Dieser Ansatz besagt, daß sich ein Individuum bei der Nachfrage von Gütern und Leistungen an seinem Selbst-Image oder an seinem Ideal-Image orientiert[10]. Der Konsument nutzt also nur solche Leistungen, bei denen das Image der Produkte mit seinem Selbst-Image übereinstimmt.

So bestechend diese Überlegung in der Theorie auch sein mag, so erfolglos hat sie sich bei den bisher unternommenen empirischen Überprüfungen erwiesen[11].

---

[8] Vgl. Kotler Ph., Marketing ..., S. 127 und S. 169 ff.; Bergler R., Konsumententypologie ..., S. 63 ff.; Güttner G., Idenfikationsmodelle und Konsumentenverhalten, in: Bergler R., (Hg.), Marktpsychologie, S. 198 ff.

[9] Vgl. Howard J. A., Sheth J. N., The Theory of Buyer Behavior, New York 1969.

[10] Eigentlich verbergen sich hinter der Orientierung am Selbst-Image bzw. Ideal-Image zwei Ansätze, doch sind ihre grundsätzlichen Annahmen als identisch anzusehen. Andererseits ergänzen sich beide, so daß unsere Vorgehensweise gerechtfertigt erscheint.

[11] Vgl. dazu etwa die Artikel im Journal of Business: Steiner G. A., Notes on Franklin B. Evans' "Psychological and Objective Factors in the Prediction of Brand Choice", Vol. 34 (1961), S. 57 ff.; Wineck Ch., The Relationship Among Personality Needs, Objective Factors and Brand Choice: A Re-examination, Vol. 34 (1961), S. 61 ff.; Evans F. B., Reply: "You Still Can't Tell a Ford Owner from a Chevrolet Owner", Vol. 34 (1961), S. 67 ff.; Kuehn A. A., Demonstration of a Relationship between Psychological Factors and Brand Choice, Vol. 36 (1963), S. 237 ff.; Evans F. B., Roberts H. V., Fords, Chevrolets, and the Problem of Discrimination, Vol. 36 (1963), S. 242 ff.; Westfall R., Psychological Factors in Predicting Product Choice, in: Journal of Marketing, Vol. 26 (1962), S. 34 ff.

Einige Autoren[12] haben auch vorgeschlagen, anstelle des Selbst-Images den individuellen Lebensstil als erklärende Variable zu nehmen. Die Vorstellung dabei ist, daß der Konsument die Produkte, welche seinem persönlichen Lebensstil entsprechen, wie Steinchen in einem Mosaik zusammensetzt. So würde, um diesen Ansatz auf den Staatssektor zu übertragen, ein Bürger ins Theater gehen, wenn er meint, daß es zu seinem Lebensstil gehört. Er würde mit der Straßenbahn fahren, wenn er meint, daß es zu ihm und seinem Lebensstil paßt. Aber hier beginnt der Vergleich schon zu hinken; denn die Straßenbahn kann durchaus aus Gründen der Kosten- und Zeitersparnis, der Bequemlichkeit etc. gewählt werden. Diese Ursachen werden aber nicht durch das Persönlichkeitskonzept abgedeckt; womit nur gezeigt werden sollte, daß auch dieses Modell keinen generellen Lösungspfad zu weisen vermag.

Gehen wir nun noch auf den Ansatz von Howard und Sheth[13] ein. Dieses Modell versucht als erstes der bisher angeführten Modelle nicht nur einen Aspekt oder eine Gruppe von Determinanten menschlichen Verhaltens einzubeziehen. Vielmehr wird bei diesem Konzept der Versuch unternommen, sämtliche Determinantengruppen zu erfassen und in ihrem Einfluß auf das individuelle Verhalten zu bestimmen. Auch das Individuum selbst wird zu strukturieren versucht; d. h. die Reaktionsabläufe und die jeweiligen Einflußgrößen werden transparent gemacht. Wesentlich erscheint uns bei diesem Ansatz, daß das konkrete Produkt in seinen Eigenschaften erfaßt und gezeigt wird, wie sich diese auf das Verhalten des Individuums auswirken. Außerdem gibt dieses Modell die möglichen Ergebnisse menschlichen Handelns wieder. Diese Komplexität der dargestellten und diskuierten Verhaltensabläufe und -einflüsse gestattet wohl die Bezeichnung Global-Modell.

Schließlich zeichnet sich dieses Modell, da es, wie schon angedeutet, Abläufe menschlicher Reaktionen verfolgt, durch die dynamische Wiedergabe des Konsumentenverhaltens aus.

Das Modell hat jedoch einen entscheidenden Mangel: Seine Annahmen und die aufgezeigten Reaktionsketten wurden bisher in der Praxis nicht bestätigt. Damit erweist sich jedoch dieser Ansatz bei der Aufgabe, Zusammenhänge in der Praxis darzustellen und zu erklären, als

---

[12] Vgl. Levy S. J., Symbolism and Life Style, in: Greyser St. A., (Hg.), Toward Scientific Marketing, Chicago 1964, S. 140 ff.; Alpert L., Gatty R., Product Positioning by Behavioral Life-Styles, in: Journal of Marketing, Vol. 33 (2/1969), S. 65 ff.

[13] Vgl. Howard J. A. und Sheth J. N., The Theory of Buyer Behavior. Wir gehen hier nur auf das Grundanliegen dieses Modells ein. Die Variablengruppen, Annahmen und Wirkungsabläufe können der angegebenen Quelle entnommen werden.

untauglich, da seine Annahmen nicht als gesichert gelten können. Auf dieses Modell trifft somit die gleiche Aussage wie für manchen anderen Ansatz zu: Es stellt eine theoretisch brillante Leistung dar, seine Praxisrelevanz hingegen ist unerheblich.

Damit fehlt natürlich auch die Voraussetzung, um derartige Gedankengänge auf den Staatssektor zu übertragen und dort eventuell erfolgreich zur Anwendung zu bringen.

Wir könnten nun in der Überprüfung von Modellen weiter fortfahren und etwa die folgenden Ansätze diskutieren: Die rein psychologisch orientierten Modelle von Pavlov[14] und Freud[15], die phänomenologischen Modelle, die logischen Modelle, das Modell von Nicosia[16], das Modell von Amstutz[17] und schließlich die Modelle, die sich speziell mit Einstellungen und Markenwahl[18] beschäftigen.

Bei jedem Ansatz würden wir jedoch zu dem gleichen negativen und deprimierenden Befund gelangen: Er ist als Rahmenmodell für die Angebots- und Nachfrageprozesse im öffentlichen Sektor ungeeignet, da er nur auf einen bestimmten Ausschnitt des Verhaltens ausgerichtet ist und damit die Nachfrage nach öffentlichen Leistungen in ihrer ganzen Breite nicht erfaßt. Das eine oder andere Modell kann unter Umständen als Erklärungsansatz in Teilbereichen des menschlichen Handelns herangezogen werden — ein Rahmenmodell ist nicht auffindbar[19]. Das bedeutet jedoch für uns konkret, daß wir den ganzen Kranz an Determinanten zunächst erheben müssen und erst an den Ergebnissen die Bedeutung einzelner Faktoren unter Zuhilfenahme von Theorien und Annahmen aus den diskutierten Bereichen (Ökonomie, Psychologie usw.) ersehen können.

Für die Bestimmung und Erklärung der Bedürfnisse sind diese Variablen jedoch unbedingt notwendig, was von uns auch immer wieder betont wurde.

---

14 Vgl. Pavlov J. P., Die bedingten Reflexe, hrsg. v. Baader G., Schnapper U., München 1972.

15 Vgl. Freud S., Abriß der Psyochoanalyse, Frankfurt 1953.

16 Vgl. Nicosia F. E., Consumer Decision Process, Englewood Cliffs (N. J.) 1966.

17 Vgl. Amstutz A. E., Computer Simulation of Competitive Market Response, Cambridge (Mass.) 1967.

18 Vgl. Bass F. M. und Talarzyk W. W., A Study of Attitude Theory and Brand Preference, in: McDonald Ph. R., (Hg.), Marketing Involvement in Society and the Economy, Chicago 1969, S. 272 ff.

19 Möglicherweise besagt dieses Ergebnis auch, daß im öffentlichen Sektor gar kein Global-Modell zur Erklärung von Angebots- und Nachfrageprozessen herangezogen werden kann, sondern nur jeweils auf die konkrete Situation zugeschnittene Detailmodelle.

Eine relative Besserung wäre allerdings — methodisch gesehen — dann zu erreichen, wenn wir zunächst Probeerhebungen[20] vornehmen würden, mit deren Hilfe eine Eingrenzung des Materials und eine Konkretisierung der Fragestellung möglich wäre. In der Haupterhebung könnten wir uns dann auf ganz bestimmte Eigenschaften der öffentlichen Leistung(en) und spezifische Determinanten menschlichen Verhaltens konzentrieren.

IV. Individuelle Bedürfnisse und staatliche Gesamtverantwortung

In den vorangegangenen Ausführungen haben wir bisher anschaulich demonstriert, wie ein Informationskanal, der bisher nicht vorhanden war, geschaffen werden kann, und welcher dann dem Staat Informationen sowohl über grundlegende Merkmale, Bedürfnisse und Prozesse auf Seiten der Bürger als auch über Eigenschaften und Bestimmungsgründe, die in den Gütern begründet sind, zuführt.

Der Staat kann daraus ersehen, welche Bürger welche Bedürfnisse gegenüber welchen angebotenen oder anzubietenden staatlichen Leistungen besitzen.

Nun wäre es jedoch denkbar, daß zwar die Bedürfnisse und Einstellungen erfaßt werden, die Experten im Staatssektor aber nach wie vor ihre Entscheidungen auf ihrer persönlichen Überzeugung aufbauen[1], welche nicht mit den individuellen Bedürfnissen übereinstimmen muß. Damit wäre es möglich, daß trotz unseres demokratischen Verfahrens die subjektiven Wünsche übergangen würden.

Es reicht also der Informationsweg vom Bürger zu den planenden und entscheidenden Persönlichkeiten im Staatssektor noch nicht aus, sondern es müssen auch die Bürger von den Vorstellungen und insbesondere den geplanten Maßnahmen des Staates erfahren. Informationen sollten daher auch vom Staat an den Bürger zurückfließen.

Wir schlagen deshalb vor, einen Kommunikationsprozeß[2], aufbauend auf den eruierten Bedürfnissen, zwischen Staat und Bürger in Gang zu

[20] Vgl. hierzu Kirchhofer-Bozenhardt A. v., Kaplitza G., Der Fragebogen, in: Holm K., (Hg.), Die Befragung, Bd. 1, München 1975, S. 97 und S. 126; Kaplitza G., Die Stichprobe, in: Holm K., (Hg.), Die Befragung, Bd. 1, S. 157 f.

[1] Klages ist der Meinung, daß im politischen Bereich der Kurs in Richtung einer umfassenden und integrierten langfristigen Planung auf nationalem Niveau unter staatlicher Oberaufsicht geht; vgl. Klages H., Planungspolitik, Stuttgart 1971, S. 47. Unter derartigen Vorzeichen würde eine Mitwirkung der Bürger immer dringlicher, sollen ihre Bedürfnisse Berücksichtigung finden.

[2] Für einen derartigen Kommunikationsprozeß stellt Badura drei allgemeine Forderungen auf: „a) Es müssen alle von einem Bedürfnis nach Her-

setzen, in welchem eine Abklärung zwischen individuellen Präferenzen und staatlichen Vorstellungen erfolgt.

Zugleich stellen wir damit unser bisher subjektivistisch ausgerichtetes Konzept auf eine andere Ebene: Wir gehen einen Kompromiß zwischen individualistischer und organstaatlicher Auffassung ein, indem von uns menschliche Bedürfnisse nicht als oberstes Postulat für den Staatssektor betrachtet, sondern menschliche Bedürfnisse und soziale Steuerung als Antipoden eines dialektisches Prozesses angesehen werden.

Mit diesem Kommunikationsprozeß wird einerseits sichergestellt, daß die politisch Verantwortlichen den eruierten Bedürfnissen nicht immer und unter allen Umständen die Befriedigung gewähren, sondern auch eine Abstimmung mit dem politisch Machbaren und gesellschaftlich Wünschbaren erfolgt[3]. Andererseits darf auch nicht autoritär in dem Sinne vorgegangen werden, als den Bedürfnissen überhaupt keine Beachtung geschenkt wird. Wir regen also eine Kompromißaushandlung (bargaining) zwischen Experten und Betroffenen an, um den Interessen beider Seiten Geltung zu verschaffen.

In einem derartigen Kommunikationsprozeß sehen wir eine grundlegende Voraussetzung für das Gelingen der gesellschaftlichen Bedarfsanalyse ganz allgemein sowie Möglichkeiten, die meritorischen Züge des staatlichen Leistungsangebotes abzubauen und vor allem die Aggregierung individueller Bedürfnisse — was für den Planungsvollzug notwendig ist — zu ermöglichen.

---

stellung bzw. Vermeidung bestimmter Situationen Betroffenen an dem Prozeß der Interpretation und Kritik dieser Bedürfnisse beteiligt werden. b) Die Verhandlungsmacht (bargaining-power) muß gleich sein ... c) Es müssen alle bedürfnisrelevanten Informationen ... in den Dialog eingebracht und offen und kompetent diskutiert werden ...“ Siehe Badura B., Bedürfnisstruktur ..., S. 40.

[3] Schon mit dem Auftreten von Experten und deren Einbringen von alternativen Vorschlägen ist eine Wertung der eruierten Bedürfnisse verbunden. Damit wird aber auch die Frage wahrer und falscher Bedürfnisse berührt. Dazu bemerkt Marcuse: „In letzter Instanz muß die Frage, was wahre und was falsche Bedürfnisse sind, von den Individuen selbst beantwortet werden, das heißt sofern und wenn sie frei sind, ihre eigene Antwort zu geben. Solange sie davon abgehalten werden, autonom zu sein, solange sie (bis in ihre Triebe hinein) geschult und manipuliert werden, kann ihre Antwort auf diese Frage nicht als eigene verstanden werden. Deshalb kann sich auch kein Tribunal legitimerweise das Recht anmaßen, darüber zu befinden, welche Bedürfnisse entwickelt und befriedigt werden sollen.“ Vgl. Marcuse H., Der eindimensionale Mensch, Neuwied 1967, S. 26. Die Vorstellung von echten und unechten Bedürfnissen soll allerdings schon auf Sokrates zurückgehen, worauf Badura hinweist. Vgl. Badura B., Bedürfnisstruktur ..., S. 38 f. Unser Ziel besteht darin, dem Bürger Mitwirkung und Mitsprache auf der Grundlage seiner Bedürfnisse einzuräumen. Doch kann, wie wir im weiteren Verlauf dieses Abschnittes noch genauer ausführen werden, das Ziel staatlicher Angebotspolitik nicht einseitig darin bestehen, immer und überall die geäußerten Bedürfnisse als solche hinzunehmen und für ihre Befriedigung zu sorgen.

Auf diese Probleme wollen wir uns im folgenden konzentrieren. Nun ist es jedoch wenig effizient, mit jedem, der seine Bedürfnisse geäußert bzw. unsere Fragen beantwortet hat, in einen Diskurs einzutreten. Wir müssen nämlich davon ausgehen, daß unter den Befragten Personen sind, die eine öffentliche Leistung nutzen oder nutzen würden — und damit bestimmte Bedürfnisse befriedigen. Daneben dürften wir allerdings auch auf Befragte stoßen, die einer bestimmten Leistung gegenüber indifferent eingestellt sind oder diese ablehnen.

In diesem Falle sind, je nach Zielsetzung, unsere Kommunikationsgruppen schon vorgegeben.

Nehmen wir einmal an, bei einer Erhebung würden eine Reihe von Bedürfnissen ermittelt, die noch nicht befriedigt sind — etwa bei den eben besprochenen Gruppen der Indifferenten und Nichtnutzer. Weiterhin können wir davon ausgehen, daß sich jeder dieser Bedürfnisträger — wenn auch nur marginal — von den anderen Befragten unterscheidet.

In dieser Situation ist nun sicherlich kein gangbarer Weg, mit einem jeden dieser zahllosen Befragten in einen individuellen Dialog einzutreten und ihm schließlich sein individuelles Mittel zur Bedürfnisbefriedigung anzubieten. Andererseits können wir, soll das Ziel einer möglichst optimalen Bedürfnisbefriedigung nicht aufgegeben werden, auch kein Gut anbieten, das dann irgendwie alle Bedürfnisse befriedigen soll[4].

Wie aber könnte eine Lösung aussehen?

Der Lösungsweg, den der Markt größtenteils in dieser Situation einschlägt, liegt in der Mitte zwischen dem Individualgut und dem Massengut. Er untergliedert die Konsumentenschaft in Gruppen bzw. bricht aus dem Gesamtmarkt Segmente heraus und bietet diesen dann bestimmte Güter an, die den Bedürfnissen der Segmentmitglieder stärker entgegenkommen. Das Instrument, das zu diesem Zwecke benutzt wird, ist die sogenannte Clusteranalyse[5]. Dieses Verfahren könnte auch im

---

[4] Würde diese Alternative eingeschlagen, wäre unser ganzer Ansatz sinnlos..

[5] Vgl. zur Clusteranalyse z. B. Duran B. S. und Odell P. L., Cluster Analysis — A Survey, Berlin, Heidelberg, New York 1974; Dichtl E., Die Bildung von Konsumententypen als Grundlage der Marktsegmentierung, S. 58 ff.; derselbe, Die Marktsegmentierung als Voraussetzung differenzierter Marktbearbeitung, in: Wirtschaftswissenschaftliches Studium, (1974), S. 97 ff.; Lessing P. V., Tollefson J. O., Market Segmentation Through Numerical Taxonomy, in: Journal of Marketing Research, Vol. 8 (Nov. 1971), S. 480 ff.; Kamen J. A., Quick Clustering, in: Journal of Marketing Research, Vol. 7 (May 1970), S. 199 ff.; Frank R. E., Green P. E., Numerical Taxonomy in Marketing Analysis: A Review Article, in: Journal of Marketing Research, Vol. 5 (Feb. 1968), S. 83 ff.; Green P. E., Tull O. S., Research for Marketing Decisions, 2. Aufl.,

öffentlichen Sektor Anwendung finden. Die geäußerten Bedürfnisse und Einstellungen bzw. deren Träger würden hierdurch, nach Maßgabe der Ähnlichkeit ihrer Äußerungen, zu Gruppen zusammengefaßt. Man hätte damit Gruppen gebildet, welche im Hinblick auf ihre Bedürfnisse und Einstellungen relativ homogen wären, und würde somit eine ideale Voraussetzung dafür schaffen, mit diesen Gruppen in einen sich anschließenden Dialog über die Mittel zur Bedürfnisbefriedigung einzutreten.

Aber auch bei der oben vorgeschlagenen Einteilung in Nutzer, Indifferente und Nichtnutzer wäre eine weitere Disaggregierung ratsam, um spezifischen Aspekten der erkannten Bedürfnisse eher gerecht zu werden. Eine solche Untergliederung kann über die Produktseite, die Befragten oder über eine Kombination aus beiden vorgenommenen werden.

Erst derartige Differenzierungen würden einen Dialog rationell und erfolgversprechend erscheinen lassen.

Betrachten wir diesen Vorgang mehr theoretisch, so haben wir durch die Disaggregierung und gleichzeitige Homogenisierung den Grundstein für den Übergang von individuellen zu kollektiven Bedürfnissen gelegt[6].

Bei solchen Gütern und Leistungen allerdings, von denen alle Bürger betroffen sind, ob sie diese nun nutzen (müssen) oder nicht, erübrigt sich die eben geschilderte Gruppenbildung natürlich. In diesen Fällen können wir unmittelbar in den Dialog mit dem Bürger eintreten, dessen Gestaltung wir nun weiter verfolgen wollen.

Ziel dieses Kommunikationsprozesses soll es, wie oben schon betont, unter anderem sein, die Vorstellungen der Bürger hinsichtlich der betreffenden Güter mit den Vorstellungen und den Möglichkeiten des Staates in Einklang zu bringen. Der Bürger, davon wird im allgemeinen ausgegangen, ist in erster Linie an gegenwärtiger Bedürfnisbefriedigung interessiert.

Engelwood Cliffs (N. J.) 1970, S. 432 ff.; Green P. E., Roa V. K., A Note on Proximity Measures and Cluster Analysis, in: Journal of Marketing Research, Vol. 6 (Aug. 1969), S. 359 ff.; Hüttner M., Multivariate Methoden und Marketing, in: Das Wirtschaftsstudium, 4. Jg. (Aug. 1975), S. 372 ff.; Morrison D. G., Measurement Problems in Cluster Analysis, in: Management Science, Vol. 13, No. 12, Ser. B (Aug. 1967), S. 775 ff.

[6] Kollektive oder gruppenmäßige Bedürfnisse stellen den absoluten Gegensatz zu individuellen Bedürfnissen dar. Von einem kollektiven Bedürfnis wollen wir immer dann sprechen, wenn sich für eine Gruppe von Bürgern ein einheitliches Bedürfnis herausbildet, wobei eine Gruppe auch die gesamte Bevölkerung eines Staates umfassen kann.

Der Grad der Deckung des aktuellen Bedarfs darf jedoch nicht das alleinige Kriterium des staatlichen Angebotes darstellen, sondern ein um seine Bürger besorgter Staat muß auch auf deren zukünftiges Wohl bedacht sein. Aber nur wenn er solche Gesichtspunkte dem Bürger mitteilt, werden diese in der Öffentlichkeit bekannt, und er kann auf Einsicht hoffen. Das gleiche gilt für die Unmöglichkeit, bestimmte Bedürfnisse aufgrund zunehmender Ressourcenknappheit zu befriedigen. Nur der Staat hat hierüber einen ausreichenden Informationsstand, da er auch über die weitaus größten Informationsmöglichkeiten verfügt. Der Staat sollte dem Bürger aber auch die negativen Konsequenzen der jeweiligen Lösungen (Verzicht auf Alternativen, mangelnde Prognostizierbarkeit künftiger Entwicklungen, Folgekosten, Beschränkungen von Handlungsspielräumen, Belästigungen, Risiken usw.) vor Augen führen. Aber auch auf niedrigerem Abstraktionsniveau wäre dem Bürger klar zu machen, daß die Erhöhung der Qualität und/oder Quantität der fraglichen Leistung mit einem höheren Aufwand verbunden ist. Wenn der an der Leistung interessierte Bürger nicht bereit ist, den Mehraufwand zu tragen, muß er mit einer geringeren Qualität bzw. Quantität der betreffenden Leistung vorlieb nehmen. In ähnlicher Form gilt dies für Forderungen oder Vorschläge der Bürger, die sich bei fachmännischer Begutachtung als unsinnig oder als nicht erfolgversprechend erweisen. Wird dieser Sachverhalt dem Bürger in verständlicher Weise mitgeteilt, so kann man eher auf dessen Einsicht hoffen, im Vergleich zu einer Situation, in welcher der Staat zwar die Präferenzen eruiert, dann aber in Abweichung davon die betreffende Leistung konzipiert. Im letzteren Falle müßte der Bürger davon ausgehen, daß seine geäußerten Bedürfnisse als irrelevant eingestuft werden. Dieses Gefühl der Enttäuschung könnte jedoch seine Auskunftbereitschaft bei weiteren Vorhaben und Anliegen erheblich reduzieren, womit unser ganzer Ansatz zum Scheitern verurteilt wäre. Legt jedoch der Staat — das kann die Gemeinde-, Landkreis-, Bezirks-, Landes- oder Bundesverwaltung sein — die Gründe dar, warum so und nicht in der geforderten Weise entschieden werden muß und diskutiert er die Alternativen mit den betroffenen Bürgern durch, dürfte sich aller Voraussicht nach das gesteckte Ziel ereichen lassen, nämlich die Bürger, bei gleichzeitiger Beachtung gesellschaftlicher Erfordernisse, zufriedenzustellen und ihre Auskunftsbereitschaft nicht zu gefährden.

Weiterhin braucht die Kommunikation nicht nur einmal stattzufinden, sondern kann durchaus mehrmals erfolgen. Dies geschieht dann, wenn die Bürger zu den modifizierten staatlichen Vorschlägen abermals befragt werden. Zu den Befragungsergebnissen kann der Staat dann wiederum Stellung nehmen und seine möglicherweise abweichende Meinung nochmals begründen.

Der einzelne Bürger wird durch einen solchen Prozeß in die Lage versetzt, die Entstehung seiner Bedürfnisse nachzuvollziehen und die Folgen ihrer Durchsetzung zu überschauen[7]). Denn man kann davon ausgehen, daß die Bedürfnisse nicht von vornherein in aller Schärfe feststehen, sondern sie werden oft erst im Verlauf eines derartigen Interaktionsprozesses perzipiert oder umdefiniert. Ein solcher Prozeß ist somit auch ein Lernproblem mit dem Bedürfnis- und Einstellungsveränderungen einhergehen.

Dieser Diskurs verläuft nun aber notwendigerweise nicht nur zwischen Staat und Bürger, sondern vor allem auch zwischen den beteiligten Bürgern untereinander, die sich über die im Raum stehenden Alternativen ebenfalls zu einigen haben. Damit ist aber zugleich gewährleistet, daß die individuellen Bedürfnisstrukturen in eine kollektive, gruppenmäßige Bedürfnisstruktur übergeführt werden. Bei einer Leistung, bei der keine Gruppen gebildet werden können, muß in diesem Prozeß die gesamte Bevölkerung bzw. ein repräsentativer Ausschnitt einbezogen werden. Die Probleme der kardinalen Nutzenmessung sowie der Transitivität werden damit gegenstandslos. Die Bedürfnisaggregierung wird zu einem natürlichen Prozeß, den die Beteiligten selbst vollziehen[8].

Aber noch ein weiterer Aspekt der Bedürfnisse ist mit diesem Prozeß tangiert und erfährt eine Veränderung. Alle Bedürfnisse sind zunächst individuelle, subjektive Bedürfnislagen. Eine rationale Diskussion über ihren relativen Stellenwert zu anderen Bedürfnissen und die Möglichkeit ihrer Befriedigung, gemessen an den Möglichkeiten der Befriedigung insgesamt, könnte subjektive in objektive Bedürfnisse überführen, da sie von allen akzeptiert werden. Im Rahmen des beschriebenen Kommunikationsprozesses würde somit sichergestellt, daß die a priori mehr oder minder stark divergierenden Meinungen aller Beteiligten letztendlich doch zu einem für alle annehmbaren Konsens gebracht werden, welcher Voraussetzung für die Planer im öffentlichen Sektor wäre, das Angebot zu realisieren. Kommunikation ersetzt aber uno actu den hoheitlichen Zwang — das bisherige Kennzeichen des staatlichen Ange-

---

[7] In einer derartigen, im politischen Diskurs permanent legitimierten Zielfindung bei ständiger aktiver Mitwirkung der Betroffenen, könnten dann Instrumente wie Nutzen-Kosten-Analyse, Nutzwert-Analyse und Kosten-Wirksamkeits-Analyse einen anderen Stellenwert gewinnen.

[8] Lindblom hat diesen Sachverhalt einmal wie folgt formuliert: „Here aggregation means a good deal more than counting preferences, noting commonly shared preferences, and resolving differences by some such rule as that the social decision shall follow a plurality of preferences. It refers ... to processes by which values of participants in a political system are discovered, invented, formed, reformed, considered, reconsidered and were conflicting, reconciled with or weighed against each other and finally brought to bear on public decisions". Siehe Lindblom Ch. E., The Intelligence of Democracy. Decision Making Through Mutual Adjustment, New York 1965, S. 315.

botes und dessen Finanzierung — durch Einverständnis seitens der Betroffenen.

Wir geben damit dem Staat als Nebenprodukt unserer Forschung ein Mittel an die Hand, welches ihm gestattet, den Zwang, der in vielen Bereichen des staatlichen Güterangebotes anzutreffen ist, aufgrund der zunehmenden Einsicht der Bürger in Kausalzusammenhänge und Sachzwänge, durch Freiwilligkeit zu ersetzen.

Die zunehmende, zielgruppenspezifische Information bietet die Möglichkeit, die Meritorisierung der Bürger durch das Leistungsangebot des Staates abzubauen — und durch Liberalisierung und Demokratisierung des öffentlichen Güterangebotes zu ersetzen; denn die Existenz meritorischer Güter dürfte in erster Linie auf die mangelnde bzw. nicht-ziel-gruppenspezifisch angebotene Information zurückzuführen sein.

Die Definition meritorischer Güter würde dann lauten: Meritorische Güter sind alle diejenigen Leistungen, bei denen die individuellen Bedürfnisse in Übereinstimmung mit dem Bürger in eine bestimmte Richtung gelenkt wurden.

Für die Ingangsetzung dieses skizzierten Dialoges zwischen Bürger und Staat benötigen wir noch eine technische Voraussetzung. Vorbedingung eines derartigen Prozesses ist, daß der Staat überhaupt in die Lage versetzt wird, die betroffenen Bürger anzusprechen. Dabei können, je nach dem Einzugsbereich und der Art einer öffentlichen Leistung, alle Bürger eines Staates oder nur diejenigen eines Bundeslandes, eines Bezirkes, einer Stadt oder eines Stadtteiles betroffen sein. Auch wäre es denkbar, daß etwa nur Kinder, alte Leute, Frauen, Feriengäste, Straßenbahnfahrer u. ä. in Frage kommen. Je größer der Differenzierungsgrad desto schwieriger dürften andererseits die Ansprachemöglichkeiten sein. Doch sollte dieses Problem durchaus einer Lösung zuzuführen sein.

Die Gruppen können wir, wie bereits gezeigt, aus den Ergebnissen der gesellschaftlichen Bedarfsanalyse herleiten. Damit ist schon einmal bestimmt, wen wir anzusprechen haben.

Wie nun die Informationen an die jeweilige Zielgruppe heranzuleiten sind, können wir wiederum direkt den Erkenntnissen des Marketing bzw. konkret der betriebswirtschaftlichen Media-Forschung entnehmen. Wir können also in diesem Zusammenhang auf erhebliche Vorleistungen der Privatwirtschaft zurückgreifen. Hier wie dort geht es in erster Linie darum, diejenigen Medien auszuwählen, mit deren Hilfe der ins Auge gefaßte Personenkreis am besten, d. h. ohne große Streuverluste, erreicht und möglichst vollständig abgedeckt werden kann. Dabei ist anzunehmen, daß etwa die Zielgruppen Besucher eines Hallenbades und Naßrasierer, um eine aus dem öffentlichen und eine aus dem privaten Sektor zu nehmen, in der Regel nicht identisch sind. Darum geht es hier auch nicht; denn unsere Zielgruppen werden ja im Rahmen der gesellschaftlichen Bedarfsanalyse herauskristallisiert. Entscheidend ist allerdings, wie wir an diese Zielgruppen herantreten können; und hierfür lassen sich die Erkenntnisse der Media-Forschung voll übernehmen. Wir möchten jedoch an dieser Stelle nicht näher auf die Media-Forschung eingehen, sondern es mit den gemachten Anmerkungen bewenden lassen.

Generell läßt sich somit feststellen, daß die gesellschaftliche Bedarfsanalyse einerseits die Grundlage dafür bietet, Meinungen der Bürger an den Staat heranzutragen, aber auch andererseits die Voraussetzung schafft, um die Vorstellungen des Staates an die Bürger weiterzugeben. Die Ansichten beider Seiten können im Prozeß der Leistungserstellung eingebracht und aufeinander abgestimmt werden. Damit schließen wir weitgehend aus, daß die Öffentlichkeit nicht aktiviert wird, und somit die Gefahr einer Überfremdung der Gesellschaft durch Minderheitsentwürfe und -entscheidungen überhandnimmt.

Zudem haben wir gesehen, daß im Verlauf dieses Prozesses die Meritorisierung der Bürger durch das öffentliche Angebot abgebaut, und das Problem, aus vielen individuellen Präferenzordnungen eine kollektive Präferenzordnung zu erstellen, lösbar ist.

Das Ziel einer optimalen Bedürfnisbefriedigung — bei entsprechend optimaler Allokation knapper Ressourcen — würde damit im Staatssektor Wirklichkeit.

V. Abschließende Bemerkungen zum Erhebungsrahmen der gesellschaftlichen Bedarfsanalyse

Wir haben in unseren bisherigen Ausführungen betont, daß es nicht genügt, ein bestimmtes Erhebungsverfahren — in erster Linie die schriftliche Befragung — auszuwählen und mit diesem Instrument nach den Bedürfnissen und Einstellungen zu forschen. Es wäre fraglich, darauf verwies die Psychologie, ob wir überhaupt die echten Bedürfnisse und Einstellungen von den Auskunftspersonen genannt bekämen. Mit Sicherheit ließe sich aber die Kausalität und die Dynamik der Bedürfnisse nicht auf diesem Wege bestimmen.

Um jedoch diese Probleme erfolgversprechend angehen zu können, müssen einerseits die vielfältigen und vielschichtigen persönlichen und sozialen Determinanten menschlichen Verhaltens und andererseits die Bewertungen der Bedürfnismittel und deren Eigenschaften durch die Bürger ebenfalls miterhoben werden.

Erst dann ist die Erhebungssituation vollständig und wir können an die Bestimmung und Erklärung der Bedürfnisse und Einstellungen gehen. Dabei haben wir gesehen, daß Bedürfnisse sehr gut auf indirektem Wege über die geäußerten Einstellungen der Bürger zu ermitteln sind. Das geeignete Instrumentarium hierfür ist das sogenannte semantische Differential.

Eine wesentliche Erleichterung der Erhebung und eine Vereinfachung der Interpretation der Ergebnisse wäre dann zu erreichen, könnten wir von einem Rahmenmodell für die Angebots- und Nachfragebeziehungen im Staatssektor ausgehen. Die Zahl der jeweils zu erhebenden Produkteigenschaften und der individuellen und sozialen Bestimmungsfaktoren des Verhaltens wäre von vornherein ziel- und aufgabenorientiert einzugrenzen, und wir wären in der Lage, von zumindest grundlegenden Verhaltensmustern auszugehen.

Eine Prüfung infragekommender Modelle des Nachfrageverhaltens erwies sich jedoch als nicht ergiebig. Lediglich bei den soziologischen und den psychologischen Variablen können wir Detailmodelle zugrundelegen.

Wir müssen also, das ist der Schluß aus der Modellüberprüfung, bei jeder Erhebung den ganzen Kranz von Determinanten einbeziehen.

Mit der Erhebung, Bestimmung und Erklärung der Bedürfnisse ist allerdings unsere Aufgabe noch nicht beendet, denn es werden nur individuelle Präferenzen erfaßt. Was der Planer aber benötigt, ist eine Bündelung dieser individuellen Perspektiven zu einer realistischen Zielsetzung für die Gruppe. Zudem sollen diese Präferenzen keine Daten für die staatliche Angebotspolitik darstellen, der Staat sollte vielmehr durchaus in der Lage sein, auch gesellschaftliche Erfordernisse beim Angebot öffentlicher Leistungen zu berücksichtigen. Andererseits dürfen diese gesellschaftlichen Erfordernisse nicht zu einem Freibrief des Staates werden, sondern müssen in Abstimmung mit dem Bürger erfolgen; wodurch anstelle der Meritorisierung der Bürger durch das öffentliche Angebot die Einsicht der Bürger in gesellschaftliche Notwendigkeiten treten würde. Ein Prozeß, der all diese Probleme zu lösen imstande ist, stellt, wie wir sehen, die Kommunikation zwischen Staat und Bürger dar.

E. Die Grenzen einer gesellschaftlichen Bedarfsanalyse

Wir haben ein Konzept vorgestellt, das die Ermittlung individueller Bedürfnisse im öffentlichen Bereich grundsätzlich ermöglicht. Mit seiner Hilfe kann das staatliche Angebot, in Absprache mit den betroffenen Bedürfnisträgern, so gestaltet werden, daß sowohl den gesamtwirtschaftlichen Erfordernissen als auch den individuellen Vorstellungen entsprochen wird.

Bei kritischer Betrachtung dieses Ansatzes müssen wir jedoch bekennen, daß noch eine Reihe ungelöster Probleme und unbeantworteter Fragen vorliegt, die eine Realisierung dieses Konzeptes durchaus in Frage stellen. Eine der dringendsten Fragen ist wohl, ob in der Staatswirtschaft tatsächlich individuelle Bedürfnisse vorhanden sind, dort also auch eine Reaktionskette Bedürfnis — Bedarf — Bedürfnisbefriedigung zutrifft. Denkbar wäre auch, daß nicht im gesamten Staatssektor, sondern nur in ganz bestimmten Bereichen individuelle Bedürfnisse ausgebildet sind. Aber welche Bereiche sind das? Daß wir trotzdem auf Bedürfnisse stoßen, könnte auch an der angewandten Untersuchungsmethode liegen, welche die Bedürfnisse selbst generiert, und der Befragte diese nur als seine subjektiven Präferenzen ausgibt — die gesellschaftliche Bedarfsanalyse würde demnach nur Artefakte liefern.

Doch selbst wenn im öffentlichen Sektor tatsächlich individuelle Bedürfnisse anzutreffen sind, kann ein weiteres Problem auftreten, nämlich dann, wenn die Bürger nicht bereit sind, ihre wahren Präferenzen offenzulegen, weil sie durch die Kaschierung ihrer Bedürfnisse die gleiche Bedürfnisbefriedigung bei allerdings geringerem persönlichen Mitteleinsatz zu erreichen hoffen.

Wir sehen weiterhin ein gravierendes Problem darin, daß mit dem Instrumentarium der empirischen Sozialforschung nur Momentaufnahmen zu machen sind. Für die Planung des staatlichen Angebotes müssen wir jedoch unbedingt wissen, wie sich die Bedürfnisse weiterentwickeln, wie sie also in der Zukunft aussehen.

Schließlich erwachsen noch Probleme aus dem großen Interpretationsspielraum der erhobenen Daten und dem mangelnden Problembewußtsein der Staatsbürger. Letzterer Einwand besagt, daß allen oder manchen Bürgern ein öffentliches Befriedigungsmittel unbekannt ist, oder der Konsum einer öffentlichen Leistung ohne rechtes Bewußtsein erfolgt — eine gesellschaftliche Bedarfsanalyse würde in diesem Fall ebenfalls nur Artefakte zustande bringen.

Wir sehen, daß wir auch jetzt noch vor einer Reihe von Fragen stehen (wobei wir nur die Hauptprobleme herausgegriffen haben), die ihrer

Lösung harren; deren zufriedenstellende Beantwortung aber andererseits für unser Konzept von existentieller Bedeutung ist.

Wenden wir uns zunächst dem Problem zu, ob im Staatssektor individuelle Bedürfnisse vorhanden sind.

I. Stehen öffentlichen Gütern auch individuelle Präferenzen gegenüber?

In der finanzwissenschaftlichen Literatur (vgl. etwa die diskutierten Ansätze von Musgrave und Samuelson) geht man davon aus, daß es auch im Staatssektor individuelle Bedürfnisse nach öffentlichen Leistungen gibt. Diese Sicht ist jedoch nicht neu. So lassen sich insbesondere, wie ebenfalls schon hervorgehoben wurde, derartige Ansichten bei Adam Smith oder Jeremy Bentham nachweisen. Die Ansätze von Smith und von Bentham wurden von nachfolgenden Nationalökonomen (etwa den ebenfalls schon erwähnten L. Brentano, K. Wicksell, W. S. Jevons, K. Menger, L. Walras, A. Marshall, D. Ricardo) vertreten und weiterentwickelt.

Demgegenüber waren andere Wissenschaftler der Meinung, daß sich Bedürfnisse im öffentlichen Sektor grundlegend von sonstigen individuellen Bedürfnissen unterscheiden und daher nicht Bestandteil der individuellen Präferenzskalen sein können. Dieser Ansicht sind vor allem die Anhänger der organischen Staatstheorie, welche die Existenz von Gruppenbedürfnissen oder doch von Bedürfnissen postulieren, die nur bei der Gruppe als Ganzes entstehen[1].

In ähnlicher Weise argumentiert Colm[2], wenn er eine Theorie des öffentlichen Haushalts ablehnt, die auf den individuellen Präferenzen aufbaut und in der Idee der Konsumentensouveränität verankert ist. Colm weist zum einen darauf hin, daß die Beziehung zwischen Beitrag und Vorteil für jedes Individuum von den Entscheidungen der verantwortlichen Regierungsorgane und nicht von einem Marktprozeß abhänge und es zum anderen in einer Demokratie politische Aufgaben gäbe, die nur indirekt zu solchen individuellen Bedürfnissen, die vom Markt reflektiert werden, in Beziehung stünden.

Der erste Punkt Colms ist durch unseren Ansatz vollständig abgedeckt. Beim zweiten Einwand geht Colm von einem homo politicus aus,

---

[1] Vgl. z. B. Schäffle A., Das gesellschaftliche System ..., S. 6; Ritschl H., Theorie der Staatswirtschaft ..., Kap. 1; ders., Gemeinwirtschaft ..., S. 32 ff.

[2] Colm G., Essays in Public Finance and Fiscal Policy, New York 1955, S. 32 f.; ders. Volkswirtschaftliche Theorie der Staatsausgaben. Ein Beitrag zur Finanztheorie, Tübingen 1927.

der sich von einer anderen Zielsetzung — etwa der einer guten Gesellschaft — leiten läßt, im Gegensatz zu den Zielsetzungen im Privatsektor, wo doch das Eigeninteresse dominiere.

Wichtig für unser Anliegen ist in diesem Zusammenhang, daß im Staatssektor öffentliche Leistungen auftreten sollen, die nicht auf den individuellen Präferenzen aufbauen, sondern auf Gruppenpräferenzen, welche nur in der Gruppe von Bedeutung sind oder überhaupt nicht auf Präferenzen rekurrieren.

Eine empirische Überprüfung dieser Vorstellungen wurde bisher allerdings noch nicht vorgenommen; womit unsere Frage, ob es im Staatssektor individuelle Bedürfnisse gebe, dadurch weder positiv noch negativ zweifelsfrei zu beantworten ist.

Diese Konzepte weisen uns jedoch einen Weg, welcher darin besteht, daß eventuell in der Staatswirtschaft sowohl individuelle als auch gruppenmäßige als auch gesellschaftliche Bedürfnisse[3] vorliegen.

Aber vielleicht sollte diese Frage auch nicht den Finanzwissenschaftlern, sondern den Psychologen oder den Soziologen gestellt werden? Wir müssen allerdings auch bei diesen Wissenschaften sehr bald feststellen, daß etwa die Psychologie erst dabei ist, den Staatssektor zu entdecken. Und die wenigen Ansätze[4], welche auf den Staatssektor eingehen, unterstellen einfach das Vorhandensein von individuellen Bedürfnissen.

Etwas kritischer setzt sich Hondrich[5] mit dieser Frage auseinander. Seiner Meinung nach ist die Überlegung (welche man durchaus anstellen und begründet heißen kann), daß vom sozialen Angebot auf das Vorhandensein von Bedürfnissen geschlossen werden kann, und umgekehrt soziale Institutionen durch angenommene Bedürfnisse zu erklären sind, zu einfach. Dieser Prozeß wäre viel komplexer als das hier angenommen wird. „Bedürfnisse und Ansprüche müssen sich nämlich keineswegs nach dem richten, was man hat, sich nicht automatisch in kognitiven Anpassungsprozessen auf das Gegebene reduzieren. Eine bestimmte

---

[3] Mit gesellschaftlichen Bedürfnissen wollen wir solche Bedürfnisse bezeichnen, die nicht in der individuellen oder gruppenmäßigen Präferenzstruktur der Bürger vorhanden sind, sondern von der politischen Führungsspitze als erstrebenswert postuliert werden.

[4] An der Universität Augsburg beschäftigt man sich zur Zeit mit einer anwendungsbezogenen Theorie für Bedürfnissteuerung im Gesundheits- und Verkehrssektor — also zwei wesentlichen Bereichen staatlichen Handelns — unter der Zielsetzung einer Verbesserung der staatlichen Tätigkeit. Vgl. Rosenstiel L. v. und Molt W., (Hg.), Bedarfsdeckung oder Bedürfnissteuerung, Manuskript, Augsburg 1976; Held M., Anwendungsbezogene Theorie der Bedürfnissteuerung: Bericht über den Stand der Arbeit des Augsburger Forschungsprojektes, ebenda, S. 196 ff.

[5] Hondrich K. O., Soziologische Theorieansätze ..., S. 216 f.

Bedürfnis-Ausrichtung und ein bestimmtes Bedürfnis-Niveau ist vielmehr durch die Kombination der Einflüsse verschiedener Sozialsysteme, an denen man in der Vergangenheit teil hatte und deren Teilhabe man in der Zukunft anstrebt, zu erklären[6]."

Aber auch von den sozialen Angeboten ist nicht einfach auf vorhandene Bedürfnisse zu schließen. Diese haben sicher ihre Bedeutung für die Angebotserstellung, doch muß bedacht werden, daß solche Beziehungen nur durch „sehr komplexe Kompromisse von verschiedenen vergangenen und gegenwärtigen Bedürfnislagen verschiedener Gruppen zu erklären sind[7]". Das führt dazu, daß soziale Institutionen gegenüber allen individuellen Motiven Unabhängigkeit und Eigenleben gewinnen.

Der Versuch von Objekten auf konkrete Bedürfnisse zu schließen erweist sich somit als zu einfach. Wohl aber können wir, abgesichert durch die Erkenntnisse der Soziologie und der Psychologie, davon ausgehen, daß im öffentlichen Sektor Bedürfnisse vorliegen.

An anderer Stelle weist Hondrich[8] noch darauf hin, daß Individuen bei der Bedürfnisbefriedigung eine Rollendifferenzierung in dem Sinne vornehmen, als nur von bestimmten Personen die Befriedigung spezifischer Bedürfnisse erwartet wird. Eine derartige Rollendifferenzierung könnte das Individuum auch gegenüber dem Staat und seinen Leistungen entwickelt haben.

Wir können, um diesen Überblick abzuschließen, von der weitgehend anerkannten Annahme ausgehen, daß im öffentlichen Sektor Bedürfnisse vorliegen. Diese Bedürfnisse können aber einmal, analog zum privaten Sektor, individueller Natur sein, aber andererseits auch gruppenmäßige oder gesellschaftliche Züge — im eben definierten Sinne — tragen und damit von den Bedürfnissen im Marktbereich abweichen.

Der gesellschaftliche oder gruppenmäßige Nutzen bzw. Bedarf — in der soeben getroffenen Abgrenzung — muß daher nicht immer an individuelle Bedürfnisse gekoppelt sein. Bestimmte Leistungen werden nur in der gesamten Gesellschaft oder bei Gruppen als wertvoll empfunden. Doch wir müssen zudem ganz exakt zwischen gesellschaftlich und gruppenmäßig unterscheiden.

Nehmen wir den Fall an, daß Individuen zwar für das Angebot kultureller Leistungen eintreten, diese aber selbst nicht nutzen, weil sie daraus keinen direkten Nutzen ableiten.

---

[6] Siehe Hondrich K. O., Soziologische Theorieansätze ..., S. 217.

[7] Siehe Hondrich K. O., Soziologische Theorieansätze ..., S. 217.

[8] Ebenda, S. 224.

Hierin zeigt sich nun aber, daß Individuen auch in dieser gruppenmäßigen Situation Meinungen äußern und aus diesen Meinungen auf ihre individuellen Bedürfnisse zu schließen ist. Der a priori gruppenbedingte Bedarf reduziert sich damit ebenfalls auf individuelle Vorstellungen. Dies trifft im übrigen auch für das in diesem Zusammenhang immer wieder zitierte Musterbeispiel Verteidigung zu. Hinter diesem kollektiven Bedürfnis steht das individuelle Bedürfnis nach Schutz und Sicherheit, das von der Psychologie sogar unter die elementaren menschlichen Bedürfnisse eingereiht wird. Sehr anschaulich wird dieser Zusammenhang, stellen wir uns einen Prozeß der Bedürfnisaggregation zwischen den Bürgern vor, wie er im Abschnitt „Individuelle Bedürfnisse und staatliche Gesamtverantwortung" beschrieben wurde. Das Problem besteht bisher nur darin, daß ein derartiger Diskurs nicht organisiert wurde. Dies ist darauf zurückzuführen, daß nicht alle Bedürfnisse erfaßt bzw. richtig eingeschätzt werden. Die staatlichen Planer des öffentlichen Angebotes kennen damit nur einen Ausschnitt der Bedürfnislandschaft bzw. stützen sich auf das Urteil von Experten. Daraus können sich dann Abweichungen zwischen dem Bürgerwillen und dem staatlichen Angebot einschleichen.

Gruppenmäßige Bedürfnisse — wobei im Extremfall das ganze Volk eine Gruppe darstellen kann — können also auf individuelle Bedürfnisse zurückgeführt werden. Für die von uns als gesellschaftlich bezeichneten Bedürfnisse trifft dies definitionsgemäß nicht zu. Ihnen wollen wir uns nun zuwenden.

Gibt es im öffentlichen Sektor Bedarfe, die vollkommen vom Individuum losgelöst sind?

Gehen wir zunächst wieder davon aus, daß im Staatssektor individuelle Bedürfnisse existieren. Bei unseren Ausführungen zum Kommunikationsprozeß machten wir nun gerade die Erkenntnis, daß die Bedürfnisse nicht immer als Datum hingenommen werden dürfen. In diesen Fällen werden individuelle Bedürfnisse, aufgrund höherer Einsicht[9] korrigiert oder aber zu unterdrücken (Alkoholismus, Rauschgift)[10] und zu eliminieren versucht, da der Erkenntnisstand der Individuen noch unterentwickelt ist, und nur eine punktuelle Bewertung vorgenommen wird[11]. Da jeweils höhere Werte auf dem Spiel stehen, die der

[9] Dies trifft in erster Linie für Experten und Individuen mit gut ausgeprägtem Sensorium zu, welche Richtung weisend für die gesamte Gesellschaft werden können.

[10] Eine staatliche Leistung kann somit auch in einem Verbot oder in dem Versuch bestehen, bestimmte Erscheinungen beim Staatsbürger zu verändern oder auszulöschen.

[11] Bedarf hat damit zwei Dimensionen, eine positive und eine negative: Ein Angebot von Leistungen, die für die Gesellschaft als wichtig erachtet werden

einzelne nicht oder noch nicht zu erkennen vermag, muß deshalb z. B. der Schutz und die Aufrechterhaltung der Gesundheit auf direkte Art und Weise, nämlich über Ge- und Verbote, sichergestellt werden[12]. In ähnlicher Weise trifft dies auf den Schutz der Umwelt und den Verkehrsbereich (Anschnallpflicht, Geschwindigkeitsbegrenzung) zu. Es gibt somit öffentliche Leistungen, für welche keine individuellen Bedürfnisse bestehen[13]. Somit liegt ein Bedarf sui generis vor, den man als rein gesellschaftlich oder öffentlich bezeichnen könnte. Ein öffentliches Gut ist demnach eine (zwangsweise) angebotene Leistung, welcher keine individuellen Bedürfnisse — auch nicht in aggregierter Form — entsprechen[14].

Dieses Nichtvorhandensein von Bedürfnissen muß sich natürlich nicht nur auf einzelne Produkteigenschaften eines Gutes beziehen, sondern kann ein öffentliches Gut insgesamt betreffen (vgl. hierzu etwa die Diskussion um das Problem Kernenergie).

Aber stimmt das tatsächlich? Viele wissen um die Gefährlichkeit, ohne Gurt zu fahren, Alkohol zu trinken, Tabak zu rauchen usw. und machen es trotzdem. Andere wiederum nehmen davon Abstand. Unsere These vom öffentlichen Gut ist damit zum Großteil gruppenmäßig zu relativieren; d. h. nur bei einzelnen Gruppen sind die Präferenzen zu

---

und zum anderen die Unterdrückung bzw. Extinktion von Bedürfnissen, welche als individuell und kollektiv schädlich angesehen werden. Damit sprechen wir aber wiederum die Problematik der wahren und falschen Bedürfnisse an, welche wir schon beim Abschnitt „Individuelle Bedürfnisse und staatliche Gesamtverantwortung" anschnitten.

[12] Die Psychologie ist sogar der Meinung, daß jede Veränderung eines staatlichen Leistungsangebotes schon eine Veränderung und damit eine Steuerung der Bedürfnisse nach sich ziehe. Andererseits wird das Individuum auch versuchen, die gesellschaftliche Bedarfssituation in seinem Sinne zu gestalten. Vgl. hierzu Rosenstiel L. v. und Molt W., (Hg.), Bedarfsdeckung oder Bedürfnissteuerung ...; Hondrich K. O., Menschliche Bedürfnisse und soziale Steuerung, Hamburg 1975, S. 85 f.

[13] Dieser Meinung ist auch Hondrich, wenn er ausführt: „Keinesfalls soll das Vorgehen von personalen zu sozialen Systemen ein theoretisches Vorurteil enthalten, etwa derart, daß menschliche Bedürfnisse sozialen Systemen immer vorausgingen und diese erklären könnten. Das Gegenteil ist plausibler: Personale Systeme sind immer durch soziale geprägt, und soziale Systeme können eine Eigendynamik entwickeln, die sie von Personen und ihren Bedürfnissen relativ unabhängig macht." Siehe Hondrich K. O., Menschliche Bedürfnisse und soziale Steuerung, S. 27. Er sieht diesen Prozeß aber eher auf bestehende Einrichtungen bezogen, wie auch seinen bereits weiter oben zitierten Ausführungen zu entnehmen ist.

[14] Bestehen hier möglicherweise zwischen einem derart definierten öffentlichen Gut und der privatwirtschaftlichen Innovation verwandte Züge? Bei beiden scheinen zunächst keine Bedürfnisse vorzuliegen. Der Unterschied besteht allerdings darin, daß beim öffentlichen Gut tatsächlich keine Bedürfnisse vorzufinden, bei den Innovationen im privaten Bereich die individuellen Bedürfnisse jedoch latent vorhanden sind.

korrigieren oder für sie ist Zwangskonsum zu verordnen. Für alle anderen Bürger ist das nicht notwendig.

Dies ist aber wiederum nicht entscheidend, da wir sowohl bei einer Gesamtbetrachtung als auch bei einer gruppenmäßigen Sicht vor der Tatsache stehen, daß Leistungen vom Staat angeboten werden, denen keine individuellen Präferenzen gegenüberstehen.

Treffen solche Erscheinungen auch auf private Güter zu? Bei vielen Gütern des täglichen Bedarfs wird per Gesetz geregelt, daß gesundheitsschädliche Stoffe, Verarbeitungen und ähnliches nicht verwendet bzw. angeboten werden dürfen. Hier liegt allerdings eine andere Ebene vor: Nicht die Beziehung Produzent — Nachfrager ist betroffen, sondern die Ebene Staat — Produzent. Der Konsument wird dadurch nur indirekt berührt. Aber diese Maßnahme greift auch in die Gesunderhaltung der Bevölkerung ein und geschieht wider besseres Wissen der Betroffenen. Damit erhält das private Produkt neben dem Grund- und Zusatznutzen eine dritte, gesellschaftliche Komponente, und somit einen öffentlichen Nutzen, der nicht in den individuellen Präferenzen vorkommt. Unabhängig davon, ob sich der Benutzer dessen bewußt wird oder nicht, wird hier ein öffentliches Gut im oben verstandenen Sinne aufgrund besserer Einsicht angeboten und der Nachfrager gezwungen, es mit zu konsumieren. Damit stehen wir aber vor einer weiteren Erkenntnis, nämlich daß öffentliche Güter nicht unbedingt vom Staat angeboten werden müssen, sondern allein schon die staatliche Entscheidung über das Angebot genügt[15].

Werden diese Absichten staatlicherseits mitgeteilt und vom einzelnen Benutzer anerkannt, wird möglicherweise hoheitlicher Zwang durch die Einsicht und das Einverständnis des Bürgers ersetzt und öffentliche Güter in öffentliche Leistungen übergeführt. Wir gelangen zu der Erkenntnis, daß meritorische Güter (im bisherigen Verständnis) sich in bedürfnisorientierter Sicht als öffentliche Güter erweisen, da bei ihnen in der Gesellschaft oder auch schon bei bestimmten Gruppen in der Gesellschaft — wie wir oben sahen — keine Bedürfnisse nach einer derartigen Leistung vorhanden sind.

Zusammenfassend zur Frage nach den Bedürfnissen im öffentlichen Sektor können wir den Schluß ziehen, daß im Staatssektor Bereiche auffindbar sind, in denen die Individuen mehr oder minder konkrete Bedürfnisse haben. Daneben gibt es aber auch Bereiche, in welchen keine individuellen Bedürfnisse (auch nicht in aggregierter Form) vor-

---

[15] Das zeigt sich in extremer Form z. B. auch bei einer Impfung, welche von einem Arzt mit eigener Praxis vorgenommen wird. Die Entscheidung, die Impfung anzubieten, wird allerdings vom Staat gefällt.

liegen, wo aber dennoch Leistungen angeboten werden — und zwar vom Staat und vom Markt — und diese Leistungen konsumiert werden müssen bzw. sollen. Dabei kann eventuell, bei entsprechender Unterweisung durch den Staat, ein Lernprozeß beim Bürger einsetzen, der schließlich zur freiwilligen Annahme dieser Güter führt. Ein dritter Bereich, nämlich derjenige kollektiver Bedürfnisse erwies sich als nicht existent, da diese Art von Bedürfnissen auf die dahinterstehenden individuellen Bedürfnisse zurückzuführen ist.

Was bedeutet aber nun, darauf müssen wir noch eingehen, diese Kategorisierung für die gesellschaftliche Bedarfsanalyse?

Die Befragung im Bereich individueller Präferenzen ist problemlos. Fragen wir aber in dem Bereich, in welchem keine individuellen Präferenzen bestehen, ergeben sich zwei Möglichkeiten: a) Wir erhalten keine Antworten und b) wir erhalten Antworten. Diese sind aber nutzlos, da sie durch diese Methode verursacht werden und keine realen Bedürfnisse, sondern Artefakte darstellen.

Exkurs zu I: Versuch einer bedürfnisorientierten Theorie des öffentlichen Gutes

Bei der bisherigen Theorie des öffentlichen Gutes, in deren Zentrum vor allem die Kriterien Nichtrivalität im Konsum öffentlicher Leistungen[16] und Nichtausschließbarkeit[17] stehen[18], zeichnet sich immer deutlicher ab, daß dieser Ansatz zwar eine großartige theoretische Leistung ist, aber jedesmal, wenn es ihn praxisorientiert anzuwenden gilt, ergeben sich große Probleme[19]. In der realen Güterwelt muß das hohe Abstraktionsniveau verlassen werden, will man zu griffigen Aussagen gelangen. Spätestens dann verflüchtigen sich die Kriterien des öffentlichen Gutes und ihre Relevanz für den Staatssektor schwindet zu-

---

16 Vgl. Musgrave R. A., Finanztheorie, 2. Aufl., S. 8 f.; Samuelson P. A., The Pure Theory of Public Expenditure, S. 387; Musgrave R. A., Musgrave P. B., Kullmer L., Die öffentlichen Finanzen in Theorie und Praxis, Bd. 1, S. 55 f.

17 Musgrave R. A., Musgrave P. B., Kullmer L., Die öffentlichen Finanzen in Theorie und Praxis, Bd. 1, S. 56 f.; Musgrave R. A., Finanztheorie, 2. Aufl., S. 8 f.; Samuelson P. A., Aspects of Public Expenditure Theories, S. 335.

18 Daneben existieren auch noch andere Kriterien und Lehrmeinungen; wobei immer wieder versucht wurde, ein zusammenfassendes Konzept zu erstellen. Einen guten Überblick über die verschiedenen Ansätze gibt Hanusch H., Theorie des öffentlichen Gutes, S. 22 ff.

19 Kritisch zu diesem Ansatz äußert sich z. B. Schmidt K., Kollektivbedürfnisse und Staatstätigkeit, in: Haller H., (Hg.), Theorie und Praxis des finanzpolitischen Interventionismus, Tübingen 1970, S. 3 ff.; vgl. aber auch Novy K., Zinn K. G., Marketing und Bedarfsforschung in der Nicht-Marktökonomik, S. 227 ff.; Niessen H.-J., Aspekte gebrauchswertrationaler Verbraucherpolitik, S. 319 ff.

sehens. Insbesondere das Kriterium der Nichtrivalität ist davon betroffen. Aber auch das Prinzip des Nichtausschlusses verliert offenkundig an Aussagekraft und Erklärungsgehalt, wird ein öffentliches Gut in seine Detail-Leistungen und deren Eigenschaften unterschieden, was wiederum notwendig ist, will man nähere Aussagen zu einem bestimmten Gut im öffentlichen Sektor machen. Bei einer derartigen Betrachtungsweise zeigen diese Prinzipien starke Auflösungserscheinungen, eine in der Praxis verwertbare Aussage kommt ihnen nicht mehr zu.

Diese Schwierigkeiten können wir jedoch eventuell umgehen, wenn wir öffentliche Leistungen ausgehend von den Bedürfnissen betrachten.

Im vorausgegangenen Abschnitt wurde herauskristallisiert, daß vom öffentlichen Sektor Leistungen angeboten werden, denen individuelle Bedürfnisse entsprechen, und ebenfalls Leistungen erstellt werden, denen keine individuellen Bedürfnisse gegenüberstehen. Im zweiten Fall sprechen wir von einem öffentlichen Gut, das angeboten wird, weil die politisch Verantwortlichen überzeugt sind, daß der Konsum dieses Gutes notwendig ist — wir verwendeten dafür die Bezeichnung Bedarf sui generis. Dieses öffentliche Gut kann auch nur in einer bestimmten Eigenschaft einer staatlichen Leistung bestehen, aber auch darin, daß eine Korrektur oder ein Verbot vorgenommen oder eine bestimmte Leistung nicht angeboten wird, wie wir bereits sahen. Ein Blick auf den Marktsektor belehrte uns, daß diese Art von Bedarf bzw. Angebot auch bei privaten Gütern zu finden ist. Dies ist immer dann der Fall, wenn durch Ge- und Verbote Produktionsbestimmungen erlassen werden, die neben dem eigentlichen Grund- und Zusatznutzen eine dritte Nutzenkomponente schaffen, die beim Ge- oder Verbrauch privater Güter durch die politisch Verantwortlichen für nützlich erachtet wird, für die aber — zumindest a priori — kein Argument in den individuellen Präferenzordnungen vorliegt. Diese gesellschaftliche Nutzenkategorie muß immer dann mit konsumiert werden, findet das private Gut Verwendung. Sie ist damit von gleicher Art wie der öffentliche Bedarf bzw. das öffentliche Gut im Staatssektor. Angeboten werden diese privaten Leistungen und damit die gesellschaftliche Nutzenkomponente vom Marktsektor. Die Entscheidung, sie anzubieten, geht jedoch auf den Staat zurück.

Die Welt der Güter läßt sich somit folgendermaßen kategorisieren:

— im Staatssektor werden öffentliche Güter angeboten — ihnen stehen keine individuellen Bedürfnisse gegenüber; dann werden öffentliche Leistungen angeboten — ihnen entsprechen individuelle Bedürfnisse bzw. lassen sich eruieren;

— im Marktsektor werden private Güter angeboten — ihnen stehen individuelle Bedürfnisse gegenüber; daneben verfügen bestimmte Güter im privaten Bereich neben dem Grund- und Zusatznutzen zudem über eine gesellschaftliche Nutzenkategorie — für sie lassen sich (zumindest anfänglich) keine individuellen Bedürfnisse beim Individuum vorfinden.

Eine generelle Kategorisierung der Güter im Sinne des eben vorgestellten Ansatzes wurde bisher noch nicht erstellt und kann auch von uns nicht ad hoc geschaffen werden. Es bleibt somit nur die Möglichkeit, fallweise vorzugehen und die Gewißheit, daß wohl der größte Teil staatlicher und privater Leistungen mit individuellen Bedürfnissen verbunden ist.

Das gegenwärtige Fehlen einer grundlegenden schematischen Kasuistik, wann nur öffentlicher Bedarf vorliegt, wann sowohl öffentlicher Bedarf als auch individuelle Bedürfnisse von Bedeutung sind und wann nur individuelle Bedürfnisse den Ausschlag geben, begibt uns der Möglichkeit, von der fallweisen Betrachtung abzuweichen und sie durch eine allgemeingültige Differenzierung zu ersetzen. Unsere Analyse muß deshalb teilweise lückenhaft und unvollendet bleiben.

Damit haben wir aber den gleichen Stand wie die eingangs kurz dargestellte bisherige Betrachtung öffentlicher Güter erreicht: Eine Systematik, welcher im konkreten Einzelfall ebenfalls nur fallweiser Charakter zukommt. Der Vorteil einer bedürfnisorientierten Kategorisierung der Güterwelt besteht aber darin, daß weite, bisher wenig beachtete Wissenschaftsbereiche zu nutzen sind, welche außerdem für eine höhere Realitätsnähe sorgen. Zudem scheint es nur eine Frage der Zeit und der Forschungsmittel, bis eine generell gültige Einteilung von Gütern auf der Grundlage von Bedürfnissen und Bedarf möglich ist.

Ein Ergebnis dürfte aber schon heute mit Sicherheit feststehen: Die ökonomische Theorie von Angebot und Nachfrage gewinnt durch die interdisziplinäre Betrachtung an Realitätsnähe und praktischem Aussagegehalt.

II. Die statische Struktur eruierter Bedürfnisse

Bedürfnisse, die im Rahmen der gesellschaftlichen Bedarfsanalyse direkt oder indirekt ermittelt werden, gelten nur in der Gegenwart, im Augenblick der Erhebung. Die Planer im politischen Bereich brauchen allerdings Angaben darüber, wie sich diese gegenwärtige Bedürfnislandschaft in Zukunft entwickeln wird, um dann ein entsprechendes Angebot erstellen zu können. Gelingt es nicht, hier zumindest grundsätzliche Anhaltspunkte über die Dynamik von Bedürfnissen zu finden, haben wir zwar die Bedürfnisse erkundet, doch stellen sie nur eine Information über den gegenwärtigen Stand dar und bieten den Planern keine richtungsweisenden Anhaltspunkte. Orientiert der Anbieter staatlicher Leistungen trotzdem das Angebot an diesen statischen Bedürfnissen, kann es im Zeitpunkt seiner Fertigstellung bzw. Realisierung bereits durch die Dynamik der Bedürfnisse überholt sein, mit der Folge, daß es von den Bürgern nicht mehr angenommen wird.

Aufbauend auf die Erkenntnisse im vorhergehenden Abschnitt, können wir weiter folgern, daß eine dynamische Betrachtung der Bedürfnisse nur dann Sinn hat, wenn wir uns in dem Bereich des staatlichen Angebotes bewegen, in welchem individuelle Präferenzen aufzufinden sind.

Das Problem der Dynamik menschlicher Bedürfnisse können wir natürlich nicht mit unserem finanzwissenschaftlichen Wissen lösen, sondern wir müssen wieder einmal auf die Hilfe der Psychologie und der Soziologie vertrauen.

Die Bedürfnishierarchie von Maslow[20], welche ja eine dynamische Aussage über Bedürfnisse zulassen soll, erscheint uns allerdings zur Lösung dieses Problems wenig geeignet, da generelle Einwände gegen dieses Konzept vorzubringen sind[21].

Für aussagekräftiger erachten wir dagegen ein Konzept, das Hondrich[22] kürzlich vorgestellt hat — vor allem, weil es den Staat als Phänomen erkennt.

Das Problem der zukünftigen Bedürfnisse, so belehrt uns Hondrich[23], ist auch dadurch nicht zu lösen, daß wir die Bedürfnisträger nach diesen fragen, da ihnen die zukünftigen Bedürfnisse nur zum Teil selbst bekannt sind. Allerdings würden wir auf diese Art eventuell einen Teilerfolg erringen. Zudem müssen wir bedenken, daß jede Veränderung des staatlichen Angebotes auch die Bedürfnisse beeinflußt. Wir müssen also wiederum von der Orientierung der Bedürfnisse an den Mitteln zur Bedürfnisbefriedigung ausgehen und zusätzlich berücksichtigen, daß sich Bedürfnisse in Abhängigkeit vom Angebot ändern. Des-

---

20 Vgl. Maslow A. H., Motivation and Personality, S. 80 ff. Zu Maslow's Theorie siehe Teil 2, Abschnitt D, Punkt III. Die Bedeutung der Modelle des Konsumentenverhaltens für die gesellschaftliche Bedarfsanalyse.

21 Vgl. z. B. Specht G., Marketing-Management ..., S. 45 ff.; Rosenstiel L. v., Die motivationalen Grundlagen ..., S. 139 ff.; Rüttinger B., Rosenstiel L. v., Molt W., Motivation des wirtschaftlichen Verhaltens, S. 92.

22 Vgl. Hondrich K. O., Soziologische Theorieansätze ..., S. 213 ff.

23 Ebenda, S. 215.

halb spricht Hondrich[24] zunächst auch nicht von Bedürfnissen, sondern von Bedürfnisorientierungen.

In dem Maße wie sich nun die Mittel zur Bedürfnisbefriedigung vermehren und differenzieren, vermehren und differenzieren sich in einem ontogenetischen Prozeß auch die Bedürfnisorientierungen. In der Regel entsteht dabei auch sehr früh ein Bedürfnis nach Sicherheit, d. h. nach geregelter Bedürfnisbefriedigung[25]. Der Prozeß der Ausprägung von Bedürfnissen bzw. Bedürfnisorientierungen kann als Lernen angesehen werden, wobei Bedürfnisse und Bedürfnisorientierungen wiederum als ein inneres Verhalten zu verstehen sind, das sich in Verhaltensweisen der Individuen äußert. Hondrich[26] folgert daraus: Eine Bedürfnisorientierung an einem bestimmten Befriedigungsmittel tritt umso wahrscheinlicher auf, je häufiger und schneller dieses Mittel bisher zur Befriedigung führte.

Von weiterer Bedeutung beim Angebot neuer Befriedigungsmittel ist nun vor allem das Generalisierungsprinzip des Lernens, welches besagt, daß eine Bedürfnisorientierung umso eher zustandekommt je ähnlicher (im Sinne gleicher Befriedigung) das wahrgenommene Mittel dem früheren ist[27,28].

Stehen nun neue und alte Befriedigungsmittel konkurrierend zur Verfügung, muß dafür gesorgt werden, daß das neue angenommen oder gar bevorzugt wird. Dies können soziale Rollenzwänge bewirken, aber auch das Sättigungsprinzip, nach dem der Wert eines Mittels zur Bedürfnisbefriedigung umso mehr zurückgeht[29], je häufiger das Mittel zur Bedürfnisbefriedigung führt. Damit baut Hondrich das Gossen'sche Gesetz in seinen Ansatz ein. Die Befriedigung von bestimmten Bedürfnissen wird als immer problemloser empfunden. Das bedeutet aber, daß Energien freigesetzt werden, die sich nun an anderen Befriedigungsobjekten orientieren.

---

[24] Vgl. Hondrich K. O., Soziologische Theorieansätze ..., S. 218.

[25] Damit wird deutlich, daß Hondrich von Maslow's Bedürfnishierarchie ausgeht. Doch sind, nach seiner Meinung, die Bedürfnisse bei Maslow zu abstrakt definiert, um konkrete Aussagen zuzulassen. Vgl. insbesondere Hondrich K. O., Soziologische Theorieansätze ..., S. 220 f.

[26] Vgl. Hondrich K. O., Soziologische Theorieansätze ..., S. 219.

[27] Ders., Soziologische Theorieansätze ..., S. 219.

[28] Hondrich faßt nun erst, wenn verschiedene Bedürfnisbefriedigungsmittel als äquivalent angesehen werden, die verschiedenen Bedürfnisorientierungen zu einem Bedürfnis zusammen. Vgl. Hondrich K. O., Soziologische Theorieansätze ..., S. 220.

[29] Hondrrich weist allerdings darauf hin, daß dennoch dieses Mittel zur Bedürfnisbefriedigung immer noch als wertvoller angesehen werden kann als alle anderen. Vgl. Hondrich K. O., Soziologische Theorieansätze ..., S. 220.

Für unsere Fragestellung kommt es vor allem darauf an, zu wissen, in welche Richtung sich diese freiwerdende Energie entwickelt — womit auch das Problem der Beeinflußbarkeit aufgeworfen wird.

Um hierauf eine befriedigende Antwort geben zu können, gilt es, die Eigenschaften des Angebotes an neuen Befriedigungsmitteln in Erfahrung zu bringen. Dabei müssen wir uns von vornherein darüber im klaren sein, daß nicht jede Art von neuen Befriedigungsmöglichkeiten auch bedürfnisorientierend wirkt; manche Angebote werden auch zurückgewiesen.

Hondrich[30] ist nun der Ansicht, daß ein neues Mittel zur Bedürfnisbefriedigung mit höherer Wahrscheinlichkeit dann angenommen wird, wenn es Ähnlichkeit oder funktionale Äquivalenz mit bestehenden Mitteln aufweist, geschätzte, bisherige Befriedigungsmöglichkeiten nicht beeinträchtigt, wenn das neue Mittel zusätzlich auch viele bisher schon gestillte Bedürfnisse zufriedenstellt und, wenn es bereits vorbildartig in positiv bewerteten Bezugsgruppen vorhanden ist[31].

Hondrich unterstellt bei seinem Konzept implizit die Annahmen der Dissonanztheorie, welche bei den Ausführungen zu den Motiven schon diskutiert wurde. Nach dieser Theorie werden neue Angebote abgewiesen oder nur in dem Maße angenommen, wie sie durch Prozesse der Dissonanzreduktion in das schon bestehende Bedürfnissystem einzupassen sind. Dabei kann man annehmen, daß nicht erst eine tatsächliche Veränderung, sondern schon eine Veränderung der Wahrnehmung von Befriedigungsmitteln bedürfnisorientierend wirkt[32].

Dieser von Hondrich in den Grundzügen übernommene Gedankengang sollte die Planer im Staatssektor, ausgehend von den erhobenen Bedürfnissen, zumindest grundsätzlich in die Lage versetzen, den Wandlungsprozeß der Bedürfnisse in den Griff zu bekommen und den weiterentwickelten Bedürfnissen ein ihnen entsprechendes Angebot an Befriedigungsmitteln gegenüberzustellen; wobei hier zunächst wiederum der Prozeß der Kommunikation durchlaufen werden sollte. Denn er gestattet einerseits eine Aggregation der individuellen Bedürfnisse und andererseits das Einbringen gesamtwirtschaftlicher Erfordernisse.

Dennoch müssen wir uns bewußt sein, daß die Prognose der individuellen Bedürfnisse falsch sein kann, und somit das Angebot nicht

30 Vgl. Hondrich K. O., Soziologische Theorieansätze . . ., S. 221.

31 Damit wird aber wieder einmal deutlich, daß Bedürfnisse nicht unabhängig vom sozialen Gesamtzusammenhang betrachtet werden dürfen, sondern sie müssen als durch diesen geprägt angesehen werden. Darauf ist auch letztlich die dynamische Struktur der Bedürfnisse zurückzuführen.

32 Vgl. Hondrich K. O., Soziologische Theorieansätze . . ., S. 221 f.

den zukünftigen Bedürfnissen entspricht. Dies kann vor allem bei den Produkten der Fall sein, die eine relativ lange Produktionszeit erfordern. Hier kann auch der Kommunikationsprozeß nur sehr wenig helfen, weil die Individuen nur gegenwärtige Bedürfnisse einzubringen in der Lage sind. Damit nähern sich insbesondere Leistungen, die bei der Erstellung eine lange Anlaufzeit benötigen, in ihren Eigenschaften unserem Konzept des öffentlichen Bedarfs. Ausgehend von bisher nur rudimentär oder gar nicht vorhandenen Bedürfnissen im öffentlichen Sektor wird ein Angebot erstellt, von dem man annimmt, daß es Bedürfnisse befriedigt, die in der Zukunft auftreten sollen. Die Wahrscheinlichkeit, daß ein derartiges Angebot schließlich angenommen wird, steigt, wenn die Verwandtschaft zu bisherigen Befriedigungsmitteln groß ist, bisherige Befriedigungsmittel nicht gefährdet und zahlreiche bisher schon befriedigte Bedürfnisse vom neuen Mittel ebenfalls erfüllt werden. Damit gewinnt aber die Eruierung bereits vorliegender Bedürfnisse und die Kommunikation zur Aggregierung dieser Bedürfnisse auch bei dieser Art von Angebot an Bedeutung.

Die Eigenschaft der Bedürfnisse, einem ständigen Wandel zu unterliegen, bedeutet aber zugleich auch, daß die Bereiche der öffentlichen Güter und der öffentlichen Leistungen immer fließende Grenzen aufweisen.

Die Ausführungen von Hondrich haben aber noch einen zweiten Aspekt ergeben: Eine Veränderung bestimmter Eigenschaften von Gütern des staatlichen Angebotes bzw. eine Modifizierung der Repräsentation eines Produktes kann dessen wahrgenommenen Wert für die Bedürfnisbefriedigung verändern. Es muß also nicht immer eine neue Leistung angeboten werden, sondern es genügen wahrscheinlich des öfteren geringfügige Änderungen an den Eigenschaften oder der bisherigen Darstellung einer Leistung, um sie begehrenswerter zu machen.

Das Konzept von Hondrich gibt schließlich auch effiziente Anhaltspunkte an welchen Stellen, mit welchen Mitteln und in welcher Form angesetzt werden muß, will man Bedürfnisse in eine gesellschaftlich wünschbare Richtung bewegen. Ein Staat, der an der möglichst optimalen Befriedigung individueller Bedürfnisse interessiert ist, sollte diese Erkenntnisse nur zu diesem Zweck und nur unter Einbeziehung der Betroffenen, wie wir es oben beschrieben haben, verwenden. Wir sind der Meinung, daß dies moralische Forderungen sind, die durchaus an einen demokratischen Staat zu stellen sind.

Unser modellhafter Ansatz ist somit gezwungen, Immunität gegenüber tagespolitisch bestimmtem Opportunismus bewahren zu können, wenn er das Postulat der Zukunftsbestimmtheit nicht von vornherein aufgeben will. Es muß aber gleichzeitig eine hochgradige Indifferenz gegenüber Versuchen der Macht verlangt werden, welche sich zweifellos aus der Kenntnis empirischer Akzeptanzbereitschaften und Reaktionsmuster gegenüber politischen Entscheidungen ableiten lassen. Die Offenheit des Systems gegenüber den Betroffenen und die Transparenz des Planungsprozesses sind hierfür wichtige Voraussetzungen.

III. Das free-rider-Verhalten der Auskunftspersonen

Die Bedürfnisse und Einstellungen, welche wir erheben, sind keine wahrheitsgetreuen Angaben der Befragten, sondern werden nur als solche vorgegeben. Dieser Einwand gegen das vorgestellte Konzept muß auf jeden Fall kommen; vor allem, wenn man berücksichtigt, daß die free-rider-Haltung in den finanzwissenschaftlichen Annahmen zum Verhalten der Staatsbürger eine überragende Rolle spielt.

Beim free-rider-Verhalten wird, wie eingangs dieser Arbeit schon angedeutet, davon ausgegangen[33], daß der Bürger seine Präferenzen nach öffentlichen Leistungen nicht offenlegt oder sie zu verschleiern sucht, weil er bei wahrheitsgetreuen Angaben damit rechnen muß, in Höhe der geäußerten Wertschätzung zur Finanzierung dieses Gutes herangezogen zu werden.

In engem Zusammenhang damit — und zum Teil auch als Voraussetzung der Nichtoffenlegung von Präferenzen — steht das Kennzeichen der großen Zahl von Gruppenmitgliedern[34]. In einer Gesellschaft in welcher der einzelne Bürger nur einer unter vielen ist, fällt seinem finanziellen Beitrag bzw. seinen Bedürfnissen nur eine äußerst geringe Bedeutung zu. Angesichts dieser Ohnmacht verzichtet der Bürger darauf, seine Bedürfnisse mitzuteilen. Hinzukommt, daß bei seinem Einsatz allen anderen nichtengagierten Bürgern der gleiche Nutzen zufallen würde.

---

[33] Vgl. Musgrave R. A., Finanztheorie, 2. Aufl., S. 8 ff.; Musgrave R. A., Musgrave P. B., Kullmer L., Die öffentlichen Finanzen in Theorie und Praxis, Bd. 1, S. 70 ff.; Head J. G., Public Goods and Public Welfare, S. 208; Samuelson P. A., The Pure Theory of Public Expenditure, S. 388 f.; ders., Diagrammatic Exposition of a Theory of Public Expenditure, S. 355; ders., Aspects of Public Expenditure Theories, S. 334 und 336.

[34] Auf diesen Zusammenhang gehen vor allem Musgrave R. A., Musgrave P. B., Kullmer L., Die öffentlichen Finanzen in Theorie und Praxis, Bd. 1, S. 70 ein. Aber bereits früher hat Baumol auf die Bedeutung der großen Zahl hingewiesen; vgl. Baumol W. J., Welfare Economics and the Theory of State, London 1952, S. 173 ff.; in jüngster Zeit beschäftigte sich Olson M. jr., (The Logic of Collective Action, Cambridge (Mass.), 1965, deutsch: Die Logik des kollektiven Handelns, Tübingen 1968) ausführlich mit diesem Problem.

Demgegenüber argumentieren Vertreter der Politologie und der Soziologie[35], daß Bürger im Staatssektor durchaus bereit sind, ihre Bedürfnisse in den Kommunikationsprozessen des politischen Systems zu äußern, daß aber im Prozeß der Bedürfnisartikulation und -berücksichtigung Widerstände und Folgeprobleme auftreten, die eine Bedürfnisbefriedigung unterbinden können. Diese Widerstände können einmal gesellschaftliche Normen (Frage der Legitimität von Bedürfnissen) und zum anderen die ungleiche Verteilung von Möglichkeiten und Fähigkeiten der Bedürfnisartikulation sein[36].

Die ungleiche Verteilung ist auf die unterschiedliche Ausstattung der Individuen mit Macht, Prestige und Information zurückzuführen, wovon die Artikulation und die Berücksichtigung von Präferenzen in hohem Maße abhängen. Dies hat zur Folge, daß in der Öffentlichkeit die Oberschicht über- und die Unterschicht unterrepräsentiert ist[37].

Probleme adäquater Bedürfnisperzeption und -interpretation treten dann in besonders verschärfter Form auf, wenn a) subkulturelle Schranken wirksam sind, und wo b) ausreichende kommunikative und/oder organisatorische Ressourcen zur unabhängigen Informationsverarbeitung und Bedürfnisartikulation nicht zur Verfügung stehen[38].

Hondrich[39] weist ferner darauf hin, daß an der mangelhaften Bedürfnisartikulation und -befriedigung auch das Kommunikationssystem selbst Schuld trägt, weil a) in komplexen Systemen die Kommunikation durch die Kanäle politischer Beteiligung Bedürfnisse nur grob gebündelt weitergeben kann, b) auch davon unterwegs einige Bedürfnisse verloren gehen und c) die Artikulations- und Beteiligungsanstrengungen an sich schon auf Kosten anderer Bedürfnisbefriedigungen (z. B. Muße und Erholung) gehen und deshalb erst vielfach gar nicht unternommen werden[40].

---

[35] Vgl. Badura B., Bedürfnisstruktur und politisches System, S. 12; Hondrich K. O., Soziologische Theorieansätze ..., S. 215; Klages H., Planungspolitik, S. 59 ff.; ders., Politische Planung: Ziel, Methoden und Zwänge, S. 22 f.; Hondrich K. O., Menschliche Bedürfnisse und soziale Steuerung, S. 16 f.; Blumer H., Social Problems as Collective Behavior, in: Social Problems, 18 (Winter 1971), S. 298 ff.

[36] Vgl. Badura B., Bedürfnisstruktur und politisches System, S. 12 f.

[37] Ebenda, S. 13 und S. 18.

[38] Vgl. Badura B., Bedürfnisstruktur und politisches System, S. 17.

[39] Vgl. Hondrich K. O., Soziologische Theorieansätze ..., S. 215.

[40] Badura ist zudem der Meinung, daß der Großteil der Bevölkerung sich erst dann zum Handeln veranlaßt sieht, wenn die Bürger zu dem Schluß kommen, daß bestimmte als „essentials" angesehene Chancen zur Befriedigung materieller oder immaterieller Bedürfnisse bedroht sind; vgl. Badura B., Bedürfnisstruktur und politisches System, S. 131.

Schließlich, so Hondrich[41], kann das Individuum gar nicht alle Arten von Bedürfnissen äußern, sondern vorwiegend nur die gegenwärtigen, während die zukünftigen nicht bewußt oder nicht wichtig genug genommen werden. Mit diesem Problem beschäftigten wir uns schon im vorherigen Abschnitt.

Während also die Politologie und die Soziologie annehmen, nur die Kommunikations- und die Artikulationsmöglichkeiten seien an der mangelhaften Bedürfnisbefriedigung Schuld, die Individuen aber durchaus bereit, ihre Bedürfnisse vorzutragen, geht die Finanzwissenschaft davon aus, daß die Bürger in gewissen Situationen ihre Präferenzen überhaupt nicht oder nur in verschleierter Form wiedergeben.

Die Lösungsvorschläge[42] der Politologen und Soziologen bewegen sich demzufolge auf einer anderen Ebene.

Würde nun die Ansicht der Politologen und Soziologen zutreffen, wäre in unserem Konzept der Bürgerorientierung und der Kommunikation bereits der Lösungsweg aufgezeigt.

Hat allerdings die Finanzwissenschaft recht, müssen wir weitere Überlegungen anstellen, wie wir die Befragten dazu bringen (bzw. zu ihrem eigenen Vorteil eventuell überlisten können), die Wahrheit zu sagen.

Wir stehen auf dem Standpunkt, es zumindest in Erwägung ziehen zu müssen, daß Individuen bei Befragungen über Mittel zur Bedürfnisbefriedigung im politischen Bereich dann falsche Antworten geben, wenn sie mit finanziellen Belastungen und/oder Veränderungen bei den Befriedigungsmitteln rechnen müssen[43].

Es sind also zumindest Vorkehrungen in dieser Richtung zu treffen. Das Problem besteht aber nicht nur darin, daß die Fragen wahrheitsgetreu beantwortet werden, sondern auch darin, daß die Fragebögen von möglichst allen Befragten ausgefüllt und zurückgesandt werden. Unterbleibt die Rücksendung des Fragebogens, ist dies gleichbedeutend mit einer Weigerung, seine Bedürfnisse offenzulegen.

Behilflich sind uns bei der Lösung dieser Probleme wiederum die empirische Sozialforschung und die Marktforschung im Unternehmenssektor. Sie stehen ja grundsätzlich vor den gleichen Problemen; wes-

---

41 Vgl. Hondrich K. O., Soziologische Theorieansätze . . ., S. 215.

42 Vgl. Badura B., Bedürfnisstruktur und politisches System, S. 24, S. 40 und S. 43; Klages H., Planungspolitik, S. 106 ff.

43 Die Studie „Theater und Ökonomie“ ergab, daß auch im öffentlichen Sektor die Auskunftsbereitschaft selbst bei denjenigen Fragen gegeben ist, die sich auf die Zahlungsbereitschaft beziehen.

halb auch von ihnen eine Reihe von Überlegungen angestellt und Vorschläge unterbreitet werden, mit denen man das aufgezeigte Probleme in den Griff bekommen sollte. Einen generellen Überblick über die in diesem Zusammenhang auftretenden Schwierigkeiten der Befragung gibt uns das folgende Schaubild:

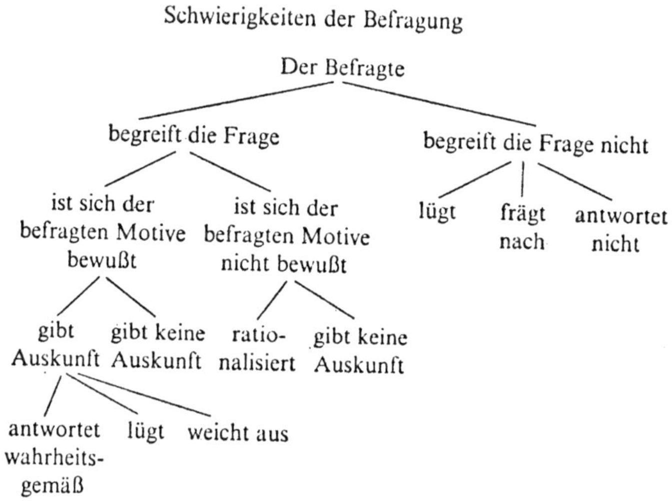

Quelle: Rüttinger B., Rosenstiel L. v., Molt W., Motivation des wirtschaftlichen Verhaltens, Stuttgart 1974, S. 56.

Obiger Darstellung ist zu entnehmen, daß die bewußte Antwortverweigerung bzw. -verzerrung nur einen Unterfall darstellt. Zunächst ist einmal dafür Sorge zu tragen, daß die Fragen derart formuliert werden, daß sie der Befragte auch versteht. Sie müssen also seinen Sprachgewohnheiten und seinem Inteligenzniveau angepaßt sein[44]. Nur dann ist grundsätzlich sichergestellt, daß auch verwertbare Antworten gegeben werden.

Zugleich gilt es dann aber, diejenigen Bedingungen einzubauen und zu beherzigen, welche einerseits ein Höchstmaß an Wahrheitsgehalt bei den Fragen liefern und andererseits dafür sorgen, daß die Fragebögen auch ausgefüllt und zurückgeleitet werden — auf diese Aspekte wollen wir uns insbesondere konzentrieren.

Hierfür sind drei Blöcke von entscheidender Bedeutung:

a) Grundlegende Regeln einer schriftlichen Befragung,

---

[44] Vgl. hierzu z. B. Holm K., Die Frage, in: Holm K., (Hg.), Die Befragung, Bd. 1, München 1975, S. 43.

b) Aufbau des Fragebogens und

c) Formulierung der Fragen.

Zu den grundlegenden Regeln einer schriftlichen Befragung gehört, daß neben dem Fragebogen ein Begleitschreiben[45] abgefaßt wird. In ihm sollen die fragende Institution sowie Sinn und Zweck der Befragung genannt werden. Von besonderer Bedeutung ist darin der Hinweis auf die Annonymität und die Vertraulichkeit der Befragung. Hierin ist die erste bedeutende Voraussetzung zu sehen, daß nicht nur geantwortet, sondern wahrheitsgetreu geantwortet wird. Von entscheidender Bedeutung für die Antwortbereitschaft erwies sich auch die Originalunterschrift unter diesen Begleitbrief[46].

Beim Aufbau des Fragebogens ist vor allem zu beachten, daß der Bogen eine Gesprächssituation simuliert, er interessant und abwechslungsreich gestaltet und mit Erholungsphasen verbunden ist[47]. Der Fragebogen soll eine Einleitungsfrage (sog. Eisbrecherfrage, um den ersten Kontakt herzustellen und Antwortbarrieren zu überwinden) und am Ende eine Abschiedsfrage aufweisen. Dazwischen sind die Sachfragen und statistischen Fragen anzuordnen[48]; wobei die Fragen nicht logisch aufeinanderfolgen sollten, um zu vermeiden, daß der Frageablauf vollkommen erkannt wird.

Weiterhin wird geraten[49], Kontrollfragen einzubauen, durch welche insbesondere der Wahrheitsgehalt und die Genauigkeit bestimmter Fragegebiete abzuklären sind.

In der gleichen Richtung wirkt eine Befragung, wenn nicht nur über ein Thema, sondern über mehrere Themenbereiche um Auskunft gebeten wird. Man spricht in diesem Fall von einer Mehrthemen- oder

---

[45] Vgl. hierzu Richter H.-J., Die Strategie schriftlicher Massenbefragung, Bad Harzburg 1970, S. 146 ff.; Wilk L., Die postalische Befragung, in: Holm K., (Hg.), Die Befragung, Bd. 1, München 1975, S. 190 f.; Mayntz R., Einführung in die Methoden der empirischen Soziologie, S. 107; Scheuch E. K., Das Interview in der Sozialforschung, in: König R., (Hg.), Handbuch der empirischen Sozialforschung, Bd. 1, 2. Aufl., Stuttgart 1967, S. 141.

[46] Vgl. Richter H.-J., Die Strategie schriftlicher Massenbefragung, S. 146.

[47] Noelle E., Umfragen in der Massengesellschaft, Hamburg 1963, S. 54 ff.; Kirchhofer-Bozenhardt A. v., Kaplitza G., Der Fragebogen, S. 92 ff.; Friedrichs J., Methoden empirischer Sozialforschung, Hamburg 1973, S. 197 und S. 209 ff.; Richter H.-J., Die Strategie schriftlicher Massenbefragung, S. 210 ff.; Behrens K. Ch., Demoskopische Marktforschung, S. 88 ff.

[48] Vgl. Noelle E., Umfragen in der Massengesellschaft, S. 82 f. und S. 84 ff.; Friedrichs J., Methoden empirischer Sozialforschung, S. 214; Richter H.-J., Die Strategie schriftlicher Massenbefragung, S. 216.

[49] Vgl. Noelle E., Umfragen in der Massengesellschaft, S. 59; Friedrichs J., Methoden empirischer Sozialforschung, S. 201; Behrens K. Ch., Demoskopische Marktforschung, S. 90.

Omnibusbefragung[50]. Durch diese Art von Befragung wird es für die Auskunftsperson nur schwerlich möglich, den eigentlichen Zweck der Befragung zu erkennen. Die Wahrscheinlichkeit, unverfälschte Antworten zu erhalten, steigt.

Die Länge des Fragebogens selbst hat schließlich nicht unwesentliche Bedeutung für die Wahrscheinlichkeit einer Beantwortung[51]: je länger der Fragebogen, desto geringer die Antwortbereitschaft.

Wenden wir uns nun der Formulierung der Fragen zu. Das bedeutendste Mittel, bewußte Antwortverfälschungen zu vermeiden, besteht darin, nach bestimmten Sachverhalten nicht direkt, sondern indirekt zu fragen. Eine solche Fragesituation liegt dann vor, wenn[52]

1. die Auskunftsperson durch psychologisch geschickte Fragestellung veranlaßt wird, Sachverhalte zu berichten, die sie bei direkter Fragestellung nicht oder nur in verzerrter Form angegeben hätte;

2. nicht direkt bei der Auskunftsperson, sondern bei Dritten nach einem bestimmten Problembereich gefragt wird; und

3. Zusammenhänge durch Korrelationsanalysen erhoben werden, ohne diese Relationen selbst zu erfragen[53,54].

Zum gleichen Zweck finden projektive Fragen und projektive Tests Verwendung. Dabei besteht das Grundprinzip darin, die Fragen so zu formulieren, daß die Auskunftspersonen ihre eigene Haltung nicht auf sich selbst bezogen, sondern auf andere Personen oder bestimmte Situationen projiziert, äußern[55].

---

[50] Vgl. Kirchhofer-Bozenhardt A. v., Kaplitza G., Der Fragebogen, S. 119; Friedrichs J., Methoden empirischer Sozialforschung, S. 210; Behrens K. Ch., Demoskopische Marktforschung, S. 61 ff.

[51] Vgl. hierzu Noelle E., Umfragen in der Massengesellschaft, S. 84 f.; Richter H.-J., Die Strategie schriftlicher Massenbefragung, S. 216; Friedrichs J., Methoden empirischer Sozialforschung, S. 214; Kirchhofer-Bozenhardt A. v., Kaplitza G., Der Fragebogen, S. 95. Zu anderen Ergebnissen kamen allerdings Champion und Sears; vgl. Champion D. H., Sears A. M., Questionaire Response Rate. A Methodological Analysis, in: Social Forces, Vol. 47 (3/1969), S. 335 ff.

[52] Vgl. Behrens K. Ch., Demoskopische Marktforschung, S. 55; Schreiber K., Marktforschung, S. 78 ff.; Friedrichs J., Methoden empirischer Sozialforschung, S. 201 f.

[53] Das Problem derartiger Fragen besteht allerdings ganz allgemein darin, daß die Diskrepanz zwischen der Fragestellung und dem Ziel, das man mit der Frage verfolgt, zu groß wird. Man spricht in diesem Zusammenhang von der Fremdbestimmtheit von Fragen. Vgl. Holm K., Die Frage, S. 79 ff.

[54] Schreiber rechnet sogar Indices und Skalen zu den indirekten Fragen, wenn sie auf Indikatoren aufbauen, die stellvertretend für eine Haltung oder ein Verhalten stehen. Vgl. Schreiber K., Marktforschung, S. 88 ff.

[55] Vgl. Schreiber K., Marktforschung, S. 83.

Bei projektiven Fragen und Tests bedient man sich des Satzergänzungstests, des Bildtests, der Dialogform u. ä[56].

Bei manchen Sachverhalten mag auch die Provokation angebracht sein[57]. Die schriftliche Befragung ist hierfür aber weniger geeignet. In einem anderen Fall bietet sich eventuell die Suggestion an, um die Antwortbarrieren zu überbrücken[58]. Doch muß diese Form sehr sorgfältig benutzt werden, um dadurch nicht auf künstlichem Wege Antwortverzerrungen zu generieren.

Auch die Überrumpelung, das Ausnutzen des Mitläufer-Effektes und die sprachlich entschärfte Form eines bestimmten Sachverhaltes (insbesondere bei Verhaltensweisen, die nicht der gesellschaftlichen Norm entsprechen) können dazu angetan sein, die Wahrheit zu erfragen[59].

Bei verschiedenen Fragegebieten (Alter, Einkommen u. ä.) können wir uns sicherlich mit ungefähren Angaben zufrieden geben[60].

Schließlich erwachsen uns insbesondere auch aus den erhobenen soziodemographischen Variablen zusätzliche Interpretationshilfen. Durch einen Vergleich dieser Daten mit den Angaben zu den Bedürfnissen und eine Gegenüberstellung der soziodemographischen Daten untereinander, können wir mit Sicherheit die eine oder andere Unkorrektheit aufdecken.

Alle diese Vorschläge tragen aber, wie schon mehrfach betont, nicht nur zur Ermittlung wahrer Bedürfnisse auf direktem oder indirektem Wege, sondern auch zur Erhöhung der Antwortbereitschaft insgesamt bei. Speziell zur Erhöhung der Rücklaufquote wurden aber Vorschläge erarbeitet, auf welche wir noch stichpunktartig verweisen wollen[61]:

1. Homogenität der Befragtengruppe, hinsichtlich vor allem
2. der Bedeutung des Themas für sie oder aber „Zentralität" der Befragung[62];

---

[56] Vgl. Noelle E., Umfragen in der Massengesellschaft, insb. S. 74 ff.; Behrens K. Ch., Demoskopische Marktforschung, S. 99; Kirchhofer-Bozenhardt A. v., Kaplitza G., Der Fragebogen, S. 112 f. und 114 f.

[57] Vgl. Schreiber K., Marktforschung, S. 92 f.

[58] Vgl. Holm K., Die Frage, S. 59; Behrens K. Ch., Demoskopische Marktforschung, S. 92 f.

[59] Holm K., Die Frage, S. 62 f.

[60] Ders., Die Frage, S. 62.

[61] Vgl. Richter H.-J., Die Strategie schriftlicher Massenbefragung, S. 218 f.; Friedrichs J., Methoden empirischer Sozialforschung, S. 241.

[62] Richter meint hierzu, daß „eine Befragung umso zentraler (sei), je folgenschwerer die Beantwortung für die Betroffenen oder deren Bezugsgruppe durch mögliche Reaktionen des Umfrageträgers ist". Siehe Richter H.-J., Die Strategie schriftlicher Massenbefragung, S. 63.

3. je höher die Bildung, desto höher der Rücklauf;
4. Verheiratete und Bewohner ländlicher Gegenden antworten häufiger;
5. je uneigennütziger der Appell im Begleitschreiben, je mehr er auf allgemeine Ziele und nicht auf individuelle Belohnung ausgerichtet ist, desto höher ist der Rücklauf;
6. der Rücklauf steigt mit der graphischen Qualität des Begleitbriefes und des Fragebogens;
7. kurze Fragebögen werden eher beantwortet;
8. telefonisches Nachfragen erhöht den Rücklauf;
9. die Verwendung von Briefmarken, eventuell sogar Wohlfahrtsmarken, ist förderlich, die Verteilung als Massendrucksache ist hinderlich[63]; und
10. eventuelle Anreize (Honorar, Teilnahme an Verlosung u. ä.) können die Antwortbereitschaft erhöhen[64].

Zusammenfassend können wir feststellen, daß es eine ganze Reihe von Vorschlägen gibt, welche die Auskunftsbereitschaft (und damit den Rücklauf) und die Tendenz, wahre Angaben zu machen, verstärken.

Mit absoluter Sicherheit ist aber weder sicherzustellen, daß jeder Befragte seinen Fragebogen ausfüllt, noch daß alle Angaben der Wahrheit entsprechen.

Ein vollständiger Rücklauf und hundertprozentig wahre Antworten sind also auch mit diesen Techniken und Kniffen nicht gewährleistet. Doch dürfte das in den wenigsten Fällen notwendig sein, um einen ausreichenden Überblick über die Bedürfnislandschaft zu erhalten.

IV. Sonstige Probleme bei der Ermittlung von Bedürfnissen nach öffentlichen Leistungen

1. Unfähigkeit der Bedürfnisangabe durch Individuen und unbewußter Konsum öffentlicher Leistungen

Hiermit sprechen wir einen Punkt an, der für die gesellschaftliche Bedarfsanalyse von großer Bedeutung ist. Wir wollen damit zum Ausdruck bringen, daß eine Befragung immer dann sinnlos wird, wenn der Befragte über den Befragungsgegenstand und/oder dessen Möglich-

---

[63] Vgl. Wilk L., Die postalische Befragung, S. 191; Atteslander P., Methoden der empirischen Sozialforschung, S. 106.

[64] Vgl. Dohrenwend B. S., An Experimental Study of Payments to Respondants, in: Public Opinion Quarterly, 34/4 (1970/71), S. 621 ff.

keiten der Bedürfnisbefriedigung nicht Bescheid weiß oder eine öffentliche Leistung ohne richtiges Bewußtsein der Bedürfnisbefriedigung konsumiert[65]. Wenn jemand zu einer bestimmten Leistung befragt werden soll, so ist Voraussetzung, daß er die Leistung und ihre Möglichkeiten kennt — sie in allen Bestandteilen erfaßt — und daß er, im Falle ihrer Nutzung, die Bedürfnisbefriedigung durch dieses Gut bewußt perzipiert. Nur dann kann der Bürger angeben, welche Bedürfnisse er durch eine öffentliche Leistung befriedigen will, und inwieweit seine Bedürfnisse tatsächlich befriedigt werden[66]. Ansonsten würden zwar durch die Befragung Ergebnisse zustandekommen; sie dürften allerdings höchstwahrscheinlich Artefakte sein, welche auf die Untersuchungsmethode zurückzuführen sind.

Das Wissen um die Existenz öffentlicher Leistungen und deren Befriedigungsmöglichkeiten dürfte bei manchen Leistungen, welche der Staat anbietet, unterschiedlich sein. Zusätzlich ist anzunehmen, daß im Bewußtsein verschiedener Bevölkerungsschichten über die Existenz von Befriedigungsmitteln erhebliche Abweichungen vorliegen.

Bei dieser Problemlage erweisen sich die erhobenen Determinanten menschlichen Handelns von ihrer anderen Eigenschaft her behilflich: Wir können die Befragten nach demographischen, regionalen, ökonomischen, psychologischen und soziologischen Gesichtspunkten einteilen und erforschen, bei welchen Gruppen der Bewußtseinsstand beim Konsum einer oder mehrerer öffentlicher Leistungen gut und wo er schlecht ausgeprägt ist. Fragen wir nicht nach den Bedürfnissen, sondern nach der Bekanntheit eines Gutes und dessen Eigenschaften, können wir auf die Gründe dieser Abweichungen stoßen. Auf diesem Wege läßt sich in Erfahrung bringen, ob die Ursachen der Unkenntnis oder der unüberlegten Nutzung mehr beim Bürger oder eher im Bekanntheitsgrad und damit der Wahrnehmung einer Leistung und ihrer Befriedigungsmöglichkeiten liegen. Darauf aufbauend können dann entsprechende Maßnahmen ergriffen werden — um einen Lernprozeß bei bestimmten Bevölkerungsgruppen einzuleiten.

---

[65] Vgl. dazu auch Tenbruck F. H., Zu einer Theorie der Planung, S. 112 f.

[66] Zu unterscheiden sind davon allerdings habituelle Verhaltensprozesse, auf welche wir bereits bei der Diskussion von Motiven als verhaltensverursachende und -lenkende Eigenschaften des Menschen hinwiesen. Bei ihnen läuft zwar der Prozeß der Bedürfnisbefriedigung auch weitgehend ohne viel nachzudenken ab, doch steht bei einem derartigen habituellen Verhalten jeweils am Anfang ein individueller Entscheidungsprozeß, dessen positiver Ausgang (Bedürfnisbefriedigung) zu einem gewohnheitsmäßigen Vollzug führt. Liegt allerdings der Zeitpunkt der Entscheidung schon sehr weit zurück, könnte möglicherweise der Fall eintreten, daß die Bedürfnisbefriedigung ohne das Bewußtsein ihrer Ursachen erfolgt und damit aber nicht mehr als Bedürfnisbefriedigung zu bezeichnen wäre.

Dieser Lernprozeß sollte wiederum im Rahmen der Kommunikation zwischen Staat und betroffenen Bürgern stattfinden, um eine harmonische und vom Bürger akzeptierte Entwicklung seiner Bedürfnisse zu gewährleisten. Die gruppenorientierte Betrachtung erweist sich also auch bei diesem Problem als vorteilhaft.

Da hier augenscheinlich bei verschiedenen Bevölkerungsgruppen (noch) keine individuellen Bedürfnisse vorhanden sind bzw. nicht explizit ins Bewußtsein gelangen, registrieren wir wiederum einen Bereich des öffentlichen Bedarfs im oben definierten Sinne.

2. Zu großer Interpretationsspielraum bei den erhobenen Daten

Dieser Punkt bezieht sich nicht direkt auf die Erhebungsmethode als solche, sondern stellt eine indirekte Gefahr für die gesamte gesellschaftliche Bedarfsanalyse dar.

Bei der Darstellung des Erhebungsrahmens war immer wieder festzustellen, daß eine grundlegende Theorie, welche den Einsatz der gesellschaftlichen Bedarfsanalyse und insbesondere die Auswahl der persönlichen und sozialen Determinanten sowie der Produkteigenschaften steuern könnte, nicht aufzufinden ist. Das bedeutet nun aber, daß man bei der Interpretation der erhobenen Daten bzw. bei der Eruierung der Bedürfnisse aus dem vorliegenden Material neben einigen Detailmodellen weitgehend auf eigenes Wissen, die gewonnenen Erfahrungen und die Kreativität angewiesen ist.

Damit ist nun allerdings die Wahrscheinlichkeit groß, daß bei Einzelfragen, aber auch für die gesamte Erhebung, falsche Schlüsse gezogen werden, welche letztlich — partiell oder total — eine Eruierung der Bedürfnisse verhindern würden. Eine totale Fehlinterpretation ist, zugegebenermaßen, ziemlich unwahrscheinlich, gänzlich auszuschließen aber auch nicht.

Wie könnte man nun erreichen, daß derartige Fehler in der Bestimmung und Erklärung von Bedürfnissen weitestgehend vermieden werden?

Das einzige Mittel, welches wir dagegen anführen können, besteht in der interdisziplinären Forschung. Sie bietet die Gewähr, daß die Erkenntnisse zahlreicher Wissenschaften genutzt werden. Dieser Umstand dürfte die gesellschaftliche Bedarfsanalyse davor bewahren, daß fehlerhafte Erklärungen zu zahlreich oder manche Sachverhalte zu einseitig interpretiert werden.

Allerdings dürften selbst dann falsche Schlußfolgerungen nicht mit absoluter Sicherheit zu vermeiden sein. Doch auch in diesem Fall könnte man sich, ähnlich wie beim free-rider-Verhalten und der dynamischen Struktur von Bedürfnissen, wohl mit diesem Grad an Zuverlässigkeit begnügen.

3. Erfaßbarkeit und Verbalisierungsmöglichkeit von Produkteigenschaften

Die konkrete Einzelleistung nützt für den Einsatz der gesellschaftlichen Bedarfsforschung, wie wir sahen, noch nicht allzu viel. Entscheidend ist darüber hinaus die konkrete Erfassung und Darstellung wesentlicher Eigenschaften der zu untersuchenden Leistung. Konzeptionell können wir uns dabei weitgehend an die Dimensionen Produkt, Preis, Distribution und Werbung halten.

Diese Bedingung ist deshalb so wichtig, weil, wie wir ebenfalls schon feststellten, in diesen wahrgenommenen Dimensionen eine Bewertung der spezifischen staatlichen Leistung durch die Bürger erfolgt. In dieser Bewertung kommen dann wiederum deren Bedürfnisstrukturen und Einstellungen zum Ausdruck. Je schwieriger es nun ist, einzelne Eigenschaften zu finden, umso komplizierter wird es, die für eine Leistung zutreffenden Bedürfnisse direkt oder indirekt in Erfahrung zu bringen.

4. Geheimhaltungspflicht als Grenze der Information

Scheitern muß die gesellschaftliche Bedarfsanalyse immer dann, wenn aus Gründen der staatlichen Sicherheit und öffentlichen Ordnung wesentliche Produktinformationen nicht an die Öffentlichkeit gelangen dürfen.

Das trifft in erster Linie für die Außen- und Verteidigungspolitik zu.

Information sind aber entscheidend, um Bedürfnisse ausbilden zu können. Fließen keine Informationen, erwachsen auch keine Bedürfnisse in der einen oder anderen Richtung.

Damit weist sich dieser Bereich — seinen Aktionen liegen keine individuellen Präferenzen zugrunde — als eine Domäne öffentlicher Güter aus.

Es ist aber immer dann gesellschaftliche Bedarfsforschung möglich, wenn man sich nicht an Detailfragen orientiert, für die sich sowieso nur ein kleiner Kreis interessieren dürfte, sondern das grundlegende Konzept dieser Bereiche einer Analyese unterzieht. Aber selbst hier dürfte es Informationsprobleme geben, wenn wir an Verteidigungs- und Angriffskonzeptionen denken.

V. Abschließende Bemerkungen zu den Grenzen einer gesellschaftlichen Bedarfsanalyse

Unseren kritischen Anmerkungen war zu entnehmen, daß sich dem Einsatz von Befragungsmethoden im öffentlichen Sektor eine Reihe von Problemen in den Weg stellt, welche zum Teil als unüberwindlich anzusehen sind, zum Teil nur unter Zuhilfenahme des Erfahrungsschatzes anderer Wissenschaften lösbar sind.

Als entscheidende Restriktion erwies sich die Erkenntnis, daß Befragungen nur dann sinnvoll sind, wenn individuelle Bedürfnisse vorliegen. Im Bereich der öffentlichen Güter führen Befragungen notwendigerweise zu Artefakten. Das gleiche trifft auf Situationen zu, in welchen die Bedürfnisbefriedigung durch öffentliche Leistungen nicht bewußt vollzogen oder die öffentlichen Leistungen nicht als Möglichkeit zur Bedürfnisbefriedigung erkannt werden, womit diese Art von Leistungen den öffentlichen Gütern zuzurechnen ist. Gänzlich unmöglich ist der Einsatz von Befragungen auch dann, wenn eine Unterbrechung des Informationsflusses zwischen Staat und Bürger vorliegt, was aus Sicherheitserwägungen geschehen kann[67].

Damit scheidet die gesellschaftliche Bedarfsanalyse als generelle Möglichkeit aus, die Wohlfahrt in allen Bereichen staatlichen Handelns zu optimieren. Die gesellschaftliche Bedarfsanalyse ist somit jeweils zur Optimierung bei einer öffentlichen Leistung, aber nicht zur Gesamtoptimierung des staatlichen materiellen und immateriellen Güterangebotes heranzuziehen.

Der Kommunikationsprozeß zwischen Bürger und Staat könnte allerdings auch in diesen Bereichen, in denen keine oder nur sehr verkümmerte individuelle Präferenzen vorliegen oder keine Informationen weitergegeben werden dürfen, zur Durchführung gelangen. Im Rahmen dieses Diskurses wären die Bürger von der Notwendigkeit zu überzeugen, bestimmte Leistungen zu konsumieren oder nicht zu konsumieren. Auch könnte den Bürgern verständlich gemacht werden, daß einzelne Informationen nicht an die Öffentlichkeit gelangen dürfen. Doch setzen derartige Aktionen wiederum entweder die Kenntnis des Bereiches öffentlicher Leistungen oder des Sektors der öffentlichen Güter voraus, womit der Kommunikationsprozeß, will er nicht bei ineffizienten allgemeinen Appellen stehenbleiben, die indirekte Hilfe der gesellschaftlichen Bedarfsanalyse benötigt.

[67] Bei diesen staatlichen Leistungen stellte sich heraus, daß sie ebenfalls dem Bereich der öffentlichen Güter zugehörig sind.

Die Statik individueller Bedürfnisse und die free-rider-Haltung konnten wir zwar nicht einer absolut befriedigenden Lösung zuführen, die gefundenen Verfahren und Ansätze lassen aber erwarten, daß der Befragte bewußt oder unbewußt die Wahrheit sagt bzw. die eruierten Bedürfnisse in eine dynamische Struktur überzuführen sind.

F. Prinzipielle Einsatzmöglichkeiten der gesellschaftlichen Bedarfsanalyse im öffentlichen Sektor

Die Instrumente der empirischen Sozialforschung, zu dem Ergebnis kamen wir bisher, sind im Prinzip in der Lage, individuelle Bedürfnisse nach staatlichen Leistungen offenzulegen. Dies trifft insbesondere auf die schriftliche Befragung zu.

Die gesellschaftliche Bedarfsanalyse, das zeigten unsere bisherigen Ausführungen aber ebenso deutlich, ist nur in den Bereichen des öffentlichen Leistungsangebotes erfolgversprechend vorzunehmen, in welchen individuelle Präferenzen aufzufinden sind. Wir bezeichneten die angebotenen Güter in diesem Bereich des staatlichen Angebotes als öffentliche Leistungen.

Gänzlich unmöglich ist hingegen der Einsatz der gesellschaftlichen Bedarfsanalyse bei öffentlichen Gütern — dem Bereich des staatlichen Angebotes, dem keine individuellen Bedürfnisse zugrundeliegen. Hier würden wir zwar auch zu Ergebnissen gelangen, sie stellen jedoch Artefakte dar, welche durch die Erhebungsmethode verursacht sind.

Zusätzlich unterliegen, wie wir ebenfalls sahen, die Bedürfnisse einem ständigen Wandel, so daß die Bereiche der öffentlichen Güter und öffentlichen Leistungen fließende Grenzen aufweisen dürften.

Aber auch der Bereich öffentlicher Leistungen selbst erfährt noch zusätzliche Einschränkungen. So gelangen wir ebenfalls zu artifiziellen Ergebnissen, liegt kein ausreichendes Problembewußtsein auf seiten der Bürger vor. Dieser Fall ist einmal dann gegeben, wenn zwar öffentliche Leistungen in Anspruch genommen werden, der Bürger sich aber der Bedürfnisbefriedigung nicht bewußt ist. Zum anderen besteht jedoch auch die Möglichkeit, daß eine bestimmte öffentliche Leistung von vornherein nicht als Befriedigungsmittel wahrgenommen wird.

Gesellschaftliche Bedarfsanalyse, mit dem Ziel, individuelle Präferenzen nach Leistungen des Staates in Erfahrung zu bringen, ist somit grundsätzlich nur bei bewußt konsumierten öffentlichen Leistungen möglich; denn nur bei ihnen sind echte individuelle Bedürfnisse aufzufinden.

Eine Gesamtoptimierung des staatlichen Angebotes, aufbauend auf Individual-Präferenzen, scheidet damit, wie schon betont, aus.

Wir können bei öffentlichen Gütern und bei mangelndem Problembewußtsein im Konsum nur auf den Lernprozeß der Bürger vertrauen. Durch zunehmende Einsicht erkennt der Staatsbürger die Notwendigkeit bestimmter Leistungen und gewinnt dadurch neue Bedürfnisse hinzu — was gleichbedeutend mit einer Umwandlung von öffentlichen Gütern in öffentliche Leistungen ist.

Welche Leistungen des Staates sind nun dem Bereich der öffentlichen Güter, welche demjenigen der öffentlichen Leistungen zuzurechnen? Um diese Frage zu beantworten, genügt also entweder die Negativ-Abgrenzung der öffentlichen Güter oder die inhaltliche Bestimmung der öffentlichen Leistungen.

Für beide Wege fehlen uns aber, um dies gleich vorwegzunehmen, die notwendigen Voraussetzungen.

Eine Näherungslösung, welche aber noch keinesfalls wissenschaftlich befriedigend ist, erreichen wir über den Versuch, die öffentlichen Leistungen inhaltlich zu bestimmen[68].

Zu diesem Zweck nehmen wir eine weitere Methode der empirischen Sozialforschung zu Hilfe, nämlich die Beobachtung.

Bei all denjenigen Leistungen, bei denen eine Inanspruchnahme durch die Bürger zu beobachten ist, können wir davon ausgehen, daß dies aus Gründen der Bedürfnisbefriedigung geschieht. Voraussetzung einer derartigen Vorgehensweise ist allerdings wiederum die Disaggregierung des staatlichen Angebotes und die Bestimmung konkreter Einzelleistungen. Denn erst wenn es uns gelungen ist, Einzelleistungen herauszukristallisieren, können wir deren Nutzen möglicherweise beobachten. Damit sind aber schon bei der Beobachtung grundlegende Einsatzbedingungen für die sich anschließende Eruierung der Präferenzen fixiert.

Ausgehend von der beobachtbaren Inanspruchnahme sind wir nun bei zahlreichen Leistungen des Staates in der Lage, die Bedürfnisträger, deren Bedürfnisse und deren Einstellungen gegenüber dem jeweiligen Mittel der Bedürfnisbefriedigung zu bestimmen.

So können wir etwa folgenden Output mit Sicherheit den öffentlichen Leistungen zurechnen:

---

[68] Gelänge es, öffentliche Güter ausfindig zu machen (manche Beispiele wurden im Verlauf der vorliegenden Arbeit schon genannt), könnte der Bereich öffentlicher Leistungen von zwei Seiten eingegrenzt werden.

1. Ver- und Entsorgungseinrichtungen:
   Strom, Wasser, Gas, Telefon, Müllabfuhr, Abwasserbeseitigung;
2. Verkehrseinrichtungen:
   Autobahnen, Bundes-, Staats-, Kreis- und Gemeindestraßen, Schifffahrtsstraßen und — soweit staatlich — Nah- und Fernverkehrsmittel, Parkplätze und -häuser, Luftverkehr;
3. Kulturelle Einrichtungen:
   Schulen, Universitäten, Volkshochschulen[69], Theater[70], Bibliotheken, Archive, Büchereien[71], Konzerte, Vorträge, Museen, Ausstellungen, Messen;
4. Medizinische Einrichtungen:
   Krankenhäuser, Anstalten zur Vorbeugung und Rehabilitation, Rettungsdienst, Impfungen;
5. Sport- und Freizeiteinrichtungen:
   Sportanlagen, Parks, Nationalparks, Tierparks, botanische Gärten, Wanderwege, Trimm-Dich-Pfade, Radwege, Badeanlagen u. ä., Gemeinde- und Jugendzentren, Kinderspielplätze;
6. Feuerwehr, Polizei, Katastrophenschutz;
7. Wohnungsbau;
8. Kindergärten und Altenheime;
9. Friedhöfe; und
10. Fernsehen und Rundfunk[72].

---

[69] Diese werden gegenwärtig an der Universität Augsburg einer ausgedehnten Analyse unterzogen.

[70] Vor allem im Bereich der Theaterleistungen erscheinen in letzter Zeit Untersuchungen, welche die Struktur der Theaterbesucher, die Finanzierung der Theaterleistungen u. ä. zum Thema haben. Vgl. z. B. Frey R. L., Theater und Ökonomie — Eine wirtschaftliche Analyse der Basler Theater, Basel 1976; Institut für Projektstudien (JfP), Musiktheater — Schreckgespenst oder öffentliches Bedürfnis? Ergebnis der „Opernstudie" des JfP, Teil I, in: Kultur und Medien, Heft 6 (1975), S. 1 ff.; Gesellschaft für Marktforschung mbH (GFM), Der Theaterbesuch in Lübeck — Einstellungen und Verhaltensweisen von Abonnenten, gelegentlichen Besuchern und Nichtbesuchern, Hamburg 1968; Forschungsinstitut für Soziologie der Universität zu Köln, Abteilung Massenkommunikation, Theateruntersuchung Ulm und Wuppertal, Köln 1975; hinweisen möchten wir zudem auf die Studie „Theater und Ökonomie", welche zur Zeit an der Universität Augsburg durchgeführt wird.

[71] Mit der Erforschung der Benutzer von Leihbüchereien der personellen Verteilung von Leistungen sowie deren Finanzierung beschäftigen sich z. B. Holtmann, Tabasz und Kruse; vgl. Holtmann H. G., Tabasz T., Kruse W., The Demand for Local Public Services, Spillover and Urban Decay: The Case of Public Libraries, in: Public Finance Quarterly, Vol. 4 (Jan. 1976), S. 97 ff.

[72] Legt man das Kriterium der Beobachtbarheit etwas weiter aus, wären über die statistische Erfassung von Beihilfeempfängern und von Gebührenzahlungen weitere Nutzergrupppen zu ermitteln.

Aus zusätzlichen beobachtbaren Kriterien wie z. B. Haus- und PKW-Besitzer, Einkommensbezieher u. ä. wäre ebenfalls zu schließen, daß bestimmte Leistungen an den Staat gegeben bzw. empfangen werden; denn die empirische Sozialforschung kann sich sowohl auf die Ausgaben- als auch auf die Einnahmenseite des Staates beziehen, wie wir bereits feststellten.

Damit haben wir schon eine ansehliche Zahl von Leistungen gefunden — die sicherlich um die eine oder andere Leistung noch zu ergänzen wäre — welche ausnahmslos den öffentlichen Leistungen zuzurechnen sind.

Auffällig an dieser Darstellung ist, daß die Mehrzahl der Leistungen dem kommunalen Bereich entstammt. Daraus ist zu schließen, daß — zumindest vorläufig — die gesellschaftliche Bedarfsanalyse schwergewichtig auf der untersten föderalen Ebene anzuwenden wäre. Die Abgrenzbarkeit und Plastizität der Leistungen ist auf dieser Stufe am ehesten gegeben.

Wir müssen uns aber auch in manchen Fällen darüber im klaren sein, daß uns das Kriterium der beobachteten Nutzung in die Irre führt. So können wir z. B. bei Justizvollzugsanstalten, der Bundeswehr, dem Sozial- und Zivildienst u. ä. nicht auf besondere Bedürfnisse der unmittelbaren Benutzer schließen. Vielmehr sind hier diejenigen, die durch diese Einrichtungen Bedürfnisbefriedigung erfahren, außerhalb dieser Kreise zu suchen.

Mit diesem Kriterium der beobachtbaren Nutzung, das dürfen wir auch nicht verkennen, bewegen wir uns immer nur auf der Stufe kasuistischer Vorgehensweise.

Auch sind wir nicht imstande, Angaben darüber zu machen, ob mit dem Kriterium der beobachtbaren Nutzung letztlich schon das alleinige Merkmal zur Abgrenzung öffentlicher Leistungen gegenüber öffentlichen Gütern gefunden ist. Dies ist jedenfalls erheblich zu bezweifeln; denn man kann davon ausgehen, daß bei zahlreichen Leistungen des Staates, deren Nutzung nicht beobachtbar ist, ebenfalls individuelle Bedürfnisse vorliegen. Zudem wirkt sich die Dynamik individueller Bedürfnisse erschwerend für die Bestimmung des Bereiches öffentlicher Leistungen — ebenso wie für den öffentlicher Güter — aus.

Keinesfalls können wir aber mit dem bisherigen Kenntnisstand angeben, wo die Grenze für den Einsatz der gesellschaftlichen Bedarfsanalyse zu ziehen ist — generelle Aussagen über die Bedürfnisse im öffentlichen Sektor sind damit noch nicht zu machen. Insbesondere Art und Ausmaß der Bedürfnislandschaft, der Dependenzen und der hierarchischen Beziehungen können bestenfalls für bestimmte Bereiche des staatlichen Angebotes in Erfahrung gebracht werden.

Die vorliegende Situation muß aber kein auswegloser Endzustand bleiben. Um dies zu ändern, um im Erkenntnisstand weiter vorzudringen, sehen wir nur eine Möglichkeit: Die forcierte interdisziplinäre Erforschung des öffentlichen Sektors.

Dabei wäre es zweckmäßig, zuerst von Leistungen auszugehen, deren Inanspruchnahme beobachtbar ist[73], da hierdurch zunächst wichtige Erfahrungen über das Instrumentarium der gesellschaftlichen Bedarfsanalyse und die sachdienliche Gestaltung der Erhebung zu gewinnen sind. Im Anschluß daran sollte man sich aber sukzessive den Bereichen des öffentlichen Angebotes widmen, von denen man annehmen kann, daß ebenfalls individuelle Bedürfnisse vorhanden sind. Hier gilt es, sich insbesondere gegen artifizielle Ergebnisse zu schützen.

Letztendlich sollte dieses behutsame schrittweise Vordringen dazu geeignet sein, den Gesichtskreis auszuweiten und generelle Aussagen über die individuellen Präferenzen nach öffentlichen Leistungen zu ermöglichen; womit wir die Ebene der fallweisen Forschung verlassen und unseren Ansatz einer höheren theoretischen Ebene — unter Beibehaltung seiner Praxisorientierung — zuführen könnten.

Dies würde andererseits bedeuten, daß immer mehr öffentliche Leistungen mit den individuellen bzw. gruppenmäßigen Bedürfnissen abzustimmen wären, was angesichts der ständig zunehmenden Bedeutung des Staatssektors und des Gebotes möglichst optimaler Bedürfnisbefriedigung dringend notwendig wäre.

Eine Gesamtoptimierung des staatlichen Leistungsangebotes, aufbauend auf individuellen Präferenzen, ist indessen, wie schon des öfteren betont, nur für die öffentlichen Leistungen möglich. Bei öffentlichen Gütern kann eine Überführung in öffentliche Leistungen versucht werden.

Ob allerdings letztendlich eine umfassende Bestimmung öffentlicher Leistungen gelingt, kann heute noch nicht übersehen werden, da diese weiterer Kriterien bedarf, welche nur durch die Forschung zu gewinnen sind.

[73] Die nahe Verwandtschaft bestimmter öffentlicher Einrichtungen hinsichtlich ihrer Bedürfnisbefriedigung läßt Analogieschlüsse von einer Leistung auf eine andere als durchaus vertretbar erscheinen. Dadurch wäre ein erheblicher Forschungsaufwand eingespart. So kann man z. B. davon ausgehen, daß die Benutzerschaft von Theatern und Museen zum Großteil identisch sein dürfte. Hat man somit eine Institution untersucht, braucht man bei der Analyse der anderen nur noch die spezifischen Eigenschaften dieser Leistung zu prüfen.

Dritter Teil

Ausgewählte methodische Probleme einer gesellschaftlichen Bedarfsanalyse

Wir sind bisher zu der Erkenntnis vorgedrungen, daß die gesellschaftliche Bedarfsanalyse zur Ermittlung individueller Präferenzen im Staatssektor prinzipiell bei öffentlichen Leistungen tauglich ist. Insbesondere gilt dies — instrumental gesehen — für die schriftliche Befragung.

Es zeigte sich aber auch, daß beim Einsatz dieser Methode einige schwerwiegende Probleme fundamentaler Art auftreten, welche die Verwendung der gesellschaftlichen Bedarfsanalyse zur Eruierung von Bedürfnissen z.T. gänzlich unmöglich machen, mit Sicherheit aber erheblich erschweren.

In diesem letzten Teil der vorliegenden Arbeit wenden wir uns nun noch einigen methodischen Fragen zu, deren zufriedenstellende Beantwortung jedoch für die erfolgreiche Offenlegung der Bedürfnisse nach öffentlichen Leistungen und der Einstellungen nicht weniger bedeutsam ist.

Wir beschäftigen uns zunächst mit der Grundgesamtheit, worunter die Gesamtheit aller potentiellen und/oder aktuellen Benutzer einer öffentlichen Leistung zu verstehen ist. Dabei geht es insbesondere darum, Mittel und Wege aufzuzeigen, mit deren Hilfe die Erstellung einer Grundgesamtheit im öffentlichen Sektor möglich erscheint.

Da die schriftliche Befragung der gesamten potentiellen und/oder aktuellen Benutzerschaft selbst nicht durchführbar ist, wenden wir uns, im Anschluß an die Ausführungen zur Grundgesamtheit, der repräsentativen Stichprobe zu und klären ab, unter welchen Bedingungen eine Teilerhebung die gleichen Ergebnisse zutage fördert wie eine Totalerhebung.

Wichtigstes methodisches Hilfsmittel einer Befragung ist sicherlich der Fragebogen. Deshalb machen wir uns nach der Erörterung der repräsentativen Stichprobe darüber Gedanken, welche Bestandteile ein Fragebogen zur Ermittlung von Bedürfnissen und Einstellungen aufweisen und wie er generell aufgebaut sein sollte.

Den Abschluß unserer methodischen Überlegungen bilden Verbesserungsvorschläge, welche die Aussagekraft der erhobenen Daten erhöhen und deren Interpretierbarkeit verbessern könnten. Derartige Möglichkeiten sehen wir in den multivariaten Methoden gegeben. Vor allem bei diesen Methoden wird deutlich, daß in diesem dritten Teil nicht nur methodische Probleme angesprochen, sondern damit durchaus auch Fragen von grundsätzlicher Bedeutung angeschnitten werden.

A. Die Ermittlung der Grundgesamtheit potenzieller und/oder aktueller Nutzer einer öffentlichen Leistung

Die Größe einer Grundgesamtheit von Bürgern bzw. Nutzern wird zunächst entscheidend von der zu analysierenden öffentlichen Leistung bestimmt, so daß über den Benutzerkreis keine Aussagen zu machen sind, wird nicht eine konkrete Leistung zugrundegelegt. So ist etwa die Agrarmarktordnung — faßt man sie als Produkt auf — für die gesamte EG von Gültigkeit. Grundgesamtheit sind somit alle Landwirte, Händler und Verteiler von Agrarprodukten. Daneben wäre bei diesem konkreten Beispiel zu fragen, ob nicht weitere Personenkreise hinzuzuziehen sind. Dies wird aber letztlich von der genauen Fragestellung abhängen.

Eine weitere Grundgesamtheit könnten wir dann in der Bevölkerung der Bundesrepublik Deutschland sehen, stellen wir etwa auf das Produkt äußere Sicherheit ab. Aber auch hier müssen wir berücksichtigen, daß sich ein gutes deutsches Verteidigungssystem positiv auf die gesamte atlantische Allianz auswirkt.

Grundgesamtheiten bilden sodann auch die Bevölkerungen in den Bundesländern, betrachten wir deren jeweilige Kompetenzen z. B. in der Kulturpolitik, im Umweltschutz usw. Doch wirken sich auch hier die Maßnahmen eines Landes auf andere Länder und im Extremfall — was wahrscheinlich nicht so selten vorkommt — auf den Bund und über dessen Grenzen hinweg aus.

Die nächste Grundgesamtheit unserer Hierarchie verkörpert die Einwohnerschaft auf Gemeinde- und Landkreisebene. Diese Stufe wollen wir, aufgrund ihrer Anschaulichkeit und, wie wir sahen, wegen ihrer besonderen Eignung für gesellschaftliche Bedarfsanalysen unseren weiteren Ausführungen schwergewichtig zugrundelegen. Doch sind selbst hier beträchtliche Abgrenzungsschwierigkeiten zu überwinden, denken wir nur an eine Großstadt mit Universität, Theater, Spezialkrankenhäusern und Großbetrieben aus Industrie und Dienstleistungsgewerbe.

Bei diesem Beispiel können wir wohl davon ausgehen, daß der Einzugsbereich einer jeden dieser Institutionen weit über die Gemeindegrenzen hinausreicht. Daneben wird wahrscheinlich festzustellen sein, daß bei den genannten Einrichtungen der jeweilige Einzugsbereich durchaus unterschiedliche Dimensionen aufweist.

Die unterste Stufe einer Grundgesamtheit dürfte wohl die Bevölkerung einzelner Stadtteile darstellen. Wir gehen dabei davon aus, daß bei bestimmten Produkten — wir denken an Grundschulen, Polizeireviere, Parkanlagen, Kindergärten, Altenheime u. ä. — durchaus nicht die ganze Stadtbevölkerung, sondern eben nur die Bewohner eines bestimmten Stadtteiles Interesse bekunden.

Das Problem einer Erstellung und Abgrenzung von Grundgesamtheiten besteht somit vor allem darin, daß der Einzugs- und Wirkungsbereich einer öffentlichen Leistung auf kommunaler, regionaler und nationaler Ebene zumeist nicht mit den Gemeinde-, Staats- oder Bundesgrenzen identisch ist[1].

Wie kann man nun aber trotzdem eine derartige Grundgesamtheit herausfinden?

Eine Möglichkeit, solche Abgrenzungen zu ermitteln, bestünde darin, die Grundgesamtheit selbst zum Thema einer Befragung zu machen. Dabei ließe sich wiederum zwischen einer allgemeinen Bevölkerungsbefragung — und wenn man z. B. den Arbeitsmarkt als Abgrenzungskriterium wählt — einer Befragung der Arbeitgeber trennen.

Der gängigste Weg dürfte jedoch in der Auswertung von Sekundärmaterial liegen.

Dabei sind für die Bestimmung des räumlichen Untersuchungshorizontes prinzipiell zwei Abgrenzungsmöglichkeiten anwendbar[2].

1. Das Homogenitätskriterium und

2. das Funktionalkriterium

Nach dem ersten Kriterium sind homogene Räume durch die Gleichartigkeit oder Ähnlichkeit eines oder mehrerer Strukturmerkmale gekennzeichnet. Funktionale Räume sind hingegen solche Gebiete, die durch eine mehr oder weniger große Zahl überörtlicher Wechselbe-

---

[1] Unsere exemplarische Wiedergabe bestimmter Grundgesamtheiten dürfte zugleich auch deutlich gemacht haben, daß zwischen dieser statistischen Größe und dem Konzept des Marktes große geistige Verwandtschaft besteht.

[2] Vgl. dazu Boustedt O., Ranz H., Regionale Struktur- und Wirtschaftsforschung — Aufgaben und Methoden, in: Veröffentlichungen der Akademie für Raumforschung und Landesplanung, Bd. 33, Bremen-Horn 1957, S. 36 ff.

ziehungen verschiedenster Art und deren Orientierung auf ein wirtschaftliches Gravitationszentrum zusammengeschlossen werden.

Wir sehen, daß unser Problem wohl am ehesten mit dem zweiten Kriterium zu lösen ist. Dabei geht man häufig so vor, daß eine ins Auge gefaßte Region, zunächst getrennt nach den einzelnen Teilgebieten, gemäß spezifischen Merkmalen analysiert wird. Im Anschluß daran werden diejenigen Teilgebiete als Einheit betrachtet, bei denen die Merkmale bestimmte Schwellenwerte überschreiten. „Diese Art der Merkmalskombination wird bei der Abgrenzung von Stadtregionen allgemein angewandt, um sowohl die Unterschiede in der Siedlungs- und Berufsstruktur als auch in der Intensität der wirtschaftlichen und sozialen Verflechtungen als Kennzeichen einsetzen zu können[3]."

In den USA werden z. B. die Standard Metropolitan Areas (SMA) nach folgenden Merkmalen gebildet[4].

1. 15 % der im Kreis wohnenden Erwerbspersonen müssen ihren Arbeitspaltz innerhalb der Zentralstadt oder 25 % der im Kreis Beschäftigten ihren Wohnsitz in der Zentralstadt haben oder es müssen mindestens vier Ferngespräche pro Monat und Telefonanschluß mit der Zentralstadt geführt werden;

2. mindestens zwei Drittel der Erwerbspersonen dürfen nicht in der Landwirtschaft beschäftigt sein oder mindestens 10 % der im Gesamtgebiet der SMA nicht in der Landwirtschaft Beschäftigten müssen im Kreis wohnen; und

3. eine Bevölkerungsdichte von mindestens 150 Einwohnern pro Quadratmeile muß erreicht werden.

Als weiteres Abgrenzungskriterium könnte zusätzlich die Reisezeit zwischen Zentralstadt und Umland in Form eines Schwellenwertes herangezogen werden, und zwar für öffentliche und private Verkehrsmittel.

Ebenso dürfte die Zahl der Zeitkarten pro 100 Einwohner und pro Strecke (Bahn/U-Bahn/Straßenbahn/Bus) weitere Aufschlüsse bringen[5]. Doch ist bei derlei Abgrenzungskriterien zu bedenken, daß sie z. T. — etwa bei speziellen Leistungen der öffentlichen Hand — einerseits zu

[3] Siehe Lauschmann E., Grundlagen einer Theorie der Regionalpolitik, in: Veröffentlichungen der Akademie für Raumforschung und Landesplanung, Hannover 1970, S. 21.

[4] Vgl. Lauschmann E., Grundlagen ..., S. 21.

[5] Vgl. dazu Iblher P., Jansen G.-D., Die Bewertung städtischer Entwicklungsalternativen mit Hilfe sozialer Indikatoren — Dargestellt am Beispiel der Stadt Zürich, in: Wirtschaftspolitische Studien 29, Göttingen 1972.

ungenau sind und andererseits lassen sie, werden Verallgemeinerungen vorgenommen, falsche Schlüsse zu. Daher muß, vor allem wenn eine bestimmte Angebotskategorie, etwa ein Krankenhaus, analysiert werden soll, eine weitere Konkretisierung versucht werden. Dies kann insbesondere dann gut gelingen, stehen bei den betreffenden Institutionen aussagefähige Statistiken zur Verfügung. Damit zeigt sich aber auch eindeutig, daß spezielle Untersuchungen mit produktspezifischen Merkmalen ergänzt werden sollten.

Am einfachsten ist dies natürlich bei denjenigen Untersuchungsobjekten zu bewerkstelligen, wo man über Statistiken verfügt, aus denen der Herkunftsort der Besucher bzw. Benutzer hervorgeht.

Sind derartige Unterlagen nicht zu erhalten, so muß schließlich wohl doch, wie schon angedeutet, die Befragung einer Zufallsstichprobe von Benutzern ins Auge gefaßt werden, um zumindest erste Erkenntnisse hinsichtlich des Einzugsbereiches einer öffentlichen Leistung zu gewinnen.

Aufbauend auf die Erkenntnis, daß der Einzugsbereich und damit der Aufgabenbereich einer Gemeinde oder eines Landes nicht an der Stadt- oder Landesgrenze endet, ließen sich auch organisatorische Konsequenzen ziehen, die etwa darin bestehen könnten, daß öffentliche Aufgabenbereiche Deckungsgleichheit mit den Verwaltungsbereichen erlangen. Damit wäre, um eine möglichst optimale Versorgung der Bevölkerung mit öffentlichen Leistungen zu erzielen, der strenge, historisch gewachsene, aber meist irrationale föderalistische Staatsaufbau durch eine benutzerorientierte Abgrenzung zu ersetzen, wobei natürlich im Prinzip die Dreigliederung beizubehalten wäre.

B. Die Erstellung einer Zufallsstichprobe von Nutzern und/oder Nichtnutzern einer öffentlichen Leistung

Eine Totalerhebung aller Betroffenen, sowohl mündlich als auch schriftlich, wird in der Praxis nur in den seltensten Fällen durchgeführt. Dies ist vor allem auf folgende Gründe zurückzuführen[6]:

1. Eine Befragung der Grundgesamtheit ist wegen des hohen Personal- und Materialeinsatzes zu kostspielig;

2. eine Totalerhebung ist zu langwierig, die Ergebnisse sind in den meisten Fällen schon überholt; und

---

[6] Vgl. Kellerer Hans, Theorie und Technik des Stichprobenverfahrens, 3. Aufl., München 1963, S. 15.

3. Erhebungen geringeren Umfanges haben, unter bestimmten Umständen, den gleichen Erklärungsgehalt.

Diese Tatsachen führten dazu, daß mit Stichproben aus diversen Grundgesamtheiten[7] gearbeitet wird, die eine möglichst repräsentative Verteilung der Merkmalsstruktur in der Grundgesamtheit wiedergeben[8]. Dabei wird ein induktiver Schluß gezogen. Man versucht Aussagen über die Gesamtheit der Betroffenen aufgrund der Erkenntnisse aus einer Stichprobe zu machen, wobei diese Vorgehensweise ihre Rechtfertigung im Gesetz der großen Zahl findet[9].

Bevor jedoch eine Erhebung gestartet wird, hierauf sei nochmals nachdrücklich verwiesen, muß man sich vergegenwärtigen, welche Aufschlüsse man erhalten will. Denn vom Erhebungsziel hängt es in entscheidendem Maße ab, welche Merkmale in den Erhebungsbogen aufgenommen werden sollen. Dabei muß eine eindeutige Definition der Erhebungsmerkmale erfolgen, welche nicht nur sachliche, sondern auch erhebungstechnische Erwägungen berücksichtigt, um Zweifelsfälle und Fehler bei der Erhebung weitgehendst auszuschließen[10].

Methodisch gesehen, lassen sich nun zwei Grundverfahren unterscheiden, mit deren Hilfe es möglich ist, Stichproben auf wissenschaftlichem Wege[11] zu generieren:

a) Das Quoten-Sample und

b) die Wahrscheinlichkeitsauswahl[12].

Gegenwärtig wird jedoch immer noch die Wahrscheinlichkeitsauswahl dem Quotenverfahren vorgezogen, weshalb wir uns auch nicht mit diesem Verfahren beschäftigen wollen[13].

---

7 Voraussetzung ist natürlich, wie soeben besprochen wurde, die genaue örtliche, sachliche und zeitliche Abgrenzung der Grundgesamtheit.

8 Vgl. Thiel H. W., Statistische Erhebung und Aufbereitung, in: Handwörterbuch der Raumforschung und Raumordnung, 2. Aufl., Hannover 1970, Sp. 3262—3281.

9 Vgl. hierzu z. B. Kaplitza G., Die Stichprobe, S. 136 ff.; Kellerer H., Theorie und Technik ..., S. 27 ff.; Scheuch E. K., Auswahlverfahren in der Sozialforschung, in: König R., (Hg.), Handbuch der empirischen Sozialforschung, Bd. I, 2. Aufl., Stuttgart 1967, S. 309; Noelle E., Umfragen in der Massengesellschaft, S. 97 f.

10 Vgl. Thiel H. W., Statistische Erhebung und Aufbereitung, Sp. 3266.

11 Sog. Stichproben anderer Art wollen wir nicht berücksichtigen, vgl. dazu Kellerer H., Theorie und Technik ..., S. 5 ff.

12 Vgl. dazu z. B. Scheuch E. K., Auswahlverfahren in der Sozialforschung, in: König R., (Hg.), Handbuch der empirischen Sozialforschung, Bd. 3 a, 3. Aufl., Stuttgart 1974, S. 13 ff.; Noelle E., Umfragen in der Massengesellschaft, S. 114 f.

13 Vgl. zur Quoten-Auswahl und den jeweiligen Vor- und Nachteilen die Standardliteratur aus dem Bereich der Statistik und Sozialforschung; z. B.

Bei der Wahrscheinlichkeitsauswahl ist es, ebenso wie bei dem Quotenverfahren, wichtig, solche Merkmale auszuwählen, die für die Untersuchungsziele von Bedeutung sind. Sie müssen einen Erklärungsbeitrag leisten, was nur dann der Fall ist, wenn Merkmale und Untersuchungsaufgabe in geistigem Zusammenhang stehen. Zudem muß bei der Wahrscheinlichkeitsauswahl jede Einheit der Grundgesamtheit die gleiche, von Null verschiedene Chance haben, für die Stichprobe ausgewählt zu werden[14, 15].

Je nach Art der in Betracht gezogenen Merkmale läßt sich weiterhin zwischen dem homograden und dem heterograden Fall unterscheiden. Vom homograden Fall sprechen wir dann, wenn wir mit qualitativen Merkmalen, vom heterograden Fall, wenn wir mit quantitativen Merkmalen arbeiten[16].

Da wir es bei unserem Forschungsansatz in erster Linie mit qualitativen Merkmalen zu tun haben, ist für uns von vornherein der homograde Fall von größerer Bedeutung. Allgemein gelten jedoch alle für den homograden Fall angestellten Überlegungen auch für den heterograden Fall.

Im Rahmen der Stichprobentheorie[17] ist für uns nun von primärem Interesse, wie groß eine derartige zufällige Auswahl zu sein hat, soll sie ein exaktes Abbild der dahinterstehenden Grundgesamtheit sein.

Gerade dieser Problembereich wird aber innerhalb dieser Theorie ausführlich und anschaulich behandelt, weshalb wir die Vorgehensweise und die damit verbundenen Schwierigkeiten hier nicht nochmals aufrollen.

Scheuch E. K., Auswahlverfahren in der Sozialforschung, Bd. 3 a, 3. Aufl., S. 15 ff.; Noelle E., Umfragen in der Massengesellschaft, S. 137 ff.; Kellerer H., Theorie und Technik ..., S. 193 ff.; Mayntz R., Holm K., Hübner P., Einführung in die Methoden der empirischen Soziologie, 2. Aufl., Opladen 1971, S. 70 f. und S. 92 ff.

14 Vgl z. B. Atteslander P., Methoden der empirischen Sozialforschung, S. 208; Kellerer H., Theorie und Technik ..., S. 12 f.

15 Auf die Anzahl der möglichen Stichproben, die aus einer Grundgesamtheit gezogen werden können, wollen wir nicht eingehen. Vgl. dazu etwa Kellerer H., Theorie und Technik ..., S. 23 ff.

16 Vgl. dazu näher Kellerer H., Theorie und Technik ..., S. 20.

17 Vgl. z. B. Kellerer H., Theorie und Technik ...; Scheuch E. K., Auswahlverfahren in der Sozialforschung, Bd. 3 a, 3. Aufl.; Kaplitza G., Die Stichprobe, S. 136 ff.; Noelle E., Umfragen in der Massengesellschaft, S. 95 ff.; Friedrichs J., Methoden empirischer Sozialforschung, S. 123 ff.; Mayntz R., Holm K., Hübner P., Einführung in die Methoden der empirischen Soziologie; Szameitat K., Koller S,. Über den Umfang und die Genauigkeit von Stichproben, in: Wirtschaft und Statistik, Jg. 1958, S. 10; Federer W. J., Statistics and Society, Data Collection and Interpretation, New York 1973; Schmutzler O., Dalichow K.-H., Krieger H., Statistische Methoden in der Markt- und Meinungsforschung, Berlin 1975.

Was wir aber als Forscher festlegen müssen, und davon hängt entscheidend die Größe der Stichprobe ab, ist der gewünschte Sicherheits- und Genauigkeitsgrad der Stichprobenergebnisse. In der amtlichen Statistik[18] rechnet man in der Regel mit einem Sicherheitsgrad von 90 % bzw. 95 %[19]. Dieser Sicherheitsgrad dürfte auch für unsere Zwecke ausreichend sein. Gewählter Sicherheitsgrad und Anzahl der Freiheitsgrade legen den t-Wert fest, welcher der sog. t- oder Studentverteilung zu entnehmen ist.

Mit der Festlegung des Genauigkeitsgrades bestimmt der Forscher andererseits, wie groß die Abweichung, der Fehler des durch die Stichprobe ermittelten Wertes (p oder x), vom wahren Wert (P bzw. μ) *in* der Grundgesamtheit, unter Einhaltung des gewählten Sicherheitsgrades, höchstens sein darf[20].

Wir müssen nun weiterhin eine Unterscheidung zwischen dem absoluten und dem relativen Fehler treffen.

Es ist jedoch ratsam, nicht mit dem absoluten, sondern mit dem relativen Fehler zu arbeiten[21].

Die Gleichung, mit welcher wir im homograden Fall, unter Zugrundelegung des absoluten Fehlers, den Stichprobenumfang berechnen können, würde nun folgendermaßen lauten[22]:

$$n = \frac{t^2 \cdot P \cdot Q}{e^2}$$

bzw. bei Berücksichtigung des Korrekturfaktors:

$$n = \frac{t^2 \cdot N \cdot P \cdot Q}{t^2 \cdot P \cdot Q + (N - 1) \cdot e^2}$$

---

[18] Vgl. Kellerer H., Theorie und Technik ..., S. 52 ff.

[19] Ausführlich mit dem Porblem des Sicherheitsgrades befassen sich z. B. Noether G. E., Introduction to Statistics. A Nonparametric Approach, 2. Aufl., Boston 1976, S. 128 ff.; Chandler R. E., The Statistical Concepts of Confidence and Significance, in: Kirk R. E., (Hg.), Statistical Issues. A Reader for the Bahavioral Sciences, Belmont 1972, S. 106 ff.; O'Brien Th. C., Shapiro B. J., Statistical Significance — What?, in: Kirk R. E., (Hg.), Statistical Issues, S. 109 ff.; Natrella M. G., The Relation between Confidence Intervals and Tests of Significance, in: Kirk R. E., (Hg.), Statistical Issues, S. 113 ff.

[20] Vgl. Kaplitza G., Die Stichprobe, S. 139 und 170 ff.; Kellerer H., Theorie und Technik ..., S. 63; Atteslander P., Methoden der empirischen Sozialforschung, S. 216 ff.; Scheuch E. K., Auswahlverfahren in der Sozialforschung, Bd. 3 a, 3. Aufl., S. 22 ff.; Schmutzler O., Dalichow K.-H., Krieger H., Statistische Methoden in der Markt- und Meinungsforschung, S. 208 ff.; Federer W. J., Statistics and Society, Data Collection and Interpretation, S. 316 ff.

[21] Vgl. Kellerer H., Theorie und Technik ..., S. 69, welcher den Vorteil relativer Fehler an dieser Stelle anschaulich nachweist.

[22] Ebenda, S. 63 ff.

Unter Verwendung des relativen Fehlers berechnet sich der Stichprobenumfang nach:

$$n = \frac{t^2 \cdot Q}{e_r{}^2 \cdot P}$$

Der Wert t wird der Student-Verteilung entnommen und ist durch den gewählten Sicherheitsgrad und die Anzahl der Freiheitsgrade bestimmt. P und Q stellen die Verteilung der Analysemerkmale in der Grundgesamtheit dar. Mit e bzw. e_r wird der absolute bzw. relative Fehler bezeichnet. Durch N kennzeichnen wir schließlich die Grundgesamtheit.

Ein Problem besteht nun allerdings noch darin, daß P bzw. Q im homograden Fall (oder σ im heterograden Fall) nicht bekannt sind. Der Forscher ist somit auf Schätzungen dieser Größen angewiesen. In der Praxis behilft man sich bei derartigen Schätzungen meistens mit Pilot-Studies[23], die der eigentlichen Erhebung vorgeschaltet werden. Vorsichtigerweise wird der Forscher mit einer etwas überhöhten Schätzung für diese Parameter arbeiten, was zur Folge hat, daß die Stichprobe größer ausfällt, als sie eigentlich sein müßte. Arbeitet man mit qualitativen Merkmalen, nimmt man in der Regel — liegen keine anderen Informationen vor — mit einem Wert für p (bzw. q) in Höhe von 0,5 vorlieb, was besagt, daß ein bestimmtes Merkmal mit einer Chance von 50 % zutrifft oder nicht zutrifft[24]. Damit geht man a priori von der denkbar ungünstigsten Situation aus.

Neben dem Stichprobenfehler muß schließlich auch noch der systematische Fehler erwähnt werden. Er ist insbesondere auf die Ungenauigkeit der Aufgabenstellung, der Sample-Auswahl, auf Fehler bei der Erhebung, Aufbereitung und Analyse des Materials sowie auf Ausfälle von Antworten zurückzuführen[25].

Zusätzliche detaillierte Angaben zum Thema Stichprobentheorie erscheinen uns in dieser Arbeit nicht angebracht. Zur etwaigen Vertiefung der Problematik sei auf die angegebene Literatur verwiesen. Dies gilt

---

[23] Vgl. hierzu Kirchhofer-Bozenhart A. v., Kaplitza G., Der Fragebogen, S. 97 und S. 126; Kaplitza G., Die Stichprobe, S. 157 f.

[24] Vgl. Kaplitza G., Die Stichprobe, S. 141; Scheuch E. K., Auswahlverfahren in der Sozialforschung, Bd. 1, 2. Aufl., S. 330 f.

[25] Vgl. dazu näher Scheuch E. K., Auswahlverfahren in der Sozialforschung, Bd. 1, 2. Aufl., S. 335 ff.; Atteslander P., Methoden der empirischen Sozialforschung, S. 215 f.; Kaplitza G., Die Stichprobe, S. 148 ff.; Scheuch E. K., Auswahlverfahren in der Sozialforschung, Bd. 3 a, 3. Aufl., S. 52 ff.; Tietz B., Grundlagen des Marketing, Bd. 1, S. 226 f. und S. 269 ff.; Schmutzler O., Dalichow K.-H., Krieger H., Statistische Methoden in der Markt- und Meinungsforschung, S. 206.

in verstärktem Maße auch für weitere differenzierte Angaben zu verschiedenen Verfahren[26] (Geschichtetes Stichprobenverfahren, Klumpen- und mehrstufige Auswahlverfahren, Quotenauswahlverfahren) aus diesem Bereich.

Die entscheidende Erkenntnis der Stichprobentheorie besteht also darin, daß eine relativ kleine Auswahl aus einer Grundgesamtheit genügt, um trotzdem nahezu den gleichen Informationsstand wie bei einer Total-Analyse zu erreichen. Aus dieser Stichprobe lassen sich dann Hochrechnungen und Rückschlüsse auf die Grundgesamtheit bzw. deren Merkmalsverteilung anstellen. Für unseren Ansatz ist damit eine erhebliche Arbeitserleichterung verbunden.

C. Der Fragebogen

Nachdem wir uns schon bei der Diskussion des free-rider-Verhaltens mit dem formal-logischen Aufbau des Fragebogens beschäftigt haben, können wir uns nun vollends auf materielle Überlegungen konzentrieren. Entsprechend unseren theoretischen Ausführungen in Teil 2 sollte demnach ein problemadäquater Fragebogen, im Hinblick auf öffentliche Leistungen, in seinem Hauptteil zwei Bereiche[27] umfassen:

a) Im ersten Bereich wird nach den Einstellungen, Bedürfnissen und Rangordnungen von Mitteln zur Bedürfnisbefriedigung gefragt, welche die Bürger mit öffentlichen Leistungen und deren Eigenschaften verbinden; und

b) im zweiten Bereich forschen wir nach den verhaltensverursachenden und -lenkenden Eigenschaften der Befragten selbst.

Denn unsere bisherigen Ausführungen haben deutlich gemacht, daß das Verhalten der Bürger sowohl von ihren persönlichen Eigenschaften als auch von den wahrgenommenen Produkteigenschaften bestimmt wird. Ein Fragebogen muß beide Seiten berücksichtigen, da nur durch die verständige Information über die Produkteigenschaften der Bedürfnismittel und die persönlichen Eigenschaften der Befragten die Bedürfnisse und deren Kausalität zu erarbeiten sind.

---

[26] Vgl. Federer W. J., Statistics and Society, Data Collection and Interpretation, S. 73 ff.; Kellerer H., Theorie und Technik . . ., S. 87 ff.; Mayntz R., Holm K., Hübner P., Einführung in die Methoden der empirischen Soziologie, S. 78 ff.

[27] Ein dritter Bereich könnte möglicherweise schon Änderungs- und Verbesserungsvorschlägen von seiten der Befragten Platz einräumen, um bereits auf dieser Stufe Ansätze für den Kommunikationsprozeß zu schaffen.

Aus Gründen der Homogenität und des psychologisch richtigen Aufbaues eines Fragebogens halten wir es für zweckmäßig, wenn zunächst die jeweilige öffentliche Leistung und dann erst die Auskunftspersonen in ihren persönlichen und sozialen Eigenschaften zum Gegenstand der Befragung gemacht werden.

Beim ersten Teil des Fragebogens besteht nun das Problem vor allem darin, alle wesentlichen Attribute einer öffentlichen Leistung zu erfassen und dem Bürger zur Bewertung und Meinungsäußerung vorzulegen.

Unsere Ausführungen zu den Eigenschaften öffentlicher Leistungen ließen erkennen, daß dabei sowohl leistungs-unmittelbare als auch leistungs-mittelbare Faktoren berücksichtigt werden müssen, da jede Eigenschaft einen Teil des Gesamtbildes verkörpert, welches die Leistung in der Öffentlichkeit einnimmt. Andererseits gilt es, neben den quantifizierbaren Merkmalen insbesondere auch qualitative Faktoren durch die Analyse abzudecken.

Die wesentlichste Aufgabe eines Fragebogens besteht nun darin, die als relevant erkannten Eigenschaften einer öffentlichen Leistung in Frageform zu gießen.

Hier sind dann die schon diskutierten Formen der direkten, indirekten Befragung usw. anzuwenden. Auch die Reihenfolge der Fragen und die Verwendung von Kontrollfragen muß schon in diesem Stadium festgelegt werden.

Als konkrete äußere Form der Fragen benutzen wir — wo immer dies der Gegenstand der Frage zuläßt — das semantische Differential. Denn diese Konstruktion, welche von Osgood, Succi und Tannenbaum[28] entwickelt wurde, gestattet uns, auch qualitative Merkmale zu erfassen und zu quantifizieren[29] und insbesondere, wie schon erörtert wurde, aus diesen Angaben auf die Bedürfnisse zu schließen.

Ein solches semantisches Differential wird durch ein bipolares Begriffspaar gebildet, zwischen welchem sich eine Skala von z. B. — 3 bis

---

[28] Vgl. Osgood Ch. E., Succi G. S., Tannenbaum P. H., The Measurement of Meaning.

[29] Strauss und Hughes haben ebenfalls ein Modell entwickelt, mit dessen Hilfe es möglich ist, quantitative und qualitative Merkmale zu erfassen und zu quantifizieren, um dann damit die Präferenzen der Bürger bezüglich öffentlicher Leistungen offenzulegen. Ihr Ansatz ist jedoch zu global, um tatsächlich aussagekräftige und gesicherte Ergebnisse zu erbringen. Vgl. Strauss R. P., Hughes D. G., A New Approach to the Demand for Public Goods, in: Journal of Public Economics, Vol. 3 (Oct. 1976), S. 191 ff.

+ 3 erstreckt[30]. Dabei stellen + 3 und — 3 die Extremwerte[31] der zu bewertenden Eigenschaft dar, und alle anderen Punkte zwischen den beiden Polen nehmen in Richtung Nullpunkt graduell in ihrer Intensität — bezogen auf den jeweiligen Pol — ab[32].

Folgende Zeichnung stellt ein derartiges semantisches Differential dar:

Wie beurteilen Sie das Gebäude unseres Stadttheaters im allgemeinen?

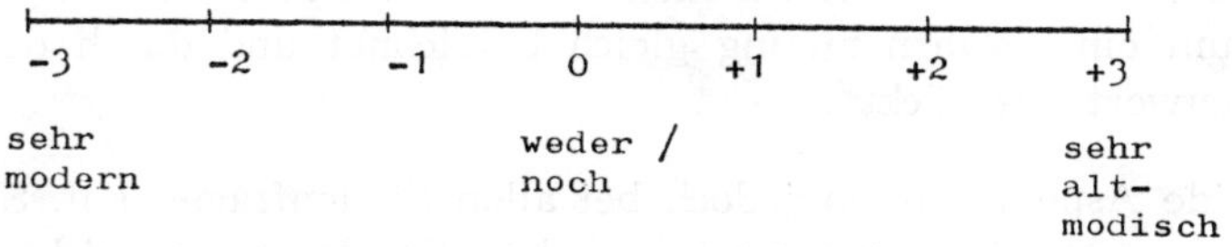

Der Punkt — 2 in unserem Beispiel könnte etwa mit modern und der Punkt — 1 mit etwas modern umschrieben werden. Entsprechend kann man den Punkt + 2 mit altmodisch und Punkt + 1 mit etwas altmodisch bezeichnen. Der Nullpunkt nimmt dann eine neutrale Stellung ein, die durch weder modern, noch altmodisch auszudrücken wäre[33].

Die Befragungspersonen werden nun gebeten, diejenige Zahl auf der obigen Skala anzukreuzen, die, nach ihrer persönlichen Meinung, die Bewertung der betreffenden Eigenschaft wiedergibt[34]. Diese Art von Bewertung sollte, wo immer dies möglich ist, für die Fragen in diesem Teil des Fragebogens Verwendung finden; weil, das sei nochmals betont, dieses Instrument vor allem die Voraussetzung bietet, qualitative Aspekte, wie z. B. das Stadtbild, die Qualität einer Erholungseinrichtung, den Prestigewert eines Theaters u. ä. quantitativ zu erfassen[35].

---

[30] Beispiele sind zu finden bei: Bergler R., Konsumententypologie, in: Bergler R., (Hg.), Marktpsychologie, S. 6 ff.; Scheuch E. K., Zehnpfennig H., Skalierungsverfahren in der Sozialforschung, in: König R., (Hg.), Handbuch der empirischen Sozialforschung, Bd. 3 a, 3. Aufl., S. 97 ff.; Mayntz R., Holm K., Hübner P., Einführung . . ., S. 50 ff.

[31] Die Werte an den Polen können auch uneingeschränkte Zustimmung oder totale Ablehnung bedeuten.

[32] Ein Vorteil entsteht eventuell auch dann, wenn die Pole miteinander vertauscht werden, um der Beantwortungsautomatik vorzubeugen. Vgl. dazu analog Kirchhofer-Bozenhardt A. v., Kaplitza G., Der Fragebogen, S. 109 ff.; Holm K., Die Frage, S. 88 ff.

[33] Einen Ersatz könnten eventuell Thermometerfragen darstellen. Vgl. Kirchhofer-Bozenhardt A. v., Kaplitza G., Der Fragebogen, S. 116 ff.

[34] Die Forderungen der Validität und Reagibilität müssen von diesem Instrument natürlich erfüllt werden.

[35] Vgl. hierzu auch Hanusch H., Verteilung öffentlicher Leistungen, S. 48 f., wo sich dieser Autor ebenfalls mit den Problemen der Bewertung öffentlicher Leistungen durch die Nachfrager auseinandersetzt.

Wir wollen aber andererseits nicht verschweigen, daß mit diesem semantischen Differential einige bedeutende Probleme verbunden sind. So dürften die Befragten vielfach überfordert sein, Einstufungsunterschiede auf den Skalen exakt zum Ausdruck zu bringen, weshalb vor allem die Genauigkeit der Angaben nicht überbewertet werden darf.

Schließlich kann wahrscheinlich auch nicht sichergestellt werden, daß bestimmte Begriffe und Sachverhalte von allen Befragten gleich verstanden werden; d. h. Unterschiede im semantischen Gehalt eines Ausdruckes sind nicht auszuschließen. Es wird somit fraglich, ob jedes Individuum eine Wahrnehmung gleich bezeichnet und durch den selben Skalenwert ausdrückt[36].

Beide Aspekte treten jedoch bei allen Skalenfragen auf. Sie lassen sich nur vermeiden, wenn wir auf derartige Fragen verzichten; damit begeben wir uns jedoch der Möglichkeit, qualitative Sachverhalte zu quantifizieren.

Stellen wir nun jede Produkteigenschaft in dieser Skalenform dar, können alle einer quantitativen Bewertung durch den Bürger unterzogen werden. Errechnen wir zudem aus diesen Angaben den Mittelwert und die Streuung, so ist abzulesen, wie die jeweilige Eigenschaft insgesamt eingeschätzt wird, und ob die Urteile stark voneinander abweichen.

Reihen wir nun diese semantischen Differentiale exakt untereinander auf und verbinden wir die Mittelwerte durch eine Linie, so erhalten wir ein sog. Polaritätenprofil. Aus einem solchen Profil kann man nicht nur genau ersehen, wie die einzelnen Eigenschaften eingestuft werden, sondern wir erhalten einen Überblick darüber, wie die Bürger die gesamte Leistung beurteilen — ein Aspekt der normalerweise mit Image umschrieben wird — und wo Befriedigungsdefizite auftreten.

Die Abbildung auf der nächsten Seite zeigt ein derartiges Polaritätenprofil.

Zusätzlich bzw. alternativ zum semantischen Differential können wir auch mit Skalen arbeiten, die von Thurstone, Lickert oder Guttman ausschließlich zur Erfassung von Einstellungen entwickelt wurden.

Wenden wir uns nun dem zweiten Abschnitt des Fragebogens, den persönlichen Eigenschaften der Befragten zu.

---

[36] Vgl. dazu z. B. Wilk L., Die postalische Befragung, S. 189; Scheuch E. K., Das Interview in der Sozialforschung, S. 141; Holm K., Die Frage, S. 49; Mayntz R., Holm K., Hübner P., Einführung in die Methoden der empirischen Soziologie, S. 107; Tietz B., Die Grundlagen des Marketing, Bd. 1, S. 325 ff.

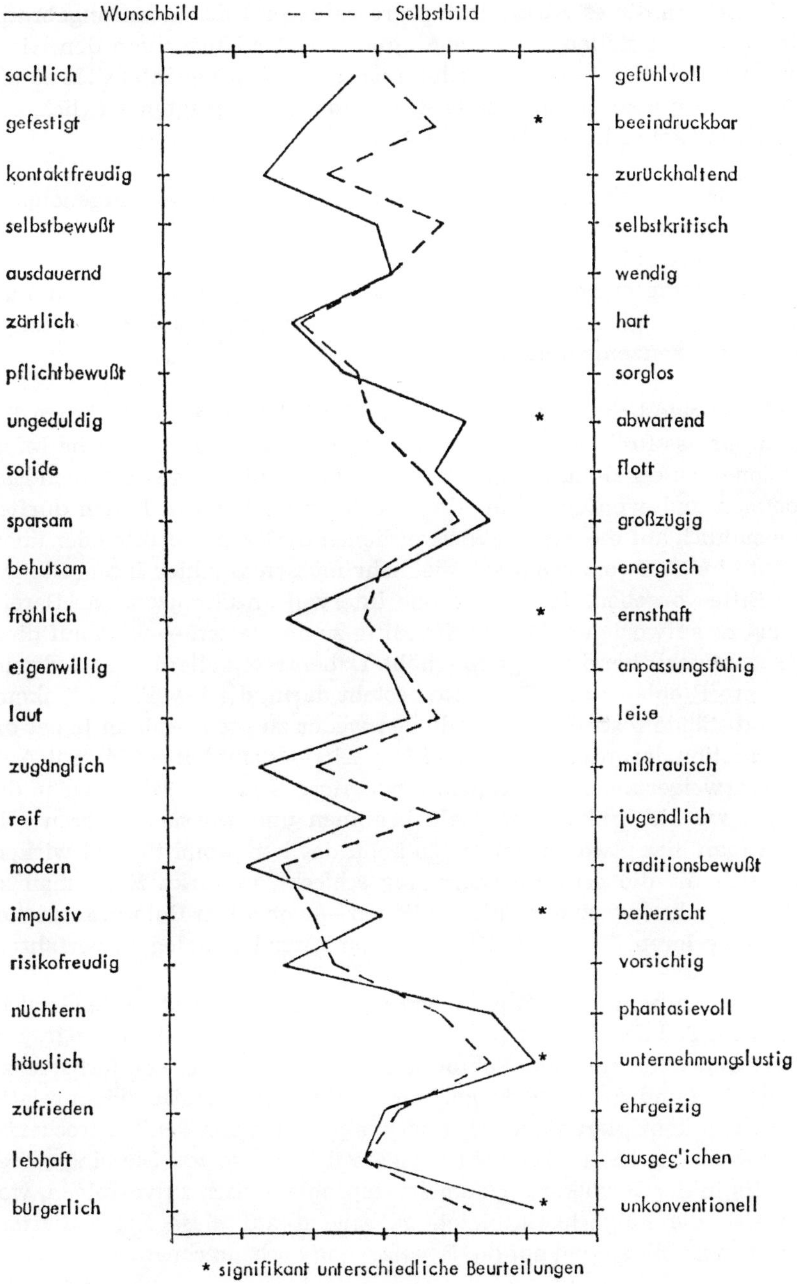

Quelle: Bergler R., Konsumententypologie, in: Bergler R., (Hg.), Marktpsychologie, Bern / Stuttgart / Wien 1972, S. 70.

Zu Beginn dieses Abschnittes wäre es unter Umständen angebracht, eine Frage zu stellen, die eine Abgrenzung der Nutzer von den Nichtnutzern und/oder eine Unterteilung nach der Nutzungsintensität zuläßt. Damit wäre eine grundlegende Einteilung der Befragten möglich, und der Grundstein für Vergleichsanalysen gelegt.

Welche persönlichen Merkmale nun in den Fragebogen aufgenommen und damit zur Beantwortung vorgelegt werden, hängt in erster Linie, wie wir bereits in unserem theoretischen Teil erarbeiteten, vom jeweiligen Erhebungsgegenstand ab. Da es keinen allgemein gültigen Faktoren-Katalog gibt, ist der Forscher dabei weitgehend auf Vermutungen und Fingerspitzengefühl angewiesen.

Ebenso wie beim ersten Fragenkomplex ist man auch in diesem Bereich vor das Problem gestellt, trotz hoher Diskretion verläßliche Informationen zu erhalten. Dies trifft vor allem auf die Frage nach dem Einkommen und eventuell dem Alter zu. In den seltensten Fällen dürften wir nämlich auf die Frage „Was verdienen Sie?“ eine exakte oder überhaupt eine Antwort erhalten. Vielmehr müssen wir hier Intervalle mit der Bitte vorgeben, das zutreffende Intervall anzukreuzen. Die Bereitschaft zu antworten — und auch richtig zu antworten — wird auf diese Weise, wie wir bereits zeigten, erhöht. Dabei treten allerdings wiederum mehrere Probleme auf. Das erste besteht darin, die jeweiligen Einkommensabstände festzulegen. Sie dürfen weder zu groß — dann leidet die Information darunter — noch zu klein sein — dann haben wir mit Antwortverweigerungen zu rechnen. Ein weiteres Problem sehen wir in der Frage, wo die Einkommensskala beginnen und wo sie aufhören soll. Setzt man hier etwa zu tief an, so kann das kompromittierend wirken, was sich für die gesamte Befragung schlecht auswirkt. Setzt man zu hoch an, gehen wertvolle Informationen — vor allem Detailinformationen — verloren. Bei der Frage nach dem Alter ist analog zu verfahren.

Abgesehen von diesen Problemen dürfte jedoch das stärkste Gewicht in diesem Teil des Fragebogens jeweils den demographischen, geographischen und ökonomischen Faktoren zufallen, da sie am einfachsten zu handhaben und zu erheben sind. Diese Art von Fragen ist zudem relativ einfach zu konzipieren und wird auch, abgesehen von den besprochenen Ausnahmen, größtenteils wahrheitsgetreu beantwortet. Sie sind andererseits in der Bevölkerung zumeist unproblematisch zu verfolgen, womit sich die Möglichkeit bietet, aufbauend auf diese Eigenschaften, Gruppen zu bilden und auf die Bevölkerung hochzurechnen.

Es sollte jedoch jede sich bietende Möglichkeit genutzt werden, vor allem auch Fragen mit psychologischem und soziologischen Gehalt in diesen Abschnitt des Fragebogens mit einzubauen und zur Erklärung heranzuziehen.

Sieht man im Fragebogen noch einen Abschnitt vor, welcher dem Befragten die Gelegenheit einräumt, Verbesserungsvorschläge vorzutragen, dann ist dieser Teil entweder en bloc zwischen den ersten und den zweiten Befragungsbereich einzuschieben oder man könnte die Frage nach einem Verbesserungsvorschlag der jeweiligen Sachfrage unmittelbar nachfolgen lassen.

Da eventuell der Befragte überfordert ist, Vorschläge zu unterbreiten, erscheint es uns sinnvoll, derartige Anregungen — zumindest teilweise — bereits vorformuliert der Auskunftsperson zur Bewertung zu überlassen. Daneben sollte jedoch unbedingt Raum für persönliche Vorstellungen gelassen werden, weil gerade dadurch Bedürfnisse der Bürger offengelegt werden und zwar bevorzugt solche, die noch nicht befriedigt sind.

Mit Hilfe der erhobenen Daten lassen sich die Nutzer und die Nichtnutzer öffentlicher Leistungen in ihren Bedürfnissen und Einstellungen beschreiben, und man kann nach deren Ursachen forschen, wozu natürlich eine Kombination beider (bzw. der drei) Frageblöcke notwendig ist. Je differenzierter diese Kombination ausfällt, umso tiefschürfender sind naturgemäß die Aussagen.

D. Methodische Verbesserungsvorschläge zum vorgestellten Ansatz der gesellschaftlichen Bedarfsanalyse

Der Informationsgehalt der erarbeitenden Daten läßt sich durchaus noch beträchtlich steigern, werden diese weiteren methodischen Überarbeitungen und Überprüfungen unterworfen.

Zu diesem Zweck bietet sich in erster Linie das Spektrum der multivariaten Verfahren an.

Darunter subsumieren wir die Korrelations- und Regressionsanalyse, die Faktorenanalyse, die Varianzanalyse, die Kanonische Analyse und die Skalierungsverfahren. Von besonderer Bedeutung erscheinen uns für unseren Untersuchungszweck die Cluster-, die Diskriminanz- und die Faktorenanalyse, da sie die weitaus größten Möglichkeiten bieten, das vorliegende Datenmaterial zu strukturieren und aussagekräftiger zu gestalten.

Auf die spezifischen Anwendungsvorteile der Verfahren gehen wir im weiteren Verlauf jeweils gesondert ein.

Die Clusteranalyse wurde bereits an früherer Stelle anwendungsorientiert beschrieben, so daß sich ihre nochmalige Diskussion erübrigt. Regressions- und Korrelationsanalyse sind andererseits sowohl als Verfahren als auch in ihren Anwendungsmöglichkeiten im wissenschaftlichen Bereich hinreichend bekannt, so daß wir auf diese Verfahren nicht explizit eingehen.

I. Die Faktorenanalyse und ihre Anwendungsmöglichkeiten

Beginnen wir zunächst mit der Faktorenanalyse, der, wie wir eingehend in der gebotenen Kürze darstellen wollen, für unseren Forschungsansatz sehr hohe Bedeutung zukommt.

Da die Faktorenanalyse bereits in zahlreichen Werken[37] behandelt wurde, wollen wir auf eine bloße Wiedergabe des Analyseverfahrens verzichten und nur insoweit auf sie eingehen, als es unseren Erfordernissen und unserem Zweck dienlich ist. Wir stellen deshalb vor allem die Funktion der Faktorenanalyse dar, um die Einsatzmöglichkeiten dieses Instrumentes beim öffentlichen Angebot aufzeigen zu können.

Die Faktorenanalyse wurde im Bereich der Psychologie entwickelt[38].

Sie baut in erster Linie auf der Korrelationsanalyse auf, und zwar in der Weise, als hohe Korrelationen zwischen zwei Variablen durch einen dritten latenten Faktor verursacht werden. Darin ist eigentlich schon der Erklärungsansatz der Faktorenanalyse zu sehen[39].

---

[37] Vgl. z. B. Überla K., Faktorenanalyse, Berlin 1968; Hofstätter P. R., Faktorenanalyse, in: König R., (Hg.), Handbuch der empirischen Sozialforschung, Bd. 1, Stuttgart 1962, S. 385—414; ders., Faktorenanalyse, in: König R., (Hg.), Handbuch der empirischen Sozialforschung, Bd. 3 a, 3. Aufl., Stuttgart 1974, S. 204 ff.; Harman H. H., Modern Factor Analysis, 2. Aufl., Chicago, London 1967; Tietz B., Die Grundlagen des Marketing, Bd. I, Die Marketing-Methoden, 2. Aufl., München 1975, S. 455 ff.; Hofstätter P. R., Sozialpsychologie, S. 59 ff.; Green P. E., Tull D. S., Research for Marketing Decisions, 2. Aufl., S. 402—431; Harper R., Factor Analysis as a Technique for Examining Complex Data on Foodstuffs, in: Frank R. E., Kühn A. A., Massy W. F., (Hg.), Quantitative Techniques in Marketing Analysis, Homewood (Ill.) 1962, S. 409 ff.; Twedt D. W., A Multiple Factor Analysis of Advertising Readership, in: Frank R. E., Kühn A. A., Massy W. F., (Hg.), Quantitative Techniques in Marketing Analysis, S. 427 ff.; Massy W. F., Television Ownership in 1950: Results of a Factor Analytic Study, in: Frank R. E., Kühn A. A., Massy W. F., (Hg.), Quantitative Techniques in Marketing Analysis, S. 440 ff.; Kendal M. G., Multivariate Analysis, London, High Wycombe 1975, S. 47 ff.; Ehrenberg Andrew S. C., Das Reduzieren der Zahlen, Statistische Analyse und Interpretation, Köln 1976, S. 314 ff.; Gorsuch R. L., Factor Analysis, Philadelphia, London, Toronto 1974.

[38] Vgl. Hofstätter P. R., Faktorenanalyse, in: König R., (Hg.), Handbuch der empirischen Sozialforschung, Bd. 3 a, 3. Aufl., S. 205 ff.; Tietz B., Grundlagen des Marketing, Bd. I, S. 456.

Als Funktionen der Faktorenanalyse werden zumeist folgende genannt[40]:

1. Reduktion der Variablen auf einige wenige ohne großen Informationsverlust;
2. Aufdeckung latenter Faktoren, welche die Dependenzen zwischen den Ausprägungen von Variablen bestimmen;
3. Offenlegung von Zusammenhängen, die sonst unbekannt geblieben wären; und
4. Identifikation von Clusters und von Produkt-Nieschen.

Mit der Auflistung dieser Funktionen dürfte die Bedeutung der Faktorenanalyse im Rahmen der gesellschaftlichen Bedarfsanalyse bereits deutlich werden.

Diese Analysemethode ist vor allem in der Lage, die Vielzahl der von uns erhobenen Größen auf einige wenige aussagekräftige Faktoren zu reduzieren, ohne daß dadurch ein größerer Informationsverlust eintritt. Das bedeutet für uns konkret, daß wir mit drei, vier Variablen weiterarbeiten können, und die Vielzahl der anderen erhobenen Eigenschaften zu vernachlässigen ist. Dabei ist jedoch klar, daß niemals mehr Informationen durch die Faktorenanalyse aus dem Ausgangsmaterial herausgeholt werden können, als nicht schon in den erhobenen Daten vorhanden sind.

In engem Zusammenhang mit dieser Fähigkeit der Faktorenanalyse ist die Funktion, latente Faktoren aufzudecken, zu sehen. Derartige Faktoren, die mit dieser Analyse herausgearbeitet werden, vereinigen den Erklärungsgehalt von jeweils zahlreichen erhobenen Variablen auf sich; womit andererseits Zusammenhänge in diesen Variablen offengelegt werden, welche ansonsten verloren gingen. Damit erweist sich aber die Faktorenanalyse zugleich als wertvolles Hilfsmittel, um zu fundierten Aussagen kausaler Art vorzudringen. Darauf baut wiederum die Fähigkeit der Faktorenanalyse auf, Bürger mit gleichen Verhaltensweisen und gleichen Bestimmungsgründen ihres Verhaltens zu Gruppen zusammenzufassen bzw. Lücken im Güterangebot aufzudecken.

---

[39] Aaker bemerkt hierzu: In der Interdependenz-Analyse gibt es keine Variable oder Variablengruppe, die das Ziel der Studie ist — welche in der Bedeutung von anderen abweicht. Eine Variable oder Variablengruppe wird nicht durch andere Variablen vorausgesagt oder erklärt. Das Ziel ist vielmehr einer Variablengruppe oder Objekten Aussagekraft zu verleihen. Vgl. Aaker D. A., The Analysis of Independence, in: Aaker D. A., (Hg.), Multivariate Analysis in Marketing: Theory and Application, Belmont 1971, S. 205.

[40] Vgl. z. B. Wells W. D., Sheth J. N., Factor Analysis in Marketing Research, in: Aaker D. A.,(Hg.), Multivariate Analysis in Marketing: Theory and Application, Belmont 1971, S. 212; Massy W. F., What is Factor Analysis, in: Aaker D. A., (Hg.), Multivariate Analysis . . ., S. 242.

Diese herauskristallisierten Faktoren können jedoch weiteren Analysen unterworfen werden, um dadurch ihren Informationsgehalt noch weiter zu steigern bzw. zu konzentrieren. Hierfür bietet sich insbesondere die Diskriminanzanalyse an.

II. Die Diskriminanzanalyse und ihre Anwendungsmöglichkeiten

Die Diskriminanzanalyse läßt sich als eine Methode zur Untersuchung von Dependenzen charakterisieren. Mit ihrer Hilfe ist es möglich, die Abhängigkeiten, die zwischen Variablen bestehen, zu erkunden und zu quantifizieren.

Im Rahmen der Diskriminanzanalyse wird eine kategorial ausgeprägte Variable (d. h. sie ist nominal skaliert) durch eine Reihe unabhängiger, intervallskallierter Variablen zu erklären versucht[41].

Bei der abhängigen Variablen kann es sich einmal um eine dichotomische und zum anderen um eine multichotomische Variable handeln. Im ersten Fall genügt zur Erklärung der Abhängigkeiten eine einfache Diskriminanzanalyse, im zweiten Fall benötigen wir eine multiple Diskriminanzanalyse[42].

Die Bezeichnung Diskriminanzanalyse deutet schon darauf hin, daß es sich bei dieser Methode um ein Verfahren zur Aufdeckung und Analyse von Unterschieden (lat. discriminare = trennen) der abhängigen Variablen, welche durch die unabhängigen Variablen erklärt werden sollen, handelt[43].

Im Gegensatz zur vorher diskutierten Faktorenanalyse sind die Ausprägungen der abhängigen Variablen von vornherein determiniert. Dabei kann es sich um verschiedene Ausprägungen handeln: Benutzer — Nichtbenutzer; Käufer — Nichtkäufer; Produktgruppen; Dienstleistungen u. ä.

Welche Ziele bzw. welche Aufgaben soll nun die Diskriminanzanalyse verfolgen?

---

[41] Vgl. dazu z. B. Green P. E. und Tull D. S., Research for Marketing Decisions, S. 369; Tietz B., Grundlagen ..., Bd. I, S. 447; Wiseman F., A Segmentation on Automobile Buyers During the New Model Transition Period, in: Journal of Marketing, Vol. 35 (Jan. 1971), S. 14.

[42] Vgl. Green P. E. und Tull D. S., Research for Marketing Decisions, S. 369; Sheth J. N., The Multivariate Revolution in Marketing Research, in: Journal of Marketing, Vol. 35 (Jan. 1971), S. 14.

[43] Vgl. z. B. Massy W. F., Discriminant Analysis of Audience Characteristics, in: Aaker D. A., (Hg.), Multivariate Analysis in Marketing: Theory and Application, Belmont 1971, S. 118.

Als Ziele der Diskriminanzanalyse werden meistens die folgenden genannt[44]:

1. Welche weiteren — außer der a priori vorgenommenen Gruppeneinteilung — signifikanten Unterschiede bestehen zwischen den Gruppen?

   Damit möchte man die Kausalität des jeweiligen Gruppenverhaltens offenlegen;

2. welche Variablen tragen am meisten zur Erklärung der Unterschiede bei?

3. Wie sieht diejenige Linearkombination von unabhängigen Variablen aus, die den maximalen Erklärungswert darstellt?

4. Welcher Gruppe muß ein neu hinzugekommenes Objekt aufgrund seiner Merkmalsstruktur zugeordnet werden?

Auf eine methodische Wiedergabe der Diskriminanzanalyse wollen wir wiederum verzichten[45]. Statt dessen wenden wir uns nun ihren Anwendungsmöglichkeiten — insbesondere beim Angebot öffentlicher Leistungen — zu.

Generell läßt sich sagen, daß die Diskriminanzanalyse immer dann anwendbar ist, wenn eine Gesamtheit von Elementen in Untermengen oder Gruppen unterteilt wird, und die Aufgabe darin besteht, Unterschiede zwischen diesen Untermengen herauszufiltern und zu analysieren.

Bisher wurde die Diskriminanzanalyse auf folgenden Gebieten angewendet:

---

[44] Vgl. Massy W. F., Discriminant Analysis, S. 117 f.; Tietz B., Grundlagen ..., Bd. I, S. 447 ff.; Green P. E. und Tull D. S., Research for Marketing Decisions, S. 369; Morrison D. G., On the Interpretation of Discriminant Analysis, in: Aaker D. A., (Hg.), Multivariate Analysis in Marketing: Theory and Application, Belmont 1971, S. 127 f.

[45] Für eine intensive Auseinandersetzung mit der Diskriminanzanalyse sei der Leser auf folgende Literatur verwiesen: Massy W. F., On Methods: Discriminant Analysis of Audience Caracteristics, in: Journal of Advertising Research, Vol. 5 (March 1965), S. 39 ff., wiederabgedruckt in: Aaker D. A., (Hg.), Multivariate Analysis in Marketing: Theory and Application, Belmont 1971; Anderson T.W., Introduction to Multivariate Analysis, 2. Aufl., New York 1965; Cooley W. W., Lohnes P. R., Multivariate Procedures for the Behavioral Sciences, New York 1962; Green P. E., Tull D. S., Research for Marketing Decisions, 2. Aufl., S. 368 ff.; Kendall M. G., Multivariate Analysis, S. 145 ff.; Evans F. B., Psychological and Objective Factors in the Prediction of Brand Choice: Ford versus Chevrolet, S. 303 ff.

1. Strukturanalyse[46]:

   Hier geht es darum, die verschiedenen Strukturen unterschiedlicher Gruppen aufzudecken; d. h. die diskriminierenden Eigenschaften sollen ermittelt und gewichtet werden.

   In unserem Fall könnten also die Unterschiede zwischen den Nutzern und den Nichtnutzern öffentlicher Leistungen aufgedeckt und auf ihre Bedeutung (diskriminierende Eigenschaft) hin untersucht werden.

   Dabei kann die Diskriminanzanalyse auf die subjektiven Bedürfnisse, Einstellungen u. ä. der Bürger Bezug nehmen, die ja letztlich entscheidend sind.

2. Sie bestimmt die Eigenschaftsvariablen, welche für die eine Gruppe von Individuen (oder Produkten) im Vergleich zu den anderen für die unterschiedlichen Wahrnehmungs-, Beurteilungs-, Verhaltens- oder Eigenschaftsstrukturen verantwortlich sind, und sie ordnet sie nach ihrem Bedeutungsgehalt[47]. Damit sind dem Planer und der Entscheidungsinstanz — auch im öffentlichen Bereich — Informationen an die Hand gegeben, welche die bedeutendsten Eigenschaften der Individuen bzw. der Produkte erkennen lassen. Darauf aufbauend können dann fundierte Entscheidungen getroffen werden.

3. Die Multiple Diskriminanzanalyse ist eine Methode zur Abgrenzung bzw. Erstellung von Benutzerkreisen.

   Die Koordinatenachsen werden durch die Diskriminanzfunktionen dargestellt, die orthogonal aufeinander stehen; d. h. sie werden als voneinander unabhängige Hypothesen betrachtet. Darin werden dann die Individuen bzw. die Produkte nach Maßgabe ihrer Diskriminanzwerte positioniert.

   Eine räumliche Veranschaulichung der Zusammenhänge bzw. der Unterschiede innerhalb oder zwischen den Gruppen wird hierdurch möglich[48].

---

[46] Vgl. z. B. Sheth J. N., The Multivariate Revolution in Marketing Research, S. 14 f.; Morrison D. G., On the Interpretation of Discriminant Analysis, S. 139 f.; Massy W. F., Discriminant Analysis, S. 117 ff.; Green P. E. und Tull D. S., Research for Marketing Decisions, S. 396 ff.; Robertson Th. S. und Kennedy J. N., Prediction of Consumer Innovators: Application of Multiple Discriminant Analysis, in: Aaker D. A., (Hg.), Multivariate Analysis in Marketing: Theory and Application, Belmont 1971, S. 142 ff.

[47] Vgl. z. B. Wiseman F., A Segmentation Analysis on Automobile Buyers During the New Modell Transition Period, S. 46 ff.

[48] Vgl. z. B. Tietz B., Grundlagen ..., Bd. I, S. 450; Green P. E. und Tull D. S., Research for Marketing Decisions, S. 387; Massy W. F., Discriminant Analysis ..., S. 120; Wiseman Frederick, A Segmentation Analysis ..., S. 42 ff.

4. Klassifikation mit Hilfe der Diskriminanzanalyse[49].

Ausgehend vom Diskriminanzwert einer Person kann man dahingehend eine Vorhersage treffen, welches Verhalten dieses Individuum zeigen wird. Voraussetzung ist, daß bereits eine Diskriminanzanalyse durchgeführt wurde, und damit die Gruppenstruktur (diskriminierenden Eigenschaften bzw. Diskriminanzwert) bekannt ist.

Mit diesen aufgezeigten Möglichkeiten können wir nun folgende Fragen und Probleme im öffentlichen Sektor angehen:

— Mit welchem Personenkreis kann man rechnen, wenn ein neues Theater, Schwimmbad etc. erstellt werden soll?

Einer, für eine Stadt bereits durchgeführten Analyse kommt Testcharakter zu; d. h. ist einmal für eine bestimmte öffentliche Leistung eine solche Analyse angefertigt worden, können die Erkenntnisse auf alle anderen Städte, welche ebenfalls dieses Gut anbieten wollen, übertragen werden[50].

Arbeitet man zudem mit einer repräsentativen Stichprobe, wie das oben dargestellt wurde, so lassen sich — bei bekannter Eigenschaftsstruktur — die Ergebnisse auf die Grundgesamtheit hochrechnen.

Damit ist, mit ausreichender Genauigkeit, anzugeben, welchen Umfang eine Gruppe von Abnehmern bzw. Konsumenten bestimmter öffentlicher Leistungen im Verhältnis zur Gesamtbevölkerung haben wird. Vor allem können wir jedoch abschätzen, aus welchen Personen sich diese Gruppe zusammensetzt. Wir haben somit die Möglichkeit, das Finanzierungspotential und eventuell auch die Finanzierungsbereitschaft dieser Bürger in Erfahrung zu bringen und vor allem mit ihnen einen Diskurs zu führen.

Hat man die Gruppengröße eruiert, können wir auch eine Aussage darüber treffen, ob die Erstellung eines Produktes, das Angebot einer Dienstleistung (z. B. U-Bahn) usw. sinnvoll bzw. ökonomisch vertretbar ist.

Die Diskriminanzanalyse bietet damit durchaus die Grundlagen für eine Investitionsrechnung im öffentlichen Sektor, die auf die voraussichtlichen Benutzer und deren Eigenschaften abstellt.

---

[49] Vgl. Robertson Th. S. und Kennedy J. N., Prediction of Consumer Innovators: Application of Multiple Discriminant Analysis, S. 142; Green P. E. und Tull D. S., Research for Marketing Decisions, S. 375 f. und S. 396 f.

[50] Die spezifischen Umweltbedingungen der jeweiligen Städte, und damit etwaige Abweichungen, müssen natürlich Berücksichtigung finden.

— An welchem Standort soll die Institution, welche öffentliche Leistungen abgibt, erstellt werden?

Auch diese Frage ist mit der Diskriminanzanalyse zumindest ungefähr zu beantworten, da ja ohne weiteres die räumliche Verteilung der Benutzer bei der gesellschaftlichen Bedarfsanalyse mit erhoben werden kann. Entscheidend ist jedoch hier wiederum, daß der fragliche Personenkreis ermittelt wird, was ja, wie wir gezeigt haben, die Diskriminanzanalyse leistet.

Wie jedes andere mathematisch-statistische Verfahren hat natürlich auch die Diskriminanzanalyse Schwächen, die wir auf keinen Fall verkennen dürfen.

Da wäre zunächst einmal darauf hinzuweisen, daß die Auswahl der unabhängigen Variablen nicht durch das Modell gelöst wird, sondern dem Geschick des Analysators überlassen bleibt. Aus diesem Grunde kann man natürlich keine repräsentativen Aussagen erwarten, solange das Ausgangsmaterial nicht repräsentativ ist[51]. In der Praxis dürfte es, wie man sich leicht vorstellen kann, erhebliche Schwierigkeiten bereiten, wirklich alle potentiellen Unterscheidungskriterien zu erfassen.

Ein weiteres Problem ist darin zu sehen, daß die unabhängigen Variablen intervallskaliert sein müssen[52]. Deshalb darf vor allem die Genauigkeit der Angaben nicht überbewertet werden, da eine Intervallskalierung bei Befragungen nur über entsprechend anspruchsvolle Skalen zu erreichen ist. Zudem dürften jedoch die Befragten oftmals einfach überfordert sein, Einstufungsunterschiede auf den Skalen zum Ausdruck zu bringen. Ein Einwand allerdings, den man gegenüber den Skalierungsmethoden ganz allgemein anbringen kann, wie wir bereits feststellen konnten.

Damit kann man auch bei diesem Ansatz zu keinen exakteren Ergebnissen gelangen, als an Genauigkeit nicht schon im Ausgangsmaterial enthalten ist[53].

Mit der a priori vorgenommenen Gruppeneinteilung begibt man sich ferner der Möglichkeit, andere Gruppeneinteilungen oder Untergruppen zu ermitteln, die der Anfangseinteilung unter Umständen überlegen sind.

---

[51] Vgl. Aaker D. A., Discriminant Analysis, in: Aaker D. A., (Hg.), Multivariate Analysis in Marketing: Theory and Application, Belmont 1971, S. 116.

[52] Vgl. Tietz B., Grundlagen ..., Bd. I, S. 451.

[53] Zudem bleibt anzumerken, daß statistisch signifikante Ergebnisse nicht unbedingt, operational gesehen, sehr wertvoll sein müssen.

Berücksichtigen muß man außerdem, daß die Diskriminanzanalyse nur immer eine Momentaufnahme bietet. Dieses Bild kann zum einen bei der Verwendung der Ergebnisse bereits überholt sein, und zum anderen durch saisonale Einflüsse erheblich verzerrt werden.

Es ist weiterhin zu beachten, daß bei der Diskriminanzanalyse mit Gruppenmittelwerten gearbeitet wird. Es können jedoch Subgruppen existieren, deren Wahrnehmungs- und Bedürfnisstrukturen von denen der Gruppe abweichen.

Schließlich ist noch darauf zu verweisen, daß Begriffe und Eigenschaften von allen Individuen innerhalb und außerhalb einer Gruppe gleich verstanden werden müssen; d. h. Unterschiede im semantischen Gehalt eines Begriffes oder einer Eigenschaft werden ausgeschlossen[54]. Es ist allerdings unwahrscheinlich, daß jedes Individuum eine Wahrnehmung gleich bezeichnet und durch den selben Skalenwert ausdrückt. Diese Schwierigkeit tritt jedoch, wie schon vermerkt wurde, bei allen Skalenfragen auf.

III. Weitere Verfahren und ihre Einsatzbedingungen

Rekapitulieren wir kurz den Stand in diesem Abschnitt! Wir haben uns bis jetzt mit der Faktorenanalyse und mit der Diskriminanzanalyse beschäftigt und gezeigt, daß beide Verfahren in der Lage sind, die Daten der Befragung weiter zu verdichten.

An früheren Stellen wurde von uns schon die Clusteranalyse dargestellt und deren Bedeutung für die gesellschaftliche Bedarfsanalyse und insbesondere den Kommunikationsprozeß aufgezeigt. Auch dieses Verfahren gehört seiner Zielsetzung nach in den Bereich der multivariaten Methoden und trägt, ebenso wie die Diskriminanz- und die Faktorenanalyse zu einer weiteren Verdichtung der Daten und damit zu höherwertigen Aussagen bei.

Weiterhin wäre es angebracht, noch auf folgende Analyseverfahren einzugehen: Multivariate Varianz-Analyse, Kanonische Analyse, Multidimensionale Skalierung, Nichtmetrische Skalierung und die Latente Strukturanalyse.

Weil aber die Diskussion dieser Verfahren alleine ein Buch ausfüllen würde — andererseits sich jedoch die Einsatzmöglichkeiten überschneiden — wollen wir es bei der beispielhaften Darstellung von Diskriminanz-, Faktor- und Clusteranalyse belassen und nur auf die weiterführende Literatur verweisen[55].

---

[54] Vgl. Noelle E., Umfragen in der Massengesellschaft, S. 295.

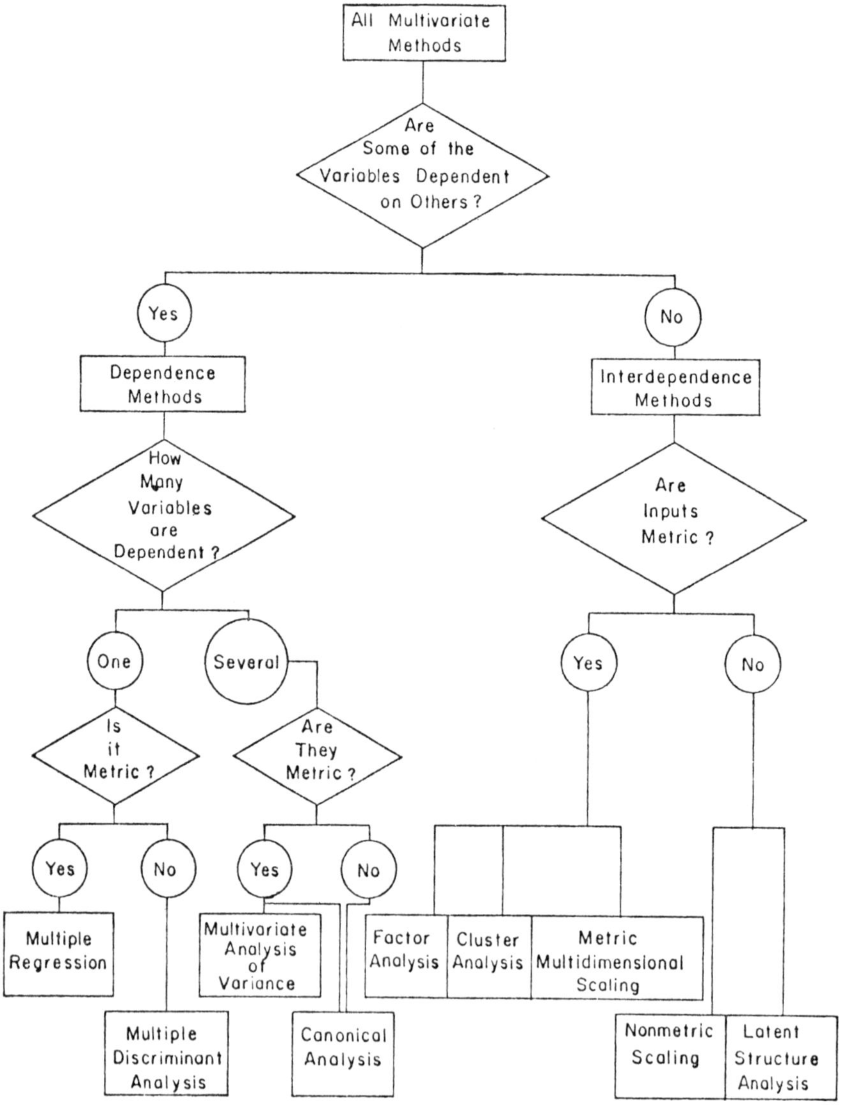

Quelle: Sheth J. N., The Multivariate Revolution in Marketing Research, in: Journal of Marketing, Vol. 35 (Jan. 1971), S. 15.

Das Schaubild auf Seite 196 gibt uns nochmals eine Übersicht über die dagestellten und genanten Verfahren.

Diesem Schaubild ist auch deutlich zu entnehmen unter welchen Voraussetzungen welches Verfahren zu verwenden ist, worauf wir noch kurz eingehen wollen.

So wird zunächst danach gefragt, ob Dependenzen oder Interdependenzen zwischen den Variablen bestehen. Liegen Dependenzen vor, so muß der linke Ast weiterverfolgt werden. Die nächste Frage gilt der Zahl der dependenten Variablen. Ist nur eine abhängig, gehen wir den linken Zweig weiter. Die nächste Frage lautet: Ist diese Variable metrisch? Wird diese Frage bejaht, so ist das anzuwendende Verfahren die (Multiple) Regressionsanalyse. Wird diese Frage verneint, muß die (Multiple) Diskriminanzanalyse Verwendung finden. Liegen mehrere Variablen vor, ist im metrischen Falle die Multiple Varianzanalyse und im nichtmetrischen Fall die Kanonische Analyse anzuwenden.

Der rechte Ast ist zu wählen, sollen Interdependenzen untersucht werden. Auch hier wird gefragt, ob die Variablen metrisch oder nichtmetrisch sind. Im ersten Falle kommen als angemessene Verfahren die Faktoranalyse, die Clusteranalyse oder die Metrische Multidimensionale Skalierung in Frage. Im zweiten Falle verwenden wir die Nichtmetrische Skalierung oder die Latente Strukturanalyse als Untersuchungsverfahren.

E. Abschließende Bemerkungen

Wir beschäftigten uns im letzten Teil der vorliegenden Arbeit mit Problemen, welche die Grundgesamtheit, die repräsentative Stichprobe, den Fragebogen und statistisch-mathematische Verfahren betrafen.

Bei der Frage, wie im öffentlichen Sektor eine Grundgesamtheit zu erstellen ist, kamen wir zu der Einsicht, daß deren Größe von der öffentlichen Leistung — dem jeweiligen Untersuchungsobjekt — abhängt und daß es kein generell gültiges Verfahren gibt, eine Grundgesamtheit zu ermitteln. Das Problem besteht vor allem darin, daß der Ein-

---

[55] Vgl. z. B. Sheth J. N., The Multivariate Revolution in Marketing Research, S. 35 ff.; Aaker D. A., (Hg.), Multivariate Analysis in Marketing: Theory and Application, Belmont 1971; Tietz B., Die Grundlagen des Marketing, Bd. I, Die Marketing-Methoden, 2. Aufl.; Green P. E. und Tull D. S., Research for Marketing Decisions, 2. Aufl.; Nehnevajsa Jiri, Soziometrie, in: König R., (Hg.), Handbuch der empirischen Sozialforschung, Bd. 1, 2. Aufl., Stuttgart 1967, S. 226 ff.; Scheuch E. K. und Zehnpfennig H., Skalierungsverfahren in der Sozialforschung, S. 97 ff.; Green P. E., Carmone F. J., Multidimensional Scaling and Related Techniques in Marketing Analysis, Boston (Mass.) 1970.

zugs- und Wirkungsbereich einer öffentlichen Leistung auf kommunaler, regionaler oder nationaler Ebene zumeist nicht mit den Gemeinde-, Staats- oder Bundesgrenzen identisch ist. Die Kenntnis der Grundgesamtheit ist aber unbedingte Voraussetzung, will man gesicherte Aussagen über die Nutzer und/oder die Nichtnutzer bestimmter öffentlicher Leistungen treffen.

Eine repräsentative Stichprobe, so sahen wir weiterhin, bringt eine größere Arbeitserleichterung für die gesellschaftliche Bedarfsanalyse mit sich, da wir nicht mehr alle Betroffenen befragen müssen, sondern uns mit einem kleinen Ausschnitt begnügen können. Der Informationsstand wird dadurch jedoch nicht geschmälert.

Der Fragebogen, mit dem man in der Lage ist, zumindest die grundlegende Voraussetzung für eine Bedürfniseruierung zu schaffen, sollte — entsprechend unseren theoretischen Erkenntnissen — aus zwei (eventuell sogar aus drei) Teilen bestehen. Der erste Teil unterzieht die Eigenschaften der öffentlichen Leistung einer Bewertung durch die Bürger, was in Form von semantischen Differentialen geschieht — soweit dies der Befragungsgegenstand zuläßt. Damit erreichen wir eine Überführung von qualitativen in quantitive Merkmale. Ein Problem dieser Skalen besteht zum einen darin, daß der Befragte überfordert ist, die genauen Abstände anzugeben und zum anderen bei den Befragten Unterschiede im semantischen Gehalt bestimmter Begriffe und Sachverhalte vorliegen. Dies führt dazu, daß die Ergebnisse wahrscheinlich mit Ungenauigkeiten behaftet sind.

Im zweiten Teil fragen wir nach den persönlichen Eigenschaften der Bürger, wobei die demographischen, geographischen und ökonomischen Merkmale im Mittelpunkt stehen dürften. Bei Fragen nach dem Einkommen und dem Alter bieten sich Intervallfragen an, um Antwortverweigerungen zu vermeiden. Die gute Erfaßbarkeit dieser Variablen schafft zugleich die Voraussetzung dafür, sie zu Gruppeneinteilungen zu verwenden. Dabei muß allerdings ein enger Zusammenhang zwischen den Bedürfnissen und Einstellungen sowie diesen Merkmalen vorliegen.

In einem dritten Teil des Fragebogens können wir dem Befragten die Gelegenheit bieten, von sich aus Verbesserungsvorschläge zu unterbreiten. Damit wäre insbesondere die Aufdeckung bisher nicht befriedigter Bedürfnisse möglich. Zudem würde dadurch eine weiterführende Grundlage für den sich an die Befragung anschließenden Kommunikationsprozeß gelegt.

Weil die Informationen zum einen nur mit erheblichem Forschungsaufwand zu beschaffen sind und zum anderen noch einen hohen Grad an Ungenauigkeit aufweisen, erwächst die Notwendigkeit, sie zusätzlichen arbeitssparenden und konkretisierenden Analysen zu unterwerfen.

In diesem Zusammenhang wurden von uns die Faktor- und die Diskriminanzanalyse und schon an früherer Stelle die Clusteranalyse diskutiert.

Dies geschah vor allem deshalb — wie mehrfach betont — weil diese Verfahren sich eigenen, die Vielzahl der Variablen auf einige wenige, aussagefähige Faktoren zu verdichten, ohne daß darunter der Informationsgehalt wesentlich leidet.

In Form dieser Variablen sind dann der Planungs- und der Entscheidungsinstanz diejenigen Informationen an die Hand gegeben, mit Hilfe derer sich diese schnell und in übersichtlicher Form ein Bild vom betreffenden öffentlichen Angebotsbereich machen und, gegebenenfalls, die nötigen Maßnahmen ergreifen kann.

Schließlich eröffnen diese Analysemethoden die Möglichkeit, latente Strukturen im Ausgangsmaterial aufzudecken und damit Gruppen und Untergruppen herauszufiltern, wozu man ansonsten nicht in der Lage wäre.

Resümee

Die in früheren Jahren im Rahmen der Finanzwissenschaft und in jüngster Zeit auch in anderen Wissenschaften erarbeiteten Ansätze stellen, wie von uns ausführlich aufgezeigt, keine zufriedenstellende Lösung zur Ermittlung von individuellen Bedürfnissen dar. Dies ist in erster Linie darauf zurückzuführen, ein sehr komplexes, interdisziplinäres Problem mit begrenzten, fachspezifischen Mitteln bewältigen zu wollen. Aufbauend auf diese Erkenntnis gingen wir deshalb einerseits von einem weit umfassenderen Bedürfnis-Begriff als dem bisher verwendeten Konzept der willingness-to-pay aus und andererseits legten wir im Staatssektor eine geistige Haltung als Handlungsmaxime zugrunde, welche im Privatsektor mit Marketing umschrieben wird. Denn idealiter setzt sich dieser Marketing-Ansatz zum Ziel, individuelle Bedürfnisse möglichst optimal zu befriedigen und damit die Wohlfahrt zu steigern.

Auf diesem Fundament baut die gesellschaftliche Bedarfsanalyse auf, die im Mittelpunkt unserer Ausführungen stand.

Als geeignete Erhebungsmethode dieser gesellschaftlichen Bedarfsanalyse erwies sich die Befragung (insbesondere in schriftlicher Form), da sich diese wegen ihrer vielfältigen Verwendbarkeit und hohen Anpassungsfähigkeit den anderen Instrumenten der empirischen Sozialforschung als überlegen zeigt.

Zweifel, daß dieses Instrumentarium nur für den Marktsektor geeignet wäre, konnten wir mit dem Hinweis auf die Neutralität dieser Methoden zerstreuen, was die häufige Anwendung in anderen Wissenschaften unterstreicht.

Allein mit dem Fragen nach Bedürfnissen kommen wir, wie sich herausstellte, noch nicht zum erhofften Ziel; denn die Präferenzen der Bürger sind zumeist nur auf indirektem Wege aus der konkreten Bedürfnissituation heraus zu bestimmen und zu erklären. Diese Situation besteht einerseits aus den Bedürfnisträgern und andererseits aus den Mitteln zur Bedürfnisbefriedigung. Nur die Kenntnis der verhaltensverursachenden und -lenkenden Faktoren auf beiden Seiten läßt uns zu den echten Bedürfnissen und zu Aussagen über deren Kausalität und Dynamik vordringen. Dazu gaben wir einen Überblick über die persönlichen und sozialen Bestimmungsgrößen und deren potentieller Wirkungsweise im Staatssektor auf der einen und den Möglichkeiten, die Bedürfnismittel zu konkretisieren und in ihren Eigenschaften zu bestimmen auf der anderen Seite. Insbesondere die geographischen und soziodemographischen Merkmale der Individuen erweisen sich zudem als Kriterien zur Gruppenbildung. Voraussetzung ist allerdings, daß sie in engem Zusammenhang mit dem fraglichen Verhalten stehen. Bei den Bedürfnismitteln sind nicht die objektiven Eigenschaften, sondern die durch die Bürger wahrgenommenen Eigenschaften entscheidend, welche sich in den Einstellungen niederschlagen. Diese Einstellungen, die zusammen mit Skalenfragen zu erheben sind (wir schlugen das semantische Differential vor), stellen den entscheidenden Schlüssel zur indirekten Erhebung von Präferenzen dar.

Der Versuch, der gesellschaftlichen Bedarfsanalyse ein Rahmenmodell zugrundezulegen, um Erhebung und Interpretation zu erleichtern, erwies sich als fruchtlos. Wir können somit jeweils nur auf Modelle aus verschiedenen Wissenschaften zurückgreifen.

Zur Skizzierung eines Kommunikationsprozesses führte schließlich die Einsicht, daß im öffentlichen Sektor (ebenso wie größtenteils im privaten) individuelle Bedürfnisse nur in aggregierter Form zu befriedigen sind.

Der Dialog zwischen Staat und Bürger und Bürgern untereinander transformiert individuelle zu kollektiven Präferenzen; wobei dieser Prozeß durch Methoden zur Gruppenbildung gegebenenfalls noch sinnvoll zu unterstützen ist. Damit böte sich aber zugleich die Chance, die Bürgerschaft in Zielgruppen einzuteilen und entsprechend zu behandeln. Ein derartiger Prozeß gibt aber vor allem auch dem Staat die Gelegenheit korrigierend einzugreifen, ohne daß damit zugleich eine Meritorisierung verbunden wäre. Diese Tatsache bietet wiederum die Gewähr dafür, daß die Auskunftsbereitschaft der Bürger erhalten bleibt.

Die gesellschaftliche Bedarfsanalyse, das zeichnete sich bei unseren weiteren Ausführungen deutlich ab, stößt nun aber auch auf eine Reihe von Restriktionen und Unzulänglichkeiten, welche ihren Einsatz erschweren und teilweise sogar unmöglich machen.

Dies trifft vor allem auf den Umstand zu, daß nicht in allen Bereichen des staatlichen Leistungsangebotes individuelle Bedürfnisse vorliegen. Ihr Vorhandensein ist aber entscheidend für den Einsatz der gesellschaftlichen Bedarfsanalyse, da andererseits keine Bedürfnisse, sondern nur Artefakte generiert würden, welche auf die Befragung zurückzuführen sind.

Aufbauend auf die Erkenntnis, daß der Staat und auch die Wirtschaft Leistungen anbieten, denen Bedürfnisse gegenüberstehen und Güter bereitstellen, die mit keinen individuellen Präferenzen verbunden sind, konnten wir ansatzweise eine bedürfnisorientierte Theorie des öffentlichen Gutes entwickeln, die eine sinnvolle Kategorisierung der Güterwelt zuläßt. Der Nachteil dieser Theorie besteht allerdings darin, daß sie durch die Praxis noch nicht abgesichert ist.

Die gesellschaftliche Bedarfsanalyse kann weiterhin überall dort keine Verwendung finden, wo Informationen nicht an die Öffentlichkeit weitergegeben werden dürfen, und ein mangelndes Problembewußtsein der Bürger vorliegt; d. h. wo einerseits Befriedigungsmittel als solche nicht erkannt werden oder der Konsum unbewußt erfolgt.

Für die a priori als besonders stringent angenommenen Restriktionen einer gesellschaftlichen Bedarfsanalyse, nämlich die mangelnde Voraussicht und das free-rider-Verhalten der Betroffenen, konnten wir allerdings Lösungsmöglichkeiten aufzeigen. Diese sind zwar nicht vollends zufriedenstellend, doch ist der Grad der Ungenauigkeit tolerabel. Zudem dürften Erfahrungen, welche mit dem Einsatz der gesellschaftlichen Bedarfsanalyse zu sammeln sind, diese Unsicherheit weiter vermindern.

Dies gilt insbesondere auch für den sehr großen Interpretationsspielraum, den vorläufig die erhobenen Daten zulassen. Interdisziplinäre Forschung trägt aber auch hier sicherlich zur Verbesserung des Wissensstandes bei.

Als entscheidende Erkenntnis aus der Diskussion der Grenzen einer gesellschaftlichen Bedarfsanalyse sehen wir die Tatsache an, daß sie nur in bestimmten Bereichen des staatlichen Angebotes verwendbar ist. Die gesellschaftliche Bedarfsanalyse erweist sich damit als Ansatz zur Einzeloptimierung von Befriedigungsmitteln, jedoch nicht als globales Optimierungskonzept des gesamten staatlichen Güterangebotes.

Aber selbst bei der Bestimmung dieses verbleibenden Anwendungsgebietes konnten wir nur eine Teillösung anbieten, da wir weder den Sektor der öffentlichen Güter (ihnen stehen keine individuellen Präferenzen gegenüber) abgrenzen, noch den Bereich der öffentlichen Leistungen (nur bei ihnen sind individuelle Bedürfnisse zu erheben) inhaltlich hinreichend bestimmen konnten; was insbesondere auch dadurch erschwert wird, daß die Grenzen zwischen beiden Sektoren — aufgrund der Dynamik der Bedürfnisse — fließend sind. Gesellschaftliche Bedarfsanalyse ist bisher mit Sicherheit nur bei den Leistungen möglich, deren Nutzung beobachtbar oder auf deren Inanspruchnahme mittels objektiv feststellbarer Kriterien zu schließen ist.

Es dürfte allerdings bei diesem wie auch bei anderen aufgeworfenen Problemen — wir wiesen immer wieder darauf hin — nur eine Frage der Zeit und insbesondere des Forschungseinsatzes sein, bis ausreichende Gewißheit besteht. Wir sehen in der gesellschaftlichen Bedarfsanalyse prinzipiell einen Ansatz, der geeignet ist, in den aufgezeigten Bereichen die Bedürfnisse der Bürger offenzulegen, womit dem Individuum in seiner Funktion als Staatsbürger eine erheblich größere Mitsprache- und Mitentscheidungsmöglichkeit eingeräumt würde. Die Differenzierung in einen mündigen Bürger im Marktsektor und einen unmündigen Bürger im Staatssektor wäre hiermit aufgehoben.

Literaturverzeichnis

Aaker, David A., (Hg.), Multivariate Analysis in Marketing: Theory and Application, Belmont 1971.

— Discriminant Analysis, in: Aaker, David A., (Hg.), Multivariate Analysis in Marketing: Theory and Application, Belmont 1971.

— The Analysis of Independence, in: Aaker, David A., (Hg.), Multivariate Analysis in Marketing: Theory and Application, Belmont 1971.

Abrams, Burton A., *Settle,* R. F., A Modest Proposal for Election Reform, in: Public Choice, Vol. 28 (1976).

Adams, Robert F., On the Variation in the Consumption of Public Services, in: Review of Economics and Statistics. Vol. 47 (1965).

Adles, Max K., Moderne Marktforschung. Die Voraussetzung fortschrittlicher Unternehmensführung, Stuttgart 1955.

Akin, John S., *Fields,* Gary S., *Neenan,* William B., A Socioeconomic Explanation of Demand of Public Goods, in: Public Finance Quarterly, Vol. 1 (1973).

Allport, C. P., Attitudes, in: Murchison, Carl M., (Hg.), Handbook of Social Psychology, Worchester (Mass.) 1935.

Alpert, Lewis, *Gatty,* Ronald, Product Positioning by Behavioral Life-styles, in: Journal of Marketing, Vol. 33 (2/1969).

Amstutz, Arnold E., Computer Simulation of Competitive Market Response, Cambridge (Mass.) 1967.

Andel, Norbert, Nutzen-Kosten-Analyse, in: Handbuch der Finanzwissenschaft, 3. Aufl., Tübingen 1975.

Anderson, T. W., Introduction to Multivariate Analysis, 2. Auflage, New York 1965.

Arrow, Kenneth J., Social Choice and Individual Values, New York 1951.

— Social Choice and Individual Values, 2. Aufl., New York 1963.

Atteslander, Peter, Methoden der empirischen Sozialforschung, Berlin, New York 1974.

Babbie, Earl R., Survey Research Method, Belmont 1973.

Badura, Bernhard, Bedürfnisstruktur und politisches System, Stuttgart 1972.

Bahl, Roy W., *Saunders,* Robert J., Determinants of Changes in State and Local Expenditures, in: National Tax Journal, Vol. 18 (1965).

Ballerstedt, Eike, *Glatzer,* Wolfgang, Sozialstatistiken und soziale Indikatoren für die Bundesrepublik Deutschland, in: Zapf Wolfgang (Hg.), Soziale Indikatoren, Konzepte und Forschungsansätze, Bd. 1, Frankfurt / New York 1972.

Barber, B., *Lobel,* L. S., "Fashion" in Women's Clothes and the American Social System, in: Social Forces, 31 (1952/53).

Barkume, Anthony J., Identification of Preference for Election Outcomes from Aggregate Voting Data, in: Public Choice, Vol. 27 (1976).

Bass, Frank M., *Talarzyk*, Wayne W., A Study of Attitude Theory and Brand Preference, in: McDonald, Philipp R., (Hg.), Marketing Involvement in Society and the Economy, Chicago 1969.

Baumol, William J., The Community Indifference Map: A Construction, in: Review of Economic Studies, Vol. 17 (1949/50).

— Welfare Economies and the Theory of State, London 1952.

Bayerisches Staatsministerium für Landesentwicklung und Umweltfragen, Freizeitverhalten — Ergebnisse und Forschungen über das Freizeitverhalten, München 1973.

Bayern, Verfassung des Freistaates Bayern mit Stand vom Febr. 1976, Art. 74.

Beckert, Peter, Wünsche der Bürger, oder Forderungen der Politiker?, in: Frankfurter Allgemeine Zeitung vom 7. Febr. 1975.

Beckman, Theodore N., *Davidson*, William R., *Talarzyk*, Wayne W., Marketing, 9. Aufl., New York 1973.

Behrens, Karl Christian, *Stackelberg*, K. G., *Strothmann*, K. H,. *Mayer*, Paul W., Marktforschung im Dienste der Vereinheitlichung, Dortmund 1959.

— Demoskopische Marktforschung, 2. Aufl., Wiesbaden 1961.

— Absatzwerbung, Wiesbaden 1963.

— Methoden der Marktforschung, in: Tietz, Bruno, (Hg.), Handwörterbuch der Absatzwirtschaft, Stuttgart 1974.

Bergler, Reinhold, Konsumententypologie, in: Bergler, Reinhold, (Hg.), Marktpsychologie, Bern, Stuttgart, Wien 1972.

Bernholz, Peter, Prisoner's Dilemma, Logrolling and Cyclical Group Preferences, in: Social Science Quarterly (1977).

Berth, Rolf, Marktforschung zwischen Zahl und Psyche, Stuttgart 1959.

Betz, Gerhard, Der Stand der Arbeiten der Bundesregierung auf dem Gebiet der Sozialen Indikatoren, in: Sonderdruck aus Wirtschaft und Statistik, Heft 8 (1974).

Biervert, Bernd, *Schaffartzik*, Karl-Heinz, *Schmölders*, Günter, (Hg.), Konsum und Qualität des Lebens, Schriftenreihe des SPES-Projektes, Bd. 4, Opladen 1974.

— Methoden der Ergebniskontrolle bei der Durchführung staatlicher Transfermaßnahmen: Kritik und Verbesserungsvorschläge aus psychologischer und ökonomischer Sicht, in: Rostenstiel, Lutz von, Molt, Walter, (Hg.), Bedarfsdeckung oder Bedürfnissteuerung, Manuskript, Augsburg 1976.

Biervert, Bernd, *Fischer-Winkelmann*, Wolf F., *Rock*, Reinhard, Grundlagen der Verbraucherpolitik, Hamburg 1977.

Biervert, Bernd, Möglichkeiten einzel- und gesamtwirtschaftlicher Konsumsteuerung — Ausgangsüberlegungen zum Informationsproblem, in: Fischer-Winkelmann, Wolf F., Rock, Reinhard, (Hg.), Marketing und Gesellschaft, Wiesbaden 1977.

Block, Carl E., Commentary: Business Response to Consumer Protection, in: Farrel, O. C., La Garce, Raymond, (Hg.), Public Policy Issues in Marketing, Lexington, Toronto, London 1975.

Blumer, Herbert, Social Problems as Collective Behavior, in: Social Problems, 18 (Winter 1971).

Böckels, Lothar, Zu einer Theorie sozialer Indikatoren im Rahmen staatlicher Wirtschafts- und Finanzpolitik, in: Zapf, Wolfgang, (Hg.), Soziale Indikatoren, Konzepte und Forschungsansätze, Bd. 2, Frankfurt, New York 1974.

Bohm, Peter, Estimating Demand for Public Goods: An Experiment, in: European Economic Review, 3 (1972).

Booms, Bernhard H., Hu Teh-Wei, Toward a positive Theory of State and Local Public Expenditures, in: Public Finance, Vol. 26 (1971).

Borschberg, Edwin, Produktive Marktforschung. Ein Handbuch für die Unternehmer-Praxis, Stuttgart 1963.

Boulding, Kenneth E., Notes on a Theory of Philantrophy, in: Dickinson, F. G., (Hg.), Philantrophy and Public Policy, New York 1962.

Boustedt, O., *Ranz,* H., Regionale Struktur und Wirtschaftsforschung, Aufgaben und Methoden, in: Akademie für Raumforschung und Landesplanung, Bd. 33, Bremen-Horn 1957.

Bowker, Albert H., Quality and Quantity in Higher Education, in: Journal of the American Statistical Association, Vol. 60, Nr. 309 (1965).

Bradford, David F., *Hildebrandt,* Gregory G., Observable Preferences for Public Goods, in: Journal of Public Economics, Vol. 7 (1977).

Brentano, Lujo, Konkrete Grundbedingungen der Volkswirtschaft, Leipzig 1924.

Brody, Robert P., Cunningham, Scott M., Personality Variables and the Consumer Decision Process, in: Journal of Marketing Research, Vol. 5 (Feb. 1968).

Buchanan, James M., *Tullock,* Gordon, The Calcules of Consent. Logical Foundations of Constitutional Democracy, Ann Arbor 1962.

Bürger — Prinz, Motiv und Motivation, Hamburg 1950.

Bundesamt für Statistik, (Hg.), Die voraussichtliche Bevölkerungsentwicklung bis 1990, in: Wirtschaft und Statistik (1975).

Bunz, Axel R., *Schacht,* Konrad, Subjektive Indikatoren der Arbeitswelt — Eine Infas-Studie, in: Zapf, Wolfgang, (Hg.), Soziale Indikatoren, Konzepte und Forschungsansätze, Bd. 2, Frankfurt, New York 1974.

Burkhead, Jesse, *Miner,* Jerry, Public Expenditure, 2. Aufl., Chicago 1973.

Champion, Dean H., *Sears,* Alan M., Questionaire Response Rate. A Methodological Analysis, in: Social Forces, Vol. 47 (3/1969).

Chandler, Robert E., The Statistical Concepts of Confidence and Significance, in: Kirk, Roger E., (Hg.), Statistical Issues. A Reader for the Behavioral Sciences, Belmont 1972.

Chester, Eric, Some Social and Economic Determinants of Non-Military Public Spending, in: Public Finance, Vol. 32 (1977).

Colm, G., Volkswirtschaftliche Theorie der Staatsausgaben. Ein Beitrag zur Finanztheorie, Tübingen 1927.

— Essays in Public Finance and Fiscal Policy, New York 1955.

Comanor, William S., The Medium Voter Rule and the Theory of Political Choice, in: Journal of Public Economics, Vol. 6 (1976).

Cooley, W. W., *Lohnes,* P. R., Multivariate Procedures for the Behavioral Sciences, New York 1962.

Costner, Herbert L., (Hg.), Sociological Methodology 1971, San Francisco 1971.

Culyer, A. J., Appraising Government Expenditures on Health Services: The Problems of "Need" and "Output". Paper for the Congres de Nuremberg 1971.

Cundiff, Edward W., Public Policy Toward Protection of the Consumer-Implications for Management, in: Farrel, O. C., La Garce, Raymond, (Hg.), Public Policy Issues in Marketing, Lexington, Toronto, London 1975.

Dahl, R., *Lindblohm,* C., Politics, Economics, and Welfare, New York 1953.

Dahrendorf, Ralf, Homo Sociologicus, 10. Aufl, Köln, Opladen 1971.

— Homo Sociologicus, 13. Aufl., Opladen 1974.

Department of Health, Education, and Welfare, (Hg.), Toward a Social Report 1969, Washington 1967.

Deutsch, Karl, Space and Behavior, in: Ekistics, No. 191, Vol. 32.

Dichtl, Erwin, Die Bildung von Konsumententypen als Grundlage der Marktsegmentierung, in: Wirtschaftswissenschaftliches Studium, Heft 2 (1974).

— Die Marktsegmentierung als Voraussetzung differenzierter Marktbearbeitung, in: Wirtschaftswissenschaftliches Studium, 3. Jg. (1974).

— Ansatzpunkte zur Messung der Bedürfnisbefriedigung. Ein Problemaufriß, in: Die Unternehmung, Schweizerische Zeitschrift für Betriebswirtschaft, Nr. 4, 28. Jg. (1975).

DIVO-INMAR GmbH, Der Westdeutsche Markt in Zahlen, 5. Aufl., Frankfurt 1974.

Dohrenwend, B. S., An Experimental Study of Payments to Respondants, in: Public Opinion Quarterly, 34/4 (1970/71).

Dorfman, R., Measuring Benefits of Government Investments, Washington 1963.

— General Equilibrium with Public Goods, in: Margolis, Julius, Guitton, H., (Hg.), Public Economics, London, New York 1969.

Downs, Anthony, An Economic Theory of Democracy, 2. Aufl., New York 1965, deutsch als: „Ökonomische Theorie der Demokratie“, hrsg. v. Wildenmann Rudolf, Tübingen 1968.

— Eine ökonomische Theorie des politischen Handelns in einer Demokratie, in: Recktenwald H. C., (Hg.), Finanzpolitik, Köln, Berlin 1969.

Dreitzel, Hans Peter, Soziale Rollen und Bedürfnisse, in: Hondrich, Karl Otto, (Hg.), Menschliche Bedürfnisse und soziale Steuerung. Eine Einführung in die Sozialwissenschaft. Mit einem Textanhang, Hamburg 1975.

Dreze, J. H., De la Vallee Poussin, D., Symposium Oon Public Finance: A Tâtonnement Process for Public Goods, in: Review of Economic Studies, Vol. 38 (1971).

Duckert, Winfried, Städtische Nutzflächen und ihre Benutzer in der Stadtstruktur, Diss., Berlin 1966.

Duran, Benjamin S., *Odell,* Patrick L., Cluster Analysis — A Survey, Berlin, Heidelberg, New York 1974.

Dye, Robert R., Politics, Economics and the Public: Policy Outcomes in The American States, Chicago 1966.

Eckstein, O., A Survey of the Theory of Public Expenditure Criteria, in: Buchanan, James M., (Hg.), Public Finances, Needs, Sources and Utilization, Princeton 1961.

Ehrenberg, Andrew S. C., Das Reduzieren der Zahlen, Statistische Analyse und Interpretation, Köln 1976.

EMNID-Institut, Freizeit im Ruhrgebiet, Untersuchung über das Freizeitverhalten und die Freizeitbedürfnisse der Bevölkerung, Tabellenband, Bielefeld und Essen 1970.

EMNID-Institut, Freizeit im Ruhrgebiet, Untersuchung über das Freizeitverhalten und die Freizeitbedürfnisse der Bevölkerung, Textband, Bielefeld und Essen 1971.

Engelhardt, Jürgen, Nahverkehrsgestaltung in Bayern auf der Grundlage einer neuen Richtlinie zur Nahverkehrsplanung, in: Rosenstiel, Lutz von, Molt, Walter, (Hg.), Bedarfsdeckung oder Bedürfnissteuerung, Manuskript, Augsburg 1976.

Esomar, The Role of Market Research in the Creation of Advertising, Seminar, Brüssel, June 1966.

Evans, Franklin B., Psychological and Objective Faktors in the Prediction of Brand Choice: Ford Versus Chevrolet, in: Journal of Business, Vol. 32 (1959)

— Reply: „You still can't tell a Ford Owner from a Chevrolet Owner", in: Journal of Business, Vol. 34 (Jan. 1961).

Evans, Franklin B., *Roberts,* Harry V., Fords, Chevrolets and the Problem of Discrimination, in: Journal of Business, Vol. 36 (April 1963).

Eyseneck, H. J., Rauchen, Gesundheit und Persönlichkeit, Berlin 1968.

Fabricant, S., The Trend of Government Activity in the United States since 1900, National Bureau of Economic Research, New York 1952.

Fallers, L. A., A Note on the „Trickle Effect", in: Public Opinion Quarterly, 18 (Fall 1954).

Federer, Walter J., Statistics and Society, Data Collection and Interpretation, New York 1973.

Feldman, L. R., Societal Adaptation: A New Challenge for Marketing, in: Journal of Marketing, Vol. 35 (1971).

Feldstein, M. S., Net Social Benefit Calculation and the Public Investment Decisions, in: Oxford Economic Papers, Vol. 16 (1964).

— Opportunity Cost Calculation in Cost-Benefit-Analysis, in: Public Finance, Vol. 19 (1964).

Ferber, R., Brand Choice and Social Stratification, in: Quarterly Review of Economics Business, 2 (1962).

— Handbook of Marketing Research, New York 1974.

Festinger, L., A Theory of Cognitive Dissonance, Evanstone (Ill.), 1957.

Fishburn, Peter C., Arrow's Impossibility Theorem: Concise Proof and Infinite Voters, in: Journal of Economic Theory, No. 2 (1970).

Fitch, Stanly K., Insights into Human Behavior, Boston 1974.

Food and Agriculture Organisation, Essentials of Rural Welfare, New York 1949.

Forschungsinstitut für Soziologie der Universität zu Köln, Abteilung Massenkommunikation, Theateruntersuchungen Ulm und Wuppertal, Köln 1975.

Frank, Ronald E., *Green,* Paul E., Numerical Taxonomy in Marketing Analysis: A Review Article, in: Journal of Marketing Research, Vol. 5 (1968).

Freud, Sigmund, Abriß der Psychoanalyse, Frankfurt 1953.

Frey, Bruno S., Models of Perfect Competition and Pure Democracy, in: Kyklos, Bd. 23 (1970).

— Die ökonomische Theorie der Politik oder die neue politische Ökonomie: Eine Übersicht, in: Zeitschrift für die gesamte Staatswissenschaft, Bd. 26 (1970/71).

Frey, René L., Theater und Ökonomie — eine wirtschaftliche Analyse der Basler Theater, Basel 1976.

Friedrichs, Jürgen, Methoden empirischer Sozialforschung, Hamburg 1973.

Gäfgen, Gerard, Theorie der wirtschaftlichen Entscheidung, 2. Aufl., Tübingen 1968.

Galbraith, John K., Gesellschaft im Überfluß, München, Zürich 1970.

Ganser, Karl, Prognosen für Naherholungsplanung, in: Archiv für Kommunalwissenschaften, Bd. II, 14. Jg. (1975).

Geiger, Siegfried, *Heyn,* Wolfgang, Lexikon Marketing und Marktforschung, 2. Aufl., Düsseldorf, Wien 1968.

Gesellschaft für Marktforschung m. b. H. (GFM), Der Theaterbesuch in Lübeck — Einstellungen und Verhaltensweisen von Abonnenten, gelegentlichen Besuchern und Nichtbesuchern, Hamburg 1968.

Gordon, Leonhard V., Gordon Personal Profile, New York 1963.

Gorsuch, Richard L., Factor Analysis, Philadelphia, London, Toronto 1974.

Graham, S., Class and Conservatism in the Adoption of Innovations, in: Human Relations, 9 (1956).

Graumann, Carl F., Einführung in die Psychologie, Bd. 1, Motivation, Bern, Stuttgart 1969.

Green, Jerry, *Laffont,* Jean-Jacques, On the Revelation of Preferences for Public Goods, in: Journal of Public Economics, Bd. 7 (1977).

Green, Paul E., *Roa,* Vithala R., A Note on Proximity Measures and Cluster Analysis, in: Journal of Marketing Research, Vol. 6 (Aug. 1969).

Green, Paul E., *Carmone,* Frank J., Multidimensional Scaling and Related Techniques in Marketing Analysis, Boston (Mass.) 1970.

Green, Paul E., *Tull,* D. S., Research for Marketing Decisions, 2. Aufl., Englewood Cliffs (N. J.) 1970.

Gross, B. M., *Springer,* M., Developing Social Intelligence in: Gross, B. M., (Hg.), Social Intelligence for America's Future, Boston 1977.

Groves, Theodore, *Loeb,* Martin, Incentives and Public Inputs, in: Journal of Public Economics, Vol. 4 (1975).

Güttner, Gisela, Identifikationsmodelle und Konsumentenverhalten, in: Bergler, Reinhold, (Hg.), Marktpsychologie, Bern, Stuttgart, Wien 1972.

Gutenberg, Erich, Betriebswirtschaftslehre, Bd. 2, Der Absatz, 14. Aufl., Berlin, Heidelberg, New York 1973.

Hall, Calvin S., Lindsey, Garner, Theories of Personality, 2. Aufl., New York 1969.

Hamer, Günter, Volkswirtschaftliche Gesamtrechnung und Messung der Lebensqualität, in: Sonderdruck aus Wirtschaft und Statistik, Heft 8, 1974.

Hanssen, Bengt, The Existence of Group Preference Functions, in: Public Choice, Vol. 28 (1976).

Hanusch, Horst, Theorie des öffentlichen Gutes. Allokation und distributive Aspekte, Göttingen 1972.

— Verteilung öffentlicher Leistungen. Eine Studie zur personalen Inzidenz, Göttingen 1976.

Harder, Theodor, Elementare Modelle in der Markt- und Meinungsforschung, München, Wien 1966.

Harder, Theodor, Werkzeuge der Sozialforschung, Bielefeld 1970.

Harding, F. O., Politisches Modell zur Wirtschaftstheorie, Freiburg 1959.

Harman, H. H., Modern Factor Analysis, 2. Aufl., Chicago, London 1967.

Harper, Roland, Factor Analysis as a Technique for Examing Complex Data on Foodstuffs, in: Frank, Ronald E., Kühn, Alfred A., Massy, William F., (Hg.), Quantitative Techniques in Marketing Analysis, Homewood (Ill.) 1962.

Hauser, Heinz, *Meyer*, Alfred, *Rössler*, Max, *Müller-Bodmer*, Hans, Versuch eines Angebots-Nachfrage-Erklärungsmodells der öffentlichen Ausgaben, in: Finanzarchiv, N. F., Bd. 32 (1973/74).

— Die Bevölkerungs- und Wirtschaftsstruktur als Bestimmungsfaktor der öffentlichen Ausgaben — Querschnittsanalyse der Ausgaben der Schweizerischen Kantone und Gemeinden, in: Schweizerische Zeitschrift für Volkswirtschaft und Statistik, Bd. 111 (1975).

Head, John G., Public Goods and Public Policy, in: Public Finance, Vol. 17 (1962).

— Lindahl's Theory of the Budget, in: Finanzarchiv, N. F., Bd. 23 (1964).

— Public Goods and Public Welfare, Durham (N. C.) 1974.

Hedtkamp, Günter, Lehrbuch der Finanzwissenschaft, Neuwied, Berlin 1968.

Heise, David R., Sociological Methodology 1975, San Francisco 1974.

Held, Martin, Anwendungsbezogene Theorie der Bedürfnissteuerung: Bericht über den Stand der Arbeit des Augsburger Forschungsprojektes, in: Rosenstiel Lutz v., Molt, Walter, Bedarfsdeckung oder Bedürfnissteuerung, Manuskript, Augsburg 1976.

Hermann, Th., Lehrbuch der empirischen Persönlichkeitsforschung, Göttingen 1969.

Hirsch, Werner Z., Expenditure Implications of Metropolitan Growth and Consolidation, in: Review of Economics and Statistics, Vol. 41 (1959).

— Determinants of Public Education Expenditures, in: National Tax Journal, Vol. 13 (1960).

— The Economics of State and Local Government, New York 1970.

Hölsken, Dieter, „Erhebungen im öffentlichen Nahverkehr". Methoden — Einsatzmöglichkeiten — Kosten, in: Stadt, Region, Land, Bd. 28 (1974).

Hoepfer, Friedrich G., *Knorring*, Ekkehard von, *Rosenstiel*, Lutz von, Die Bestimmungsfaktoren des privaten Konsum- und Sparverhaltens aus makroökonomischer und psychologischer Sicht, in: Schmollers Jahrbuch, Bd. 92 (1972).

Hofstätter, Peter R., Faktorenanalyse, in: König, René, (Hg.), Handbuch der empirischen Sozialforschung, Bd. 1, Stuttgart 1962.

— Faktorenanalyse, in: König, René, (Hg.), Handbuch der empirischen Sozialforschung, Bd. 3 a, 3. Aufl., Stuttgart 1974.

— Sozialpsychologie, Berlin 1970.

Holm, Kurt, Die Frage, in: Holm, Kurt, (Hg.), Die Befragung, Bd. 1, München 1975.

Holtmann, H. G., *Tabasz*, T., *Kruse*, W., The Demand for Local Public Services, Spillover and Urban Decay: The Case of Public Libraries, in: Public Finance Quarterly, Vol. 4 (Jan. 1976).

Holub, Hans-Werner, Zur Kritik des Bruttosozialprodukts als Wohlstandsindikator, in: Wirtschaft und Statistik, Heft 2 (1974).

Holub, Hans-Werner, Eindimensionale und mehrdimensionale Indikatoren als gesellschaftliche Wohlfahrtsmaße, in: Wirtschaft und Statistik, Heft 3 (1974).

Homans, G. C., Social Behavior: Its Elementary Forms, 2. Aufl., New York 1974.

Hondrich, Karl Otto, Bedürfnisorientierung und soziale Konflikte. Zur theoretischen Begründung eines Forschungsprogrammes, in: Zeitschrift für Soziologie, 2. Jg. (1973).

— Menschliche Bedürfnisse und soziale Steuerung, Hamburg 1975.

— Instrumente der Bedürfnis- und Bedarfsermittlung im Planungsbereich: Kritische Darlegung aus der Sicht des bedürfnistheoretischen Ansatzes, in: Rosenstiel, Lutz von, Molt, Walter, (Hg.), Bedarfsdeckung oder Bedürfnissteuerung, Manuskript, Augsburg 1976.

— Subjektive Indikatoren der Lebensqualität, in: Zapf W., (Hg.), Soziale Indikatoren, Konzepte und Forschungsansätze, Bd. 2, Frankfurt, New York 1973.

— Soziologische Theorieansätze und ihre Relevanz für die Sozialpolitik, in: Ferber Christian von, Kaufmann Franz Xaver, (Hg.), Kölner Zeitschrift für Soziologie und Sozialpsychologie. Soziologie und Sozialpolitik, Sonderheft 19/1977.

Hori, Hajime, Revealed Preferences for Public Goods, in: American Economic Review, Vol. 65 (1975).

Howard, John A., *Sheth,* Jagdish N., The Theory of Buyer Behaviour, New York 1969.

Hüttner, Manfred, Grundzüge der Marktforschung, Wiesbaden 1965.

— Multivariable Methoden und Marketing, in: Das Wirtschaftsstudium, 4. Jg. (Aug. 1975).

Hundhammer, C., Geleitwort zur deutschen Ausgabe: Hobort, D. M., (Hg.), Praxis der Marktforschung, Essen 1952.

— Geleitwort zur deutschen Ausgabe: Crisp, R. D., Absatzforschung, Essen 1959.

Iblher, Peter, *Jansen,* Georg-Dietrich, Die Bewertung städtischer Entwicklungsalternativen mit Hilfe sozialer Indikatoren — Dargestellt am Beispiel der Stadt Zürich, in: Wirtschaftspolitische Studien 29, Göttingen 1972.

Institut für Projektstudien (IfP), Musiktheater — Schreckgespenst oder öffentliches Bedürfnis? Ergebnis der „Opernstudie" des IfP, Teil 1, in: Kultur und Medien, Heft 6 (1975).

International Labour Organisation, The Worker's Standard of Living. Studies and Reports, Series B, No. 30, 1938.

Jevons, William S., The Theory of Political Economy, New York 1871.

— Die Theorie der politischen Ökonomie, 4. Aufl., Jena 1924.

Juster, F. T., On the Measurement of Economic and Social Performance, in: National Bureau of Economic Research, (Hg.), 50th Annual Report, New York 1970.

Kamen, Joseph A., Quick Clustering, in: Journal of Marketing Research, Vol. 7 (1970).

Kaminski, Gerhard, Interessenartikulation und politischer Planungsprozeß, in: Rosenstiel, Lutz von, Molt, Walter, (Hg.), Bedarfsdeckung oder Bedürfnissteuerung, Manuskript, Augsburg 1976.

Kaplitza, Gabriele, Die Stichprobe, in: Holm, Kurt, (Hg.), Die Befragung, Bd. 1, München 1975.

Kassarjian, Harold J., Personality and Consumer Behaviour: A Review, in: Journal of Marketing Research, Vol. 8 (Nov. 1971).

Kellerer, Hans, Theorie und Technik des Stichprobenverfahrens, 3. Aufl., München 1963.

Kendall, Maurice G., A Course in Multivariate Analysis, 2. Aufl., New York 1965.

— Multivariate Analysis, London, High Wycombe 1975.

Kernan, Jerome B., Choice Criteria, Decision Behaviour and Personality, in: Journal of Marketing Research, Vol. 5 (May 1968).

King, Charles W., Fashion Adoption: A Rebuttal to the "Trickle Down" Theory,in: Proc. American Marketing Association 1963.

Kirchhofer-Bozenhardt, Andreas von, *Kaplitza,* Gabriele, Der Fragebogen, in: Holm, Kurt, (Hg.), Die Befragung, Bd. 1, München 1975.

Kirsch, Guy, Einige Bemerkungen zur Abbildung individueller Wohlfahrtslagen in sozialen Indikatoren, Arbeitspapier zum DFG-Symposium, Augsburg, Juni 1976.

Kirschen, E. S., Ziele der praktischen Wirtschaftspolitik, in: Gäfgen, G., (Hg.), Grundlagen der Wirtschaftspolitik, 3. Aufl., Köln, Berlin 1970.

Kitchen, Harry M., A Statistical Estimation of an Operating Cost Function for Municipal Refuse Collection, in: Public Finance Quarterly, Vol. 4 (1976).

Klages, Helmut, Planungspolitik, Stuttgart 1971.

— Politische Planung: Ziele, Methoden und Zwänge aus verwaltungswissenschaftlicher Sicht, in: Rosenstiel, Lutz von, Molt, Walter, (Hg.), Bedarfsdeckung oder Bedürfnissteuerung, Manuskript, Augsburg 1976.

Kodolitsch, Paul von, Gemeindeverwaltungen und Bürgerinitiativen, in: Archiv für Kommunalwissenschaften, Bd. 2, 14. Jg. (1975).

König, René, Die Beobachtung, in: König, René, (Hg.), Handbuch der Empirischen Sozialwissenschaften, Bd. 1, Stuttgart 1962.

— Praktische Sozialforschung, Bd. 2, Beobachtung und Experiment in der Sozialforschung, 2. Aufl., Köln, Berlin 1962.

— Beobachtung und Experiment in der Sozialforschung, in: Praktische Sozialforschung, Bd. 2, 6. Aufl., Köln, Berlin 1968.

Koolwijk, Jürgen von, (Hg.), Technik der empirischen Sozialforschung, Bd. 2, Untersuchungsform, dargestellt von Günter Albrecht u. a., München, Wien 1975.

Kotler, Philip, Marketing Management, Analysis and Control, 2. Aufl., Englewood Cliffs (N. J.) 1972.

— Marketing-Management, Analyse, Planung und Kontrolle, 2. Aufl., Stuttgart 1974.

— Marketing for Nonprofit Organisations, Englewood Cliffs (N. J.) 1975.

— A Generic Concept of Marketing, in: Journal of Marketing, Vol. 36 (1972).

— Levy, Sidney J., Broadening the Concept of Marketing, in: Journal of Marketing, Vol. 33 (1969).

— Levy, Sidney J., Demarketing, Yes, Demarketing, in: Harvard Business Review, Vol. 49 (1971).

Kotler, Philip, *Zaltman,* Gerald, Social Marketing: An Approach to Planned Social Change, in: Journal of Marketing, Vol. 35 (1971).

Kuehn, Alfred A., Demonstration of a Relationship between Psychological Factors and Brand Choice, in: Journal of Business, Vol. 36 (1963).

Kurz, Mordecai, Experimental Approach to the Determination of the Demand for Public Goods, in: Journal of Public Economics, Vol. 3 (1974).

Lauschmann, E., Grundlagen einer Theorie der Regionalpolitik, in: Veröffentlichungen der Akademie für Raumforschung und Landesplanung, Hannover 1970.

Lavidge, Robert J., The Growing Responsibilities of Marketing, in: Journal of Marketing, Vol. 34 (1970).

Lazer, William, Marketing in a Social Context, in: Der Markt, Bd. 9 (1971).

— Marketing's Changing Social Relationship, in: Journal of Marketing, Vol. 38 (1974).

— Kelly, E. J., (Hg.), Social Marketing, Homewood (Ill.) 1973.

Lersch, Philipp, Aufbau einer Person, München 1956.

Lessing, Parker V., *Tollefson,* John O., Market Segmentation Through Numerical Taxonomy, in: Journal of Marketing Research, Vol. 8 (Nov. 1971).

Levy, Mickey, Voting on California's Tax and Expenditure Limitation Initiative, in: National Tax Journal, Vol. 28 (1975).

Levy, Sidney J., Symbolism and Life Style, in: Greyser Stehan A., (Hg.), Toward Scientific Marketing, Chicago 1964.

Lewin, K. et al., Level of Aspiration, in: Hunt J. McV., (Hg.), Personality and the Behaviour Disorders, Vol. 1, New York 1944.

Lindahl, Erik, Die Gerechtigkeit der Besteuerung, Lund 1919.

Lindblohm, Ch. E., The Intelligence of Democracy. Decision Making Through Mutual Adjustment, New York 1965.

Lindworsky, J., Zur Klärung des Begriffes Motiv, in: Thomae, Hans, (Hg.), Die Motivation menschlichen Handelns, 5. Aufl., Köln, Berlin 1969.

Linke, W., *Höhn,* Ch., Voraussichtliche Bevölkerungsentwicklung bis 1990, in: Statistisches Bundesamt, (Hg.), Wirtschaft und Statistik (1975).

Lipset, Seymor M., The Wavering Polls, in: The Public Interest, Vol. 11, No. 43 (1976).

Luck, David J., Broadening the Concept of Marketing — Too far, in: Journal of Marketing, Vol. 33 (1969).

Ludwin, William G., Voting Methods: A Simulation, in: Public Choice, Vol. 25 (1976).

Mackscheidt, K., Zur Theorie des optimalen Budgets, Tübingen 1973.

Marcuse, Herbert, Der eindimensionale Mensch, Neuwied 1967.

Marglin, St. A., The Opportunity Costs of Public Investment, in: Quarterly Journal of Economics, Vol. 77 (1963).

Marplan Forschungsgesellschaft für Markt und Verbrauch m. b. H., euro-data 75, Bd. 1, Verbrauch und Verbraucher in der BRD, Opladen 1975.

Marquardt, Karlheinz, Die Bedarfsermittlung für eine offengelegte Planung von öffentlichen innerstädtischen Erholungseinrichtungen für überwiegend im Freien stattfindende Erholungsformen, Diss., Berlin 1973.

Marsh, R. M., Comparative Sociology, New York 1967.

Marshall, Alfred, Principles of Economics, 9. Aufl., London 1920.

Maslove, Allan M., Public Sector Decision Making and the Technology of Consumption, in: Public Choice, Vol. 27 (1976).

Maslow, Abraham H., A Theory of Human Motivation, in: Psychological Review, (1943).

— Motivation and Personality, New York 1954.

Massy, William F., Television Ownership in 1950: Results of a Factor Analytic Study, in: Frank, Ronald E., Kühn, Alfred A., Massy, William F., (Hg.), Quantitative Techniques in Marketing Analysis, Homewood (Ill.) 1962.

— What is Factor Analysis, in: Aaker , David A., (Hg.), Multivariate Analysis in Marketing: Theory and Application, Belmont 1971.

— On Methods: Discriminant Analysis of Audience Characteristics, in: Journal of Advertising Research, Vol. 5 (March 1965).

— Discriminant Analysis of Audience Characteristics, in: Aaker, David A., (Hg.), Multivariate Analysis in Marketing: Theory and Application, Belmont 1971.

Mayntz, Renate, Einführung in die Methoden der empirischen Soziologie, Köln, Opladen 1969.

Mayntz, Renate, *Holm,* Kurt, *Hübner,* Peter, Einführung in die Methoden der empirischen Soziologie, 2. Aufl., Opladen 1971.

McDougall, Gerald S., Hedonic Prices and the Demand for Local Public Goods, in: Public Finance, Vol. 21 (1976).

McKean, R. N., Public Spending, New York 1968.

Meier, Alfred, Die Determinanten der öffentlichen Ausgaben in der Schweiz, in: Schweizerische Zeitschrift für Volkswirtschaft und Statistik, Bd. 110 (1974).

Menger, Karl, Principles of Economics, New York 1950.

Menges, G., Grundmodelle wirtschaftlicher Entscheidungen. Einführung in moderne Entscheidungstheorien, Köln, Opladen 1969.

Merk, Gerhard, Wissenschaftliche Marktforschung, Berlin 1962.

Merkle, Erich, Marketing der öffentlichen Hand, in: Marketing Enzyklopädie, Bd. 2, Kaufverhalten — Produktmanagement, München 1974.

— Social Marketing, in: Wirtschaftswissenschaftliches Studium, Heft 1 (1976), Bd. 5.

Meyer, Paul W., Marktforschung. Ihre Möglichkeiten und Grenzen, Düsseldorf 1957.

Midgley, David F., Innovation and new Product Marketing, London 1977.

Mill, John St., Principles of Political Economy, London 1921.

Miller, Delbert C., Handbook of Research Design and Social Measurement, 2. Aufl., New York 1970.

Mishan, E. J., A Survey of Welfare Economics 1939—1959, in: Economic Journal, Bd. 70 (1960).

— Welfare Economics. Ten Introductory Essays, 2. Aufl., New York 1969.

— Cost-Benefit-Analysis. An Informal Introduction, London 1971.

Morrison, Donald G., Measurement Problems in Cluster Analysis, in: Management Science, Vol. 13, No. 12, Ser. B. (Aug. 1967).

Morrison, Donald G., On the Interpretation of Discriminant Analysis, in: Aaker, David A., (Hg.), Multivariate Analysis in Marketing: Theory and Application, Belmont 1971.

Münch, Klaus N., Kollektive Güter und Gebühren. Elemente einer Gebührentheorie für Kollektivgüter, Göttingen 1976.

Münster, Hans A., Fibel der Marktforschung, Darmstadt 1957.

Musgrave, Richard A., Finanztheorie, 2. Aufl., Tübingen 1969.

— *Musgrave,* Peggy B., *Kullmer,* Lore, Die öffentlichen Finanzen in Theorie und Praxis, Bd. 1, Tübingen 1975.

Nahmer, Noell von der, Lehrbuch der Finanzwissenschaft, Bd. 1, Köln, Opladen 1964.

Natrella, Marry G., The Relation between Confidence Intervals and Tests of Significance, in: Kirk, Roger E., (Hg.), Statistical Issues. A Reader for the Behavioral Sciences, Belmont 1972.

Nehnevajsa, Jiri, Soziometrie, in: König, René, (Hg.), Handbuch der empirischen Sozialforschung, Bd. 1, 2. Aufl., Stuttgart 1967.

Nicosia, Francesco E., Consumer Decision Process, Englewood Cliffs (N. J.) 1966.

Nieschlag, Robert, *Dichtl,* Erwin, *Hörschgen,* Hans, Marketing — Ein entscheidungstheoretischer Ansatz, 4. Aufl., Berlin 1971.

— Marketing, 6. Aufl., Berlin 1972.

— Marketing, 8. Aufl., Berlin 1975.

Niessen, Hans Joachim, Aspekte gebrauchswertrationaler Verbraucherpolitik, in: Biervert, Bernd, Fischer-Winkelmann, Wolf F., Rock, Reinhard, (Hg.), Verbraucherpolitik in der Marktwirtschaft, Hamburg 1978.

Noelle, Elisabeth, Umfragen in der Massengesellschaft, Hamburg 1963.

Noether, Gottfried E., Introduction to Statistics. A Nonparametric Approach, 2. Aufl., Boston 1976.

Novy, Klaus, *Zinn,* Karl Georg, Marketing und Bedarfsforschung in der Nicht-Marktökonomik, in: Fischer-Winkelmann, Wolf F., Rock, Reinhard, (Hg.), Marketing und Gesellschaft, Wiesbaden 1977.

O'Brien, Thomas C., *Shapiro,* Bernhard J., Statistical Significance — What?, in: Kirk, Roger E., (Hg.), Statistical Issues. A Reader for the Behavioral Sciences, Belmont 1972.

OECD, List of Social Concern, Paris 1973.

OECD, List of Social Concern Common to Most OECD Countries, Paris 1973.

Offé, Claus, Strukturprobleme des kapitalistischen Staates, Frankfurt 1972.

Ohls, James C., *Wales,* Terence J., Supply and Demand for State and Local Services, in: Review of Economics and Statistics, Vol. 54 (1972).

Olson, M. jr., The Logic of Collective Action, Cambridge (Mass.), 1965, deutsch: Die Logik des kollektiven Handelns, Tübingen 1968.

Osgood, Charles E., *Succi,* George S., *Tannenbaum,* Percy H., The Measurement of Meaning, Institute of Communications Research, University of Illinois 1972.

Pavlov, Ivan Petrovič, Die bedingten Reflexe, hrsg. von Baader, Gerhard, Schnapper, Ursula, München 1972.

Pigou, A. C., The Economics of Welfare, 4. Aufl., New York 1962.

Pommerehne, Werner, Die Determinanten öffentlicher Ausgaben — Ein einfaches politisch-ökonomisches Modell, in: Schweizerische Zeitschrift für Volkswirtschaft und Statistik, Bd. 110 (1974).

Prest, A. R., *Turvey,* R., Cost-Benefit-Analysis. A Survey, in: Economic Journal, Vol. 75 (1965); wiederabgedruckt in: Recktenwald, Horst C., (Hg.), Nutzen-Kosten-Analyse und Programmbudget. Grundlagen staatlicher Entscheidung und Planung, Tübingen 1970.

Proebsting, Helmut, Meinungsforschung und Statistik, Tübingen 1957.

Pryor, Frederic L., Public Expenditure in Communist and Capitalist Nations, London 1968.

Raffée, Hans, Perspektiven des nicht-kommerziellen Marketing, in: Schmalenbachs Zeitschrift für betriebswirtschaftliche Forschung, Bd. 28 (1976).

Recktenwald, Horst C., (Hg.), Nutzen-Kosten-Analyse und Programmbudget. Grundlagen staatlicher Entscheidung und Planung, Tübingen 1970.

Ricardo, D., Principles of Political Economy, New York 1943.

Rich, Stuart U., *Subhash,* Jain C., Social Class and Life Cycle as Predictors of Shopping Behaviour, in: Journal of Marketing Research, Vol. 5 (Feb. 1968).

Richter, Hans-Jürgen, Die Strategie schriftlicher Massenbefragung, Bad Harzburg 1970.

Riker, William H., *Ordeshook,* Peter C., A Theory of the Calculus of Voting, in: The American Political Science Review, No. 1, Vol. 62 (1968).

Rippel, Kurt, Markt- und Meinungsforschung im Export, Tübingen 1962.

Ritschl, Hans, Gemeinwirtschaft und kapitalistische Marktwirtschaft, Tübingen 1931.

— Theorie der Staatswirtschaft und der Besteuerung, Bonn 1925.

Robertson, Thomas S., *Kennedy,* James N., Prediction of Consumer Innovators: Appplication of Multiple Discriminant Analysis, in: Aaker, David A., (Hg.), Multivariate Analysis in Marketing: Theory and Application, Belmont 1971.

Rohracher, H., Kleine Charakterkunde, 5. Aufl., Wien 1948.

— Einführung in die Psychologie, Wien, Innsbruck 1951.

Romer, T., Majority Voting On Tax Parameters, in: Journal of Political Economics, Vol. 7 (1971).

Rose, Klaus, Theorie der Außenwirtschaft, 4. Aufl., 1972.

Rosenstiel, Lutz von, Die motivationalen Grundlagen des Verhaltens in Organisationen. Leistung und Zufriedenheit, Berlin 1975.

Rosenstiel, Lutz von, *Molt,* Walter, Bedarfsdeckung oder Bedürfnissteuerung, Manuskript, Augsburg 1976.

Rosner, T., Majority Voting on Tax Parameters, in: Journal of Political Economics, Vol. 7 (1971).

Roth, E., Einstellungen als Determinanten individuellen Verhaltens, Göttingen 1967.

Rüttinger, Bruno, *Rosenstiel,* Lutz von, *Molt,* Walter, Motivation des wirtschaftlichen Verhaltens, Stuttgart 1974.

Sachs, Seymour, *Harris,* Robert, The Determinants of State and Local Government Expenditures and Intergovernmental Flow of Funds, in: National Tax Journal, Vol. 17 (März 1964).

Samuelson, Paul A., The Pure Theory of Public Expenditure, in: The Review of Economics and Statistics, Vol. 36 (1954).

— Diagrammatic Exposition of a Theory of Public Expenditures, in: The Review of Economics and Statistics, Vol. 37 (1955).

— Social Indifference Curves, in: Quarterly Journal of Economics, Bd. 70 (1956).

— Aspects of Public Expenditure Theories, in: The Review of Economics and Statistics, Vol. 40 (1958).

Sax, Emil, Grundlegung der theoretischen Staatswirtschaft, Wien 1887.

Schader, Achim, Einführung in die empirische Sozialforschung. Ein Leitfaden für die Planung, Durchführung und Bewertung von nicht-experimentellen Forschungsprojekten, Stuttgart 1971.

Schaechterle, Karl-Heinz, Vorgehen und Probleme der Praxis einer integrierten Verkehrsplanung, in: Rosenstiel, Lutz von, Molt, Walter, (Hg.), Bedarfsdeckung oder Bedürfnissteuerung, Manuskript, Augsburg 1976.

Schäfer, Erich, Grundlagen der Marktforschung, 3. Aufl., Köln, Opladen 1953.

Schäffle, A., Das gesellschaftliche System der menschlichen Wirtschaft, Bd. 1, Tübingen 1873.

Scherhorn, Gerhard, Bedürfnisse und Bedarf, Berlin 1959.

Scheuch, E. K., Das Interview in der Sozialforschung, in: König, René, (Hg.), Handbuch der empirischen Sozialforschung, Bd. 1, 2. Aufl., Stuttgart 1967.

— Auswahlverfahren in der Sozialforschung, in: König, René, (Hg.), Handbuch der empirischen Sozialforschung, Bd. 1, 2. Aufl., Stuttgart 1967.

— Auswahlverfahren in der Sozialforschung, in: König, René, (Hg.), Handbuch der empirischen Sozialforschung, Bd. 3a, 3. Aufl., Stuttgart 1974.

— Zehnpfennig, Helmut, Skalierungsverfahren in der Sozialforschung, in: König, René, (Hg.), Handbuch der empirischen Sozialforschung, Bd. 3 a, 3. Aufl., Stuttgart 1974.

Schmid, Günter, Kritische Bemerkungen zur Indikatorbewegung, in: Zapf, Wolfgang, (Hg.), Soziale Indikatoren, Konzepte und Forschungsansätze, Bd. 1, Frankfurt, New York 1972.

Schmidt, Kurt, Kollektivbedürfnisse und Staatstätigkeit, in: Haller, Heinz, (Hg.), Theorie und Praxis des finanzpolitischen Interventionismus, Tübingen 1970.

Schmidtchen, Gerhard, Die befragte Nation, Frankfurt 1965.

Schmitz-Scherzer, R., *Bischoff*, H.-W., Benutzeranalysen von Freizeitanlagen — Probleme und Ergebnisse, Bonn 1972.

Schmutzler, Olaf, *Dalichow*, Karl-Heinz, *Krieger*, Henning, Statistische Methoden in der Markt- und Meinungsforschung, Berlin 1975.

Schreiber, Klaus, Marktforschung, Berlin, Frankfurt 1966.

Schumpeter, Joseph A., Kapitalismus, Sozialismus und Demokratie, 2. Aufl., Bern 1950.

Seijffert, R., Werbelehre, Theorie und Praxis der Werbung, Bd. 1, Stuttgart 1966.

Settle, Russel F., *Abrams*, Burton A., The Determinants of Voter Participation: A more General Model, in: Public Choice, Vol. 27 (1976).

Sheldon, E. B., *Freeman*, H. E., Notes on Social Indicators: Promises and Potential, in: Policy Sciences 1.

Sheldon, William H., Constitutional Factors in Personality, in: Hunt, J. McV., (Hg.), Personality and the Behavior Disorders, Bd. 1, New York 1944.

Shelly, Harry P., Status Consensus, Leadership and Satisfaction with the Group, in: Journal of Social Psychology, 51 (1960).

Sheth, Jagdish N., The Multivariate Revolution in Marketing Research, in: Journal of Marketing, Vol. 35 (Jan. 1971).

— Eine zusammenfassende Übersicht zum Käuferverhalten, in: Bergler, Reinhold, (Hg.), Marktpsychologie, Bern, Stuttgart, Wien 1972.

Simmel, G., Fashion, in: American Journal of Sociology, 62 (1956/57).

Smith, Adam, The Wealth of Nations, hrsg. von Cannan, E., New York 1904.

Specht, Günter, Marketing-Management und Qualität des Lebens, Stuttgart 1974.

— Marketing für öffentliche Güter, in: Tietz, Bruno, (Hg.), Handwörterbuch der Absatzwirtschaft, Stuttgart 1974.

Spindler, Gert P., Public Relations, Wiesbaden 1975.

Stacey, Margaret, Methods of Social Research, Oxford 1969.

Statistisches Bundesamt, Fachserie 14: Finanzen und Steuern, Reihe 1: Haushaltsansätze 1977, Mainz, Stuttgart 1977.

Steiner, Gary A., Notes on Franklin B. Evan's "Psychological and Objective Factors in the Prediction of Brand Choice", in: Journal of Business, Vol. 34 (Jan. 1961).

Stitzel, Michael, Konsumentenverhalten in soziologischer Sicht, in: Wirtschaftswissenschaftliches Studium (1973).

Stohler, J., Zur Methode und Technik der Cost-Benefit-Analyse, in: Kyklos, Bd. 20 (1967).

Stolper, Wolfgang F., A Method of Constructing Community Indifference Curves, in: Schweizerische Zeitschrift für Volkswirtschaft und Statistik, Bd. 86 (1950).

Stosberg, M., Analyse der Massenkommunikation. Einstellungsmessung, Düsseldorf 1972.

Strauss, Robert P., *Hughes*, David G., A New Approach to the Demand for Public Goods, in: Journal of Public Economics, Vol. 3 (Oct. 1976).

Szameitat, Klaus, *Koller*, Siegfried, Über den Umfang und die Genauigkeit von Stichproben, in: Wirtschaft und Statistik, (1958).

Tenbruck, Friedrich H., Zu einer Theorie der Planung, in: Wissenschaft und Praxis, Festschrift zum zwanzigjährigen Bestehen des Westdeutschen Verlages 1967, Köln, Opladen 1967.

Thibaut, J. W., *Kelly*, H. H., The Social Psychology of Groups, Wiley 1959.

Thiel, Herbert W., Statistische Erhebungen und Aufbereitung, in: Handwörterbuch der Raumforschung und Raumordnung, 2. Aufl., Hannover 1970.

Thomae, Hans, Beziehungen zwischen Freizeitverhalten, sozialen Faktoren und Persönlichkeitsstruktur. Erste Ergebnisse einer Erhebung bei Kindern der deutschen Längsschnitt-Untersuchungen, in: Psychologische Rundschau, 11 (1960).

— Die Bedeutung des Motivationsbegriffes, in: Thomae, Hans, (Hg.), Handbuch der Psychologie in 12 Bänden, Bd. 2, Motivation, Göttingen 1965.

Tietz, Bruno, Die Grundlagen des Marketing, Bd. 1, Die Marketing-Methoden, 2. Aufl., München 1975.

— Die Grundlagen des Marketing, Bd. 2, Die Marketing-Politik I, München 1975.

Topham, Neville, Consumer Mobility and the Distribution of Local Public Goods, in: Public Finance, Vol. 32 (1977).

Twedt, Dik Warren, A Multiple Factor Analysis of Advertising Readership, in: Frank, Ronald E., Kühn, Alfred A., Massy, William F., (Hg.), Quantitative Techniques in Marketing Analysis, Homewood (Ill.) 1962.

Überla, K., Faktorenanalyse, Berlin 1968.

U. N., Report on International Definition and Measurement of Standards and Levels of Living, New York 1954.

Veblen, Thornstein, The Theory of the Leisure Class, Boston 1973.

Vroom, V. H., Work and Motivation, 3. Aufl., New York 1967.

Wagener, Frido, Ansätze zum „Messen" von Lebensbedingungen, in: Öffentliche Verwaltung, 31. Jg. (1978).

Wagner, Adolf, Grundlegung der politischen Ökonomie, I. Teil, 3. Aufl., Leipzig 1893.

— Das Gesetz der zunehmenden Staatstätigkeit, in: Recktenwald, H. C., (Hg.), Finanztheorie, Köln, Berlin 1969.

Walras, Léon, Elements of Pure Economics, translated by William Jaffé, Norwich 1954.

Walzer, Norman, Economics of Scale and Municipal Police Services: The Illinois Experience, in: Review of Economics and Statistics, Vol. 54 (1972).

Warner, W. L., Social Class in America, in: Kassarjian, H. H., Robertson, T. S., (Hg.), Perspectives in Consumer Behaviour, Glenview (Ill.) 1968.

Weicher, John C., The Allocation of Police Protection by Income Class, in: Review of Economics and Statistics, Vol. 53 (1971).

Wells, P. W., *Gubar*, George, Life Cycle Concept in Marketing Research, in: Journal of Marketing Research, Vol. 3 (1966).

Wells, William D., *Sheth*, Jagdish N., Factor Analysis in Marketing Research, in: Aaker, David A., (Hg.), Multivariate Analysis in Marketing: Theory and Application, Belmont 1971.

Werner, J., Über wirtschaftspolitische Ziele, in: Schweizerische Zeitschrift für Volkswirtschaft und Statistik, Bd. 107 (1971).

Werner, Rudolf, Methodische Ansätze zur Konstruktion sozialer Indikatoren, in: Zapf, Wolfgang, (Hg.), Soziale Indikatoren, Konzepte und Forschungsansätze, Bd. II, Frankfurt, New York 1974.

Westfall, Ralph, Psychological Factors in Predicting Product Choice, in: Journal of Marketing, Vol. 26 (April 1962).

Wheaton, William C., Income and Urban Residence: An Analysis of Consumer Demand for Location, in: The American Economic Review, Vol. 67 (1977).

Wicksell, Knut, Finanztheoretische Untersuchungen nebst Darstellung und Kritik des Steuerwesens Schwedens, Jena 1896.

Widmeier, Hans Peter, Zur Theorie der Durchsetzbarkeit sozialer Bedürfnisse in: Ferber, Christian von, Kaufmann, Franz-Xaver, (Hg.), Kölner Zeitschrift für Soziologie und Sozialpsychologie. Soziologie und Sozialpolitik, Sonderheft 19/1977.

Wilk, Lieselotte, Die postalische Befragung, in: Holm, Kurt, (Hg.), Die Befragung, Bd. 1, München 1975.

Willeke, R., Plädoyer für eine bedarfs- und nachfrageorientierte Verkehrswegeplanung, in: Straßenbau (1974).

Wineck, Charles, The Relationsship Among Personality Needs, Objective Factors and Brand Choice: A Re-examination, in: Journal of Business, Vol. 34 (1961).

Wiseman, Frederick, A Segmentation on Automobile Buyers During the New Model Transition Period, in: Journal of Marketing, Vol. 35 (Jan. 1971).

Wittmann, Walter, Einführung in die Finanzwissenschaft, I. Teil, Die öffentlichen Ausgaben, Stuttgart 1970.

— Einführung in die Finanzwissenschaft, IV. Teil, Finanzpolitik, Stuttgart 1974.

Wolfinger, Raymond E., *Greenstein,* Fred J., The Repeal of Fair Housing in California: An Analysis of Referendum Voting, in: The American Political Science Review, Vol. 62 (1968).

Zaltman, Gerald, *Kotler,* Philip, *Kaufmann,* J., (Hg.), Creating Social Change, New York 1972.

Zapf, Wolfgang, (Hg.), Soziale Indikatoren, Konzepte und Forschungsansätze, Bd. 1, Frankfurt, New York 1972.

— Soziale Indikatoren, Konzepte und Forschungsansätze, Bd. 2, Frankfurt, New York, 1974.

— Zur Messung der Lebensqualität, in: Zeitschrift für Soziologie, 1. Jg. (1972).

— Soziale Indikatoren, in: Albrecht, G., Daheim, H., Sack, F., (Hg.), Soziologie, René König zum 65. Geburtstag, Opladen 1973.

— Sozialberichterstattung und amtliche Statistik, in: Sonderdruck aus Wirtschaft und Statistik, Heft 8, 1974.

Zimmermann, Horst, *Henke,* Klaus-Dirk, Finanzwissenschaft. Einführung in die Lehre von der öffentlichen Finanzwirtschaft, München 1975.